KB145339

슈퍼차지 파워 BI

DAX로 Power BI에 날개 달기

맷 앨링턴 지음 김원권 옮김

 에이콘출판의 기틀을 마련하신 故 정완재 선생님 (1935-2004)

추천의 글

DAX는 파워 BI로 데이터를 효과적으로 분석하기 위해 꼭 알아야 하는 중요한 기능이다. 따라서 누구나 DAX를 잘 활용하고 싶어 한다. 하지만 데이터 분석 경험이 없는 일반 사용자가 DAX의 원리를 이해하고 온전히 활용하기는 쉽지 않다.

이 책은 주로 엑셀을 사용해 데이터를 다루는 일반 사용자를 대상으로 DAX를 쉽게 풀어 설명하므로 DAX의 기본 개념을 쉽게 이해하는 데 많은 도움이 될 것이다.

DAX를 잘 익히고 싶지만 한글 콘텐츠가 없어 힘들었던 어려움을 떠올리면서 다른 파워 BI 사용자들에게 도움이 되고자 하는 마음에 번역을 결심했다는 옮긴이의 선한 영향력이 이 책을 읽는 모든 분께 전해졌으면 좋겠다.

송윤희 / 마이크로소프트 파워 BI MVP, 『Microsoft Power BI 기본+활용』(시대인, 2019) 공저자

'예제를 따라 하다 보면, 어느 순간 DAX를 활용한 데이터 분석이 쉽게 느껴진다.'

바야흐로 데이터가 지배하는 세상이다. 인터넷 상거래에서 기업의 최고 단위 의사결정에 이르기까지 데이터를 빼놓고는 이야기할 수 없는 시대가 됐다. 이렇게 된 원인으로는 데이터를 저장하고 다루는 기술의 발달을 들 수 있지만, 이를 조금 다르게 이야기하면 데이터를 이전보다 손쉽게 가공하고 분석할 수 있게 되면서 이전에는 알 수 없었던 보석과 같은 인사이트가 경영과 삶을 더욱 멋지게 만들었기 때문이라고 할 수 있다.

그런데 이러한 인사이트는 아무런 노력 없이 얻을 수 있는 것이 아니다. 기술이 아무

리 발달했다 하더라도 이를 이해하지 못하면 사용할 수 없고, 사용할 수 없다면 데이터는 아무런 쓸모가 없게 된다. 따라서 데이터 세상에서 더 나은 삶을 살려면 데이터를 바탕으로 의사결정을 내릴 수 있게 해주는 최소한의 기술을 반드시 익혀야 한다.

이러한 관점에서 볼 때, 파워 BI는 일반인이 사용하기에 가장 좋은 도구라 할 수 있다. 물론 BI(비즈니스 인텔리전스)를 위한 도구는 파워 BI 외에도 많다. 하지만 파워 BI는 엑셀과 같은 쉬운 인터페이스를 바탕으로 파이썬과 같은 코딩 언어 수준의 고급 데이터 모델링과 분석을 가능하게 해준다.

그렇지만 파워 BI의 활용이 마냥 쉬운 것은 아니다. 엑셀도 기능을 얼마나 잘 사용하느냐에 따라 활용도가 천차만별이듯 파워 BI도 잘 사용하기만 하면 머신러닝과 딥러닝 수준의 데이터 분석이 가능하지만, 그렇지 않은 경우는 그저 엑셀보다 좀 더 예쁜 차트를 만들어주는 도구에 머물 것이다. 결국 데이터를 효과적으로 분석하기 위해서는 이 책의 저자가 이야기하듯 데이터 모델을 이해하고, 이를 파워 BI 안에서 자유자재로 다룰 수 있게 해주는 DAX를 익혀야 한다.

다행스럽게도 DAX는 어렵지 않다. 물론 DAX를 처음 접하는 분들은 엑셀의 수식 활용에 익숙해져 있기 때문에 개념을 이해하는 데 다소 시간이 걸릴 수 있다. 하지만 이 책에서 설명하는 DAX 언어의 콘셉트를 잘 이해하고 예제를 따라 하다 보면 어느 순간 DAX를 활용한 데이터 분석이 쉽게 느껴질 것이다.

김보겸 / 마이크로소프트 파워 BI 공식 사용자 커뮤니티(PUG) SEOUL 리더,
네이버 파워 BI 사용자 그룹 카페 운영자, 『엑셀을 활용한 데이터 과학 실무 입문』(위키북스, 2018) 저자

지은이 소개

맷 앨링턴^{Matt Allington}

마이크로소프트 MVP, Excelerator BI Pty Ltd.의 창업자이자 수석 컨설턴트로, 25년간 코카콜라의 영업 및 IT 분야에서 데이터를 분석하거나 활용해본 경험이 있으며, 현재는 파워 BI 관련 교육 및 컨설팅 서비스를 제공하고 있다. 저서로는 『Learn to Write DAX』(2016), 『Supercharge Excel』(2018)을 썼다.

한국어판 출간에 부쳐

이 책이 한국어판으로 출판돼 무척 기쁘다. 이 책의 첫 번째 버전인 『Learn to Write DAX』는 2016년에 처음 출간됐다. 이 당시에는 파워 BI가 그다지 중요하지 않았지만 기반 기술(엑셀용 파워 쿼리 및 파워 피벗)은 잘 확립돼 있었다. 나는 파워 BI가 출시되기 전부터 파워 피벗과 파워 피벗 활용법을 알고 있었다.

두 번째 버전인 『Supercharge Power BI』는 이로부터 2년 후에 출간됐다. 이 책의 내용은 전작과 같지만, 사용하는 도구를 파워 BI로 업데이트했다.

『Supercharge Power BI』가 출간된 이후 많은 사람의 관심을 끌었다. 그리고 이제는 이 관심이 비영어권 국가로 확대돼 모국어가 아닌 언어로 번역되기에 이르렀다.

내가 25년간 코카콜라에 근무하면서 방문한 국가 중 하나는 한국(서울)이었다. 나는 한국에서의 경험을 매우 소중하게 생각한다. 한국을 방문했을 때 가장 놀랐던 것은 최첨단 기술이었다. 한국이 첨단 기술을 보유하고 있는 국가라는 사실은 (독자 여러분처럼) 많은 사람이 기술을 배워 활용하고 있다는 것을 의미한다.

데이터를 활용하고자 할 때 파워 BI를 사용하는 방법과 DAX를 작성하는 방법을 배우는 것보다 좋은 것은 없다.

여러분의 여정에 행운이 함께하길 바란다.

호주에서
맷(matt@exceleratorbi.com.au)

옮긴이 소개

김원권(wonkwon.p.kim@outlook.com)

서강대학교에서 경제학을 전공하고, KAIST 테크노경영대학원에서 MBA를 받았다. 삼성물산과 워너브러더스 한국지사 등을 거쳐, 현재는 중소기업에서 CFO로 재직 중이다. 현장에서의 데이터 분석 경험이 풍부하며, 데이터 분석 및 시각화에 관심이 많다.

옮긴이의 말

2018년 우연한 기회에 파워 BI를 접하고 그 매력에 푹 빠졌다. DAX는 파워 BI나 엑셀의 파워 피봇에서 사용자가 원하는 수식을 직접 작성할 수 있는 도구다. 파워 BI 사용자가 DAX를 잘 사용한다면, IT 부서의 도움 없이도 사내·외 데이터를 자유자재로 분석하고 자동화된 쌍방향의 시각화 보고서를 만들 수 있다. 하지만 국내에는 DAX에 관련된 책이 출간된 적이 없어 공부하는 데 어려움이 많았다.

이 책의 원서를 아마존Amazon에서 구입한 후, 일주일 만에 일독을 마쳤다. IT 경험도 없고 DAX의 이해도 또한 매우 낮았는데도 쉬운 설명, 차근차근 따라 해볼 수 있는 풍부한 예제 및 연습문제 덕분에 쉽게 익힐 수 있었다.

DAX는 SQL Server Analysis Service(SSAS)에 뿌리를 두고 있다. 이런 이유로 DAX 관련 책의 저자가 대부분 SQL 경험이 풍부한데 반해, 이 책의 저자는 비IT 출신이다. 저자는 IT 경험이 없는 일반 독자를 주요 대상으로 이해하기 쉽게 설명한다. 특히 따라 하기 예제와 연습문제는 DAX를 작성하는 스킬을 쉽게 체득하는 데 도움을 준다.

이 책을 공부하면서 '국내에 번역서가 나오면 좋겠다'는 생각이 들었지만 직접 번역할 엄두는 나지 않았다. 하지만 주변의 권유와 격려로 겨우 용기를 내 시작했다. 이 책의 가치를 알아보고 출판을 흔쾌히 수락해주신 에이콘출판사에 감사드린다. 항상 응원해주는 가족에게도 감사의 마음을 전한다.

이 책의 번역은 원서의 내용은 최대한 살리되, 독자들이 읽기 쉽게 번역하고자 노력했다. 읽는 도중에 오역이나 개선할 점을 발견하면 에이콘출판사나 옮긴이의 이메일로 알려주기 바란다.

차례

들어가며

파워 BI는 비즈니스 인텔리전스^{Business Intelligence, BI} 소프트웨어 가운데 가장 최신이자 최고의 제품이다. 이 제품은 마이크로소프트가 개발했으며, 무엇부터 말해야 할지 고민해야 할 정도로 장점이 많다. 파워 BI에서 가장 주목해야 할 점은 데이터 분석가와 엑셀 사용자를 염두에 두고 설계했다는 것이다. 이 소프트웨어를 잘 사용하기 위해 IT 전문가가 될 필요는 없다. 파워 BI는 비즈니스 인텔리전스 프로젝트를 수행할 때 거치는 중요한 4단계를 처리하는 도구를 모두 갖추고 있다.

- 필요한 데이터를 연결하고 파워 BI로 불러오는 데 사용하는 강력한 데이터 수집 엔진을 지원한다. 데이터 수집을 지원하는 기반 기술을 파워 쿼리(데이터 가져오기 메뉴에서 접근)라고 하며, 프로그래밍 언어를 M이라고 한다.
- 불러온 데이터를 유용하게 만들기 위해 모형화하는 강력한 데이터 모델링 엔진을 지원한다. 데이터 모델링을 지원하는 기반 기술을 파워 피벗이라고 하며, 이때 사용하는 프로그래밍 언어가 바로 DAX^{Data Analysis Expressions}다.
- 최신 기술로 만든 시각화 엔진을 지원한다. 이 엔진을 이용하면 대화형 보고서를 만들 수 있다. 파워 BI 시각화 엔진은 오픈 소스이므로 관련 기술을 보유하고 있다면 누구나 새로운 시각화 개체를 만들어 파워 BI에서 사용하거나 공유할 수 있다.
- 클라우드 기반의 웹 환경과 모바일 앱 등 다른 사용자와 데이터를 공유하는 다양한 방법을 지원한다. 이러한 도구를 사용하면 보고서와 대시보드를 다른 사람과 쉽게 공유할 수 있다. 파워 BI 보고서를 공유하기 위한 도구를 Power BI 서비스 또는 PowerBI.com이라고 한다.

이 책은 파워 피벗(파워 BI에 탑재된 데이터 모델링 도구)과 DAX 언어를 사용하는 데 필요한 기술을 알려준다. 대규모 BI 프로젝트를 진행할 때는 많은 시간이 필요하고 비용도 많이 들지만, 파워 피벗은 엔터프라이즈급 BI 도구에서나 사용할 수 있었던 여러 기능을 파워 BI 데스크톱에서 활용할 수 있게 해준다. 게다가 중요한 점은 시간과 돈뿐 아니라 모든 것을 파워 BI 안에서 직접 할 수 있다는 것이다. 과거에는 결코 실행할 수 없다고 생각했던 분석을 비즈니스 주기 내에서 수행할 수 있다.

파워 피벗을 배우지 않고도 파워 BI를 사용할 수 있다. 하지만 DAX 사용법을 배우면 파워 BI를 훨씬 잘 사용할 수 있다. DAX와 파워 피벗을 배우는 데 시간을 투자하지 않으면 파워 BI의 기본 기능만 활용할 수 있다. 엑셀에서 SUM( ) 함수만 사용한다고 상상해보라. 매우 기본적이고 단순한 문서만 만들 수 있을 것이다. 이와 마찬가지로 DAX 언어와 파워 피벗 엔진이 작동하는 방식을 배우지 않고 파워 BI를 사용하면 파워 BI가 제공하는 가치를 제대로 느끼지 못할 것이다.

파워 BI를 사용하기 위해 파워 피벗과 DAX를 배우면 이 기술을 엑셀로 완전히 이동할 수도 있다. 이 책은 파워 BI를 사용해 DAX 언어를 가르치지만, 원한다면 이 새로운 기술을 엑셀의 파워 피벗으로도 쉽게 이동할 수 있다.

자매서

이 책은 파워 BI 데스크톱으로 파워 피벗과 DAX를 가르치기 위해 쓴 것이다. 자매서 서인 『Supercharge Excel』도 있다. 이 두 책은 동일한 내용을 다루지만, 사용자 인터페이스가 다르다. 이 책에서 배울 기술은 엑셀의 파워 피벗으로 완전히 옮길 수 있고, 그 반대도 가능하기 때문에 필요한 기술을 배우고자 할 때는 이 책 중 하나만 있으면 된다. 하지만 만약 UI의 차이점을 배우고, 배운 것을 연습하고 싶다면 『Supercharge Excel』을 읽는 것이 파워 BI에서 배운 내용을 탄탄하게 익히는 데 도움이 될 것이다.

이 책이 필요한 이유

저자는 전업 파워 BI 컨설턴트이자 트레이너이며, BI 분야의 실무 경험이 많다. 오프라인 과정에서 많은 엑셀 사용자에게 파워 피벗과 파워 BI 사용법을 가르쳤고, 여러 온라인 파워 BI 포럼에서 많은 사람에게 도움을 줬다. 오랜 경험으로 엑셀 사용자가 어떻게 파워 BI를 배우는지, 또 그들이 성공하는 데 필요한 자원이 무엇인지 잘 알고 있다. 파워 BI는 배우기 쉽지만, 엑셀과는 많이 다르기 때문에 파워 BI를 잘 사용하려면 체계적으로 학습해야 한다. 엑셀 사용자가 파워 BI를 잘 사용하려면 연습이 중요하다. 이 책은 DAX를 작성하는 방법을 연습으로 익힐 수 있게 만들었다. DAX를 사용할 수 없다면 파워 BI 또는 파워 피벗을 제대로 사용할 수 없다.

위에서 엑셀 사용자를 언급한 것은 의도적이다. 그동안 엑셀 전문가는 IT/SQL 서버 분야의 전문가와 다른 방식으로 DAX를 배우는 것을 관찰했다. IT/SQL 서버 전문가는 엑셀 비즈니스 사용자와는 분명한 차이가 있다. SQL 서버 전문가는 데이터베이스 설계와 기본 원칙, 테이블 사이의 관계, 데이터를 효율적으로 집계하는 방법에 관련된 지식을 갖추고 있다. 물론 엑셀 사용자 중에도 관련 지식을 갖춘 사람이 있기는 하다. 하지만 IT/SQL 서버 전문가는 기술적인 기초가 튼튼하기 때문에 DAX를 엑셀 사용자와는 다른 방식으로 배울 수 있다. 엑셀 사용자는 다른 접근 방법이 필요하며, 이 책은 이러한 엑셀 사용자를 위해 만들었다. 그렇다고 해서 IT/SQL 서버 전문가들은 이 책에서 얻을 것이 없다는 것을 의미하진 않는다.

점진적인 학습

나는 아주 오래전부터 엑셀을 사용했다. 책을 좋아하는 사람은 아니지만, 엑셀 관련 책을 사서 처음부터 끝까지 읽는 것을 좋아한다. 이렇게 지난 수년간 엑셀을 배웠다. 좋아하거나 사용해보고 싶은 개념을 발견하면 대부분은 쉽게 기억하지만 어떤 때는 해당 페이지에 메모지를 추가해 필요할 때마다 다시 찾아보곤 한다.

어떤 면에서 보면, 이미 확보한 커다란 기술 기반 위에 새로운 기술을 조금씩 더하고 있는 셈이다. 쉬지 않고 조금씩 배워 나가면, 새롭게 배운 내용을 기억하기가 쉬울 것이다. 이는 신입사원이 회사에서 일하기 시작할 때와 마찬가지다. 기존 직원은 신입사원의 이름만 알면 되지만, 신입사원은 사내 모든 직원의 이름을 알아야 한다. 기존 직원이 신입사원의 이름을 기억하는 것은 상대적으로 쉽지만, 신입사원이 모든 직원의 이름을 기억하는 것은 훨씬 어렵다.

여러분이 일반적인 엑셀 관련 책을 읽는 숙련된 엑셀 사용자라면, 이미 많은 것을 알고 있기 때문에 아주 중요한 새로운 몇 가지만 배우면 될 것이다. 새로운 내용을 기억하기는 쉽다. 왜냐하면 이 내용은 여러분의 마음을 사로잡을 것이기 때문이다. 세부 사항을 기억하지 못한다 하더라도 다음 번에 이와 유사한 문제가 발생하면 읽은 경험을 떠올릴 것이고, 이와 관련된 내용을 검색하기 위해 책을 다시 찾아볼 것이다.

불행하게도 파워 BI는 엑셀과는 완전히 다른 소프트웨어다. 몇 가지 공통 사항(예: 일반적인 수식)이 있기는 하지만, 대부분의 개념은 엑셀과 많은 차이가 있고, 완전히 새로운 것이다. 배우기가 어렵지는 않지만, 신입사원이 마치 사내 모든 직원의 이름을 익히는 것처럼 처음부터 시작해야 한다. 하지만 일단 여러분의 머릿속에서 파워 BI 관련 지식이 쌓여 일정한 수준을 넘어서면 그 이후는 탄탄대로일 것이다. 그 시점부터는 여러분도 원하는 만큼만 조금씩 추가해 배울 수 있게 될 것이다. 그러나 그때까지는 읽고, 배우고, 연습하는 것을 게을리해서는 안 된다.

수동적인 학습과 능동적인 학습

학습에는 수동적인 학습과 능동적인 학습이 있다. 수동적인 학습의 예로는 침대에 누워 파워 BI 책을 읽고, 읽은 부분이 이해되면 고개를 끄덕이면서 넘어가는 것을 들 수 있다. 하지만 이 방식은 완전히 새로운 것을 배울 때는 적합하지 않다. 나 역시 파워 피벗의 초창기 시절에 많은 책을 읽은 후, 컴퓨터로 직접 DAX를 사용해보려고 했지만, 어디서부터 어떻게 시작해야 할지 막막했던 기억이 있다. 우리가 정말로 해야 할 일은 눈으로만 보는 수동적인 학습에서 적극적으로 참여하는 능동적인 학습으로 바꾸는 것이다.

수동적인 학습은 견고한 기초 위에 지식을 조금씩 추가하는 데 적합하다. 하지만 완전히 새로운 것을 처음 시작할 때는 부적절하다. 수동적인 학습이 나쁘다는 것이 아니다. 다만, 능동적인 학습과 함께 부분적으로 수동적인 학습을 병행하는 것은 유용하지만, 수동적인 학습만으로 완전히 새로운 기술을 처음부터 배우려고 해서는 안 된다.

이 책을 제대로 활용하는 방법

이 책에는 40개 이상의 '따라 하기' 예제와 70개 이상의 연습 문제가 있다. 모두 110번 이상의 기회를 이용해 배울 수 있다. 여러분의 실력을 쌓을 수 있는 기회를 최대한 활용하길 바란다. 이 점이 책을 구입한 이유일 것이다. 이 책을 읽기만 하면서 뭔가 얻길 기대하는 것은 잘못된 생각이다. 이미 방법을 알고 있고, 경험이 많다면 책을 읽기만 해도 좋지만, 만약 그렇지 않다면 컴퓨터로 직접 연습해야 한다. 먼저 답을 보지 않고 연습해보라. 만약, 그래도 해결할 수 없다면 '따라 하기'라는 제목이 붙은 예제를 다시 본 후에 시도해보라. 여러분이 책을 보지 않고도 할 수 있을 때까지 연습하고 연습하고 또 연습해야 한다.

도서관의 책처럼 취급하지 않기

우리는 학교에 다닐 때 도서관의 책에 낙서를 하면 안 된다고 배웠다. 그것이 올바른 일이라고 생각한다. 여러분이 다 읽고 난 후에 다른 사람이 책을 볼 때 여러분이 써놓은 낙서를 보고 싶지 않을 것이기 때문이다. 이 때문인지는 몰라도 많은 사람이 아직도 '어떤 책에든 글을 써서는 안 된다'라고 생각하는 듯하다. 하지만 여러분이 자신의 책에 글을 쓸 수 없다고 생각하는 것은 잘못이라고 생각한다. 여러분이 책의 주인인데, 왜 책에 쓸 수 없다는 말인가? 한 걸음 더 나아가 여러분이 가진 참고 서적에는 메모를 해야 한다고 말하고 싶다. 여러분이 책을 사는 데는 내용을 배우기 위해서다. 이 책을 읽은 후, 나중에 참고하기 위해 메모를 남기고 싶다면 반드시 그렇게 해야 한다.

전자도서의 경우도 마찬가지다. 전자도서에 글을 직접 쓸 수는 없지만, 아마존의 킨들에서는 텍스트의 구절을 강조할 수도 있다. 다른 전자도서에도 이와 유사한 기능이 있다. 나만의 메모를 직접 타이핑해 전자도서의 텍스트 구절에 첨부하기도 한다. 전자도서는 많은 장점이 있지만, 내가 특히 좋아하는 점은 구매하기로 결정하자마자 원하는 책을 볼 수 있다는 것이다. 하지만 전자도서를 자주 찾아보는 참고서적으로 쓰는 것은 바람직하지 않다고 생각한다. 나는 페이지를 손으로 넘기거나 메모를 추가할 수 있는 종이책을 더 좋아한다. 하지만 이는 내 경우에 해당하며, 여러분은 다를 수도 있다. 나처럼 종이책을 좋아하는 사람도 있고, 전자도서를 좋아하는 사람도 있다. 책의 종류에 구애받지 말고, 종이책이라면 손을 활용해 메모하고, 전자도서라면 도구를 활용해 메모하기 바란다. 그렇게 하면 이 책은 여러분의 미래를 위한 유용한 도구가 될 것이다.

파워 BI에 피벗 테이블은 없다

내가 엑셀을 활용해 보고용 데이터를 집계할 때는 피벗 테이블을 자주 사용한다. 그러나 파워 BI에는 피벗 테이블이 없다. 더욱이 페이지에 데이터를 입력하기 위한 시트도 없다. 그 대신 파워 BI에서는 시각화 도구인 행렬을 사용한다. 파워 BI 시각화 개체 중 하나인 행렬은 피벗 테이블과 매우 유사하며, DAX를 작성할 때 활용하는 최고의 시각화 도구다. 이 책의 전반에 걸쳐 행렬로 실습을 진행할 예정이다. 행렬에서 기대한 결과를 얻고 난 후, 행렬을 다른 유형의 시각화 개체로 변환하면 데이터를 다양하게 표현할 수 있다.

실습용 데이터

데이터 분석 실습에 사용할 데이터를 만드는 것은 그리 쉬운 일이 아니다. 예를 들어 고객 데이터, 재무 데이터, 판매 데이터, 제품, 지역 등 리테일 분야에 존재하는 데이터를 떠올려보자. 많은 양의 실제 데이터를 처음부터 만드는 것은 어렵기도 하지만 손도 많이 가는 일이다. 그래서 마이크로소프트는 누구나 무료로 다운로드해 사용할 수 있는 여러 샘플 데이터를 제공한다. 이 책에서는 액세스 형식으로 된 Microsoft AdventureWorks Database를 사용한다. 실습용 데이터는 http://xbi.com.au/learndax에서 다운로드할 수 있다. 이 데이터를 사용하기 위해 Microsoft Access를 설치할 필요는 없다. 오프라인 교육과정에서도 이와 동일한 데이터를 사용한다.

AdventureWorks는 여러 나라에서 자전거와 관련된 액세서리를 판매하는 가상 회사의 샘플 데이터다. 이 데이터는 고객, 제품, 지역으로 구성돼 있으며, 5년간의 세부 판매 내역도 포함하고 있다. 이 책에서 사용하는 예제는 판매액, 이익 그리고 고객 활동과 제품 성과 등 리테일 분야에서 많이 사용하는 보고와 분석을 위주로 한다. DAX 작성법을 배우려는 모든 사람이 리테일 산업에 종사하는 것은 아니지만, 이 책에서 다루는 리테일 개념은 모든 산업 분야에 적용할 수 있다. 따라서 여러분이 속해 있는 산업이나 관심 분야가 다르더라도 문제가 되진 않는다. 또한 단계적으로 상세하게 설명했기 때문에 리테일 분야의 전문가가 아니라도 연습문제를 쉽게 해결할 수 있을 것이다.

배우면서 도움받기

스스로 연습문제를 풀 수 있길 바란다. 그러나 누군가의 도움이 필요할 때도 있을 것이다. http://powerpivotforum.com.au에 가입해 질문을 하기도 하고, 때로는 다른 사람을 돕기도 했으면 좋겠다. 다른 사람의 질문에 답하는 것은 학습을 강화하고 지식의 깊이를 키우는 좋은 방법이다. 위의 URL은 호주의 포럼이지만, 모든 사람에 공개돼 있다. 포럼의 모든 트래픽 중 15%만이 호주에서 발생한 것이고, 나머지는 전 세계 130여 나라에서 발생한 것이다. 이 웹사이트에 가입해 DAX 실력을 좀 더 향상시키기 바란다. 이 책과 관련된 서브포럼은 http://xbi.com.au/scpbiforum에서 찾을 수 있다. 이 책에서 오류를 발견하면, 이 서브포럼에 방문해 자세한 내용을 확인해보기 바란다.

이 책의 구성

이 책은 파워 BI를 처음으로 접하는 사용자도 쉽게 이해할 수 있도록 구성했다. 각 장의 구조는 다음과 같다.

- 각 장의 제목은 'DAX 주제' 또는 '기본 개념'으로 시작한다. 'DAX 주제'로 시작하는 장에서는 DAX 함수의 구문과 사용법을 다루며, '기본 개념'으로 시작하는 장에서는 파워 BI를 능숙하게 활용하기 위한 기본적인 내용을 다룬다.
- '기본 개념' 장은 개념 설명, 'DAX 주제' 장은 주제를 이해하는 데 도움이 되는 DAX 관련 정보로 시작한다.
- 대부분의 장마다 단계별로 자세하게 설명한 예제를 배치했다. '따라 하기' 표시는 상세 예제를 의미하며, 이는 컴퓨터 앞에서 따라 해봐야 하는 시간이라는 것을 알려준다.
- 대부분의 장에서는 학습한 내용을 적용해볼 수 있는 연습 문제와 이를 풀기 위한 지침을 제공하고 있으며, 정답은 부록에서 볼 수 있다. 연습 문제를 푼 후, 정답과 비교해보길 권한다. 이렇게 해야만 배운 내용을 자신의 것으로 만들 수 있다.
- DAX의 답은 엑셀처럼 여러 가지 방법으로 도출할 수 있다. 예제와 다른 방식으로 답을 얻었다 하더라도 그 결과가 제시된 정답과 같다면 상관없다.

명명 규칙

이 책은 다음과 같이 파워 피벗과 파워 BI에서 사용하는 명명 규칙을 따른다.

- 테이블 이름에는 다음과 같이 공백을 두지 않는다.

```
TableName
```

- 테이블의 열 이름에는 다음과 같이 테이블 이름을 먼저 표시한 후, 대괄호 안에 열 이름을 쓴다.

```
TableName[ColumnName]
```

- 측정값에는 테이블 이름은 포함하지 않되, 공백은 포함하는 경우가 많으며, 다음과 같이 대괄호로 묶는다.

```
[MeasureName]
```

- 측정값과 열 수식은 수식 이름을 (대괄호 없이) 적은 후, 다음과 같은 식을 작성한다.

```
Total Sales = SUM(Sales[ExtendedAmount])
```

고객 지원

한국어판의 정오표는 에이콘출판사 도서정보 페이지 http://www.acornpub.co.kr/book/supercharge-bi에서 찾아볼 수 있다.

한국어판에 대해 문의할 점이 있다면 옮긴이의 이메일이나 에이콘출판사 편집 팀(edit@acornpub.co.kr)로 연락주길 바란다.

1장
기본 개념: 데이터 모델링 소개

파워 BI에서 사용하는 데이터 모델링 엔진은 엑셀의 파워 피벗과 동일하다. 데이터 모델링은 IT나 BI 전문가의 영역이기 때문에 비즈니스 사용자에게는 친숙하지 않은 용어였다. 하지만 엑셀의 파워 피벗과 파워 BI 덕분에 무척 친숙해졌다.

데이터 모델링이란?

데이터 모델링은 데이터를 다양한 원본에서 가져와 로드하고 구조화한 후, 연관된 테이블끼리 연결하고, 이를 분석에 활용하기 위해 데이터의 품질을 높이거나 추가하는 등과 같은 절차를 의미한다. 데이터 모델링의 목표는 원하는 결괏값이나 산출물을 얻고자 할 때마다 데이터를 준비힐 필요 없이 곧바로 사용할 수 있게 하는 것이다.

데이터 모델링의 절차는 다음과 같다.

- 데이터를 모두 가져올지, 요약 데이터만 가져올지 등 분석 대상이 되는 데이터의 최적 구조와 모양shape을 결정한다.

- 원본에서 데이터 모델로(여기에서는 파워 BI를 의미) 데이터를 로드한다.
- 여러 테이블 사이에 논리적 관계를 설정한다(엑셀의 **VLOOKUP**과 유사).
- 데이터 유형을 지정한다(예: 데이터 열이 숫자인지, 통화값인지, 텍스트인지 선택).
- 분석에 사용하기 위해 원본 데이터에 없는 계산된 열^{calculated column}이나 측정 값^{measure}을 추가한다. 예를 들면, 판매 가격 및 원가만 있는 판매 정보 테이블에 매출 이익, 매출 이익율 등과 같은 새로운 열을 추가한다. 이렇게 추가된 열이나 측정값은 보고서 사용자들이 재사용할 수 있다.
- 계산된 열이나 측정값에 의미 있는 이름을 붙인다.

DAX 언어를 배우고 파워 BI를 사용해 데이터 테이블을 연결한다는 것은 데이터 모델링을 실제로 학습한다는 것을 의미한다. 이 용어가 낯설 수도 있지만, 걱정할 필요 없다. 이 책을 마칠 무렵에는 파워 BI를 활용하는 뛰어난 데이터 전문가의 길에 들어서게 될 것이다. 다만, 이 책에서 다루는 기술을 배우는 것은 데이터 전문가가 되기 위한 것임을 잊지 말자.

따라 하기: 파워 BI 데스크톱 설치하기

이 책에서는 파워 BI 데스크톱을 데이터 모델링 도구로 사용한다. 무료인 파워 BI를 설치하는 단계는 다음과 같다.

1 http://powerbi.com에 접속한 후, 제품 메뉴(❶)에서 Power BI Desktop(❷)을 선택한다.

Note

이 책을 쓰고 있는 현재, 데스크톱 버전 이외에 다음과 같은 4개의 제품이 있다.

- 파워 BI: PowerBI.com에 연결함.
- 파워 BI 프리미엄: 대기업을 대상으로 한 용량 기준 과금 모델
- 파워 BI 모바일: iOS 및 안드로이드 기기에서 사용하는 무료 앱
- 파워 BI Embedded: 자신의 프로그램에서 파워 BI 보고서를 만들 수 있는 개발자용 도구

2 파워 BI 데스크톱 페이지로 이동한 후, **무료 다운로드** 버튼을 클릭한다.

Note

프로그램을 설치하려면 관리자 권한이 필요하다. 다운로드 버전의 기본값은 64비트로 설정돼 있다. 대부분의 사용자에게는 64비트 버전이 최선의 옵션이다. 컴퓨터의 운영체제가 32비트 버전이라고 하더라도 문제 없이 작동한다. 32비트 버전이 필요할 때는 고급 다운로드 옵션을 눌러 설치하면 된다.

파워 BI 데스크톱 업데이트

파워 BI 데스크톱은 지속적으로 업데이트되며, 새로운 버전은 매월 공개된다. 매월 새롭고 흥미로운 기능을 접할 수 있다는 것은 엄청난 일이다. 설치할 수 있는 파워 BI 데스크톱의 새 버전이 있을 때는 다음 그림과 같이 알림이 프로그램의 오른쪽 하단에 나타난다. 이 알림을 클릭하면 최신 버전을 다운로드할 수 있다. 설치를 완료하려면 파워 BI 데스크톱을 종료해야 한다.

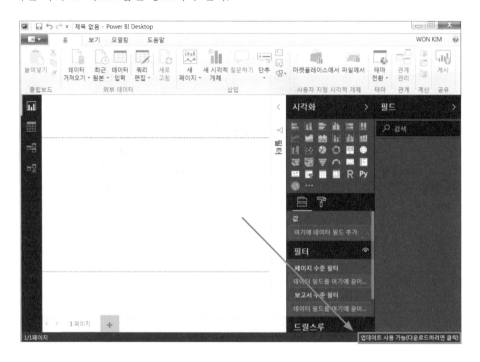

Note

매월 새로운 버전이 나오기 때문에 이 책에 나오는 스크린샷 중 일부는 여러분의 화면과 다를 수 있다.

윈도우 앱 스토어

2017년 10월, 마이크로소프트는 윈도우 앱 스토어에 파워 BI 데스크톱을 추가했다. PC의 작업 표시줄에 보이는 **Windows** 버튼을 클릭한 후, 'store'를 입력하고 'Power BI Desktop'을 검색해 설치할 수 있다.

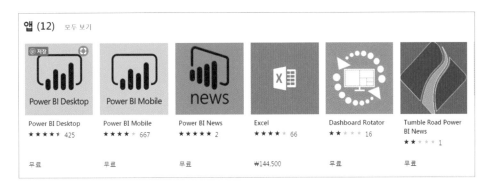

> **Note**
>
> 위 그림에서 'Power BI Desktop'이 설치해야 할 소프트웨어다.

앱 스토어[1]에서 설치하면 새로운 버전이 나올 때마다 소프트웨어를 자동으로 업데이트하는 장점이 있다. 단, 사내 IT 관련 부서에서 업데이트 시점을 통제할 수 있다.

파워 BI 프로 대 파워 BI 무료 계정

파워 BI 데스크톱은 데이터 모델과 보고서를 작성하는 데 사용하는 무료 프로그램이다. 보고서를 만든 후, 다른 파워 BI 데스크톱 사용자와 마치 엑셀 파일처럼 보고서 파일을 공유할 수 있다. 파워 BI 데스크톱은 PowerBI.com에 보고서를 게시할 수 있고, 게시된 보고서에는 여러 파워 BI 사용자가 접근할 수 있다.

---

1   윈도우 8 이상에서 사용할 수 있다. – 옮긴이

PowerBI.com을 사용하려면 사용자 계정이 필요하다. 파워 BI 계정에는 '무료'와 '프로'의 두 가지 유형이 있다. 무료 계정으로도 PowerBI.com의 기능을 대부분 사용할 수 있지만, 보안이 취약한 공개적인 방식으로만 보고서를 공유할 수 있고, '엑셀에서 분석'과 '파워포인트로 내보내기'를 사용할 수 없다. 또한 다른 사용자와 보고서 및 대시보드^{dashboard}를 공유하려면 공유에 참여하는 모든 사용자에게 파워 BI 프로 계정이 있어야 한다.

2장
기본 개념: 데이터 로딩

다음 그림은 SQL 서버 데이터베이스에 연결할 때 나타나는 데이터 커넥터다(각 데이터 원본마다 데이터 커넥터가 다르다. 다양한 데이터 커넥터 화면으로 이동하는 방법은 2장의 뒷부분에서 확인할 수 있다). 데스크톱에서 SQL 서버와 같은 데이터베이스로부터 데이터를 불러올 때는 '가져오기'와 'DirectQuery' 방식을 사용할 수 있다.

SQL Server 데이터베이스

서버 ⓘ

데이터베이스(선택 사항)

데이터 연결 모드 ⓘ
◉ 가져오기
○ DirectQuery

▷ 고급 옵션

확인   취소

대부분의 데이터 원본은 가져오기 모드만 사용할 수 있다. 이 책은 원본의 데이터를 복사해 파워 BI 데스크톱에 로드하는 '가져오기' 모드를 중심으로 다룬다. 파워 BI 데스크톱이 가져오기 모드를 사용하면 원본 데이터의 전체 복사본을 절차의 첫 번째 단계인 데이터 모델에 로드한다. 일단 로드되면 pbix 통합 문서를 다른 사람과 공유할 수 있으며, 다른 사람은 원본 데이터에 직접 액세스할 필요가 없다. 또한 보고서를 PowerBI.com에 게시하고 그 내용을 다른 사람과 공유할 수도 있다. PowerBI.com에 보고서를 게시하면 원본 데이터에 접근할 필요 없이 데이터의 완전한 복사본이 클라우드에 올라간다.

데이터를 로드할 때는 로드할 데이터(테이블, 테이블의 각 열 등)를 결정해야 한다. 이를 '데이터의 모양'이라 부른다. 다음 '따라 하기'는 준비된 데이터를 로드하는 방법을 보여준다. 그러나 2장의 뒷부분에서 설명하듯이, 어떤 데이터를 로드할 것인지 결정하는 과정이 데이터 모델링 절차의 중요한 부분임을 명심해야 한다.

따라 하기: 새 원본에서 데이터 로드

이 책에 사용할 AdventureWorks 데이터가 준비되지 않았다면, 지금 다운로드 (http://xbi.com.au)해 압축을 푼 후, 찾기 쉬운 위치로 옮기길 바란다. 우선 AdventureWorks 액세스 데이터베이스에서 다음 테이블을 로드하자.

- Sales
- Products
- Territory
- Calendar
- Customers

테이블을 로드하고 파워 BI에서 사용할 수 있도록 준비하는 과정은 다음과 같다.

1 파워 BI 데스크톱을 열면 다음과 같이 맨 위에 메뉴가 보이는 빈 파워 BI 데스크톱 화면이 나타난다.

2 홈 메뉴에서 데이터 가져오기를 선택한 후, 모두와 Acess 데이터베이스를 차례대로 선택(❶)하고 연결(❷) 버튼을 클릭한다.

3 준비한 샘플 데이터베이스의 위치를 찾은 후, 열기를 클릭한다.

이 단계에서는 액세스에서 데이터를 처음 로드할 때 문제가 발생할 수 있다. 가장 일반적인 원인은 컴퓨터에 32비트 마이크로소프트 오피스와 64비트 파워 BI 데스크톱이 설치됐기 때문이다. 이때에는 다음과 같은 메시지가 나타난다.

'AdventureWorks_Learn_To_Write_DAX.accdb'를 읽으려면 Access Database Engine 2010 Access Database Engine OLEDB 공급자의 64비트 버전이 필요할 수 있습니다. 클라이언트 소프트웨어를 다운로드하려면 다음 사이트를 방문하세요.

위와 같은 문제가 발생했을 때는 (대용량의 데이터를 처리하기 위해) 파워 BI 데스크톱을 64비트 버전으로 유지하고, 누락된 데이터 공급 장치(data provider)를 설치하면 된다. 좀 더 자세한 해결 방법은 링크된 기사((http://xbi.com.au/3264)를 참고하기 바란다.

4 다음 그림과 같이 체크 표시해 목록 맨 위에 보이는 5개 항목을 선택하면 탐색 창에 쿼리와 테이블에 관련된 각각 다른 모양의 아이콘이 나타난다.

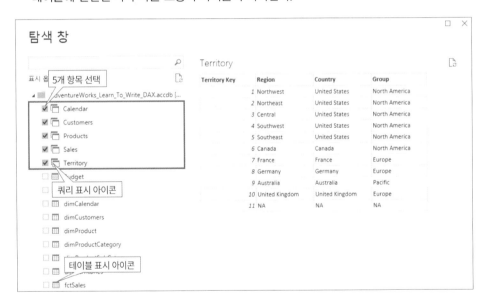

이 책의 샘플 데이터는 파워 BI 사용법을 익히기 위해 준비된 상태다. 실제로는 원본 데이터베이스가 파워 BI에서 사용하기 적합한 테이블 구조를 갖추고 있다고 가정하면 안 된다. 왜냐하면 이런 일은 드물기 때문이다.

편집 버튼을 클릭하면 데이터를 파워 BI 데스크톱으로 로드하기 전에 데이터를 변환할 수 있는 쿼리 편집기(파워 쿼리)가 시작된다. 파워 쿼리는 이 책의 범위를 벗어나므로 좀 더 자세한 내용은 온라인 교육 과정을 참고하기 바란다. 해당 교육 과정의 자세한 내용은 http://xbi.com.au/powerquerytraining에서 확인할 수 있다.

테이블 이름은 dimProducts, fctSales처럼 명명됐는데, 여기서 dim은 차원(dimension), fct는 팩트(fact)를 나타낸다. 데이터베이스 테이블은 일반적으로 접두사를 사용하는 방식을 사용한다. 비즈니스 사용자는 차원 테이블은 조회 테이블, 팩트 테이블은 데이터(또는 트랜잭션) 테이블로 생각해도 된다. 조회 테이블과 데이터 테이블이라는 두 가지 유형의 테이블이 있다는 것은 파워 BI에서 매우 중요한 개념이며, 이 책으로 공부하면서 더 많이 접하게 될 것이다.

파워 BI 사용자는 이 테이블을 파워 BI로 가져오기 전에 테이블 이름에서 dim 및 fct 접두사를 제거하는 것이 좋다. 이러한 접두사는 IT 부서의 담당자에게 의미가 있고 테이블 형식을 식별하는 데 도움이 되기도 한다. 하지만 여러분이 만든 파워 BI 보고서를 보는 비즈니스 사용자도 복잡한 테이블 이름을 보게 될 것이므로 데이터를 로드한 후에 테이블을 선택하고 마우스 오른쪽 버튼을 눌러 이름을 바꾸기 바란다.

5 로드를 클릭하면 BI 데스크톱에 데이터가 로드된다. 테이블 가져오기 마법사를 닫으면 다음 그림과 같이 오른쪽에 파워 BI에서 가져온 5개의 테이블이 나타난다. 각 테이블은 원본 파일(이 예제에서는 액세스 데이터베이스)에서 가져온 데이터의 복사본이다. 데이터를 새로 고칠 준비가 될 때까지는(일반적으로 나중에 데이터가 변경될 때까지는) 원본 파일이 필요하지 않다. 파워 BI의 장점 중 하나는 데이터가 변경될 때 데이터를 간단히 새로 고침하면 통합 문서의 데이터를 새로운 데이터로 업데이트할 수 있다는 것이다.

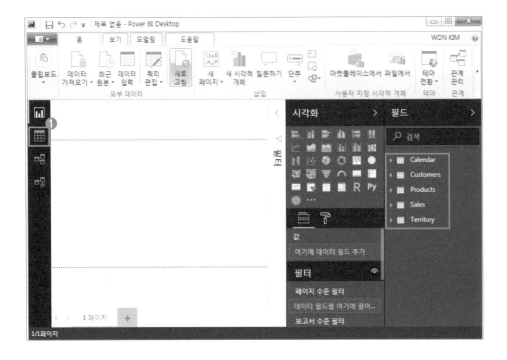

6 데이터 보기 아이콘(①)을 선택하면 데이터 보기 화면으로 전환된다. 이 화면에서 테이블의 데이터를 볼 수 있다.

7 데이터 보기에서 다음 그림과 같이 Territory 테이블의 이름을 두 번 클릭한 후, 이름을 'Territories'로 변경한다(Calendar를 제외한 나머지 테이블의 이름을 모두 복수형으로 지정).

8 다음 단계는 테이블 사이에 논리적 관계를 생성하는 것이다. 관계 아이콘(❶)을 클릭하면 관계 보기 화면으로 전환된다.

9 화면에 5개 테이블이 모두 나타나지 않으면, 화면에 맞추기 버튼을 클릭해 숨은 테이블이 모두 나타나도록 한다.

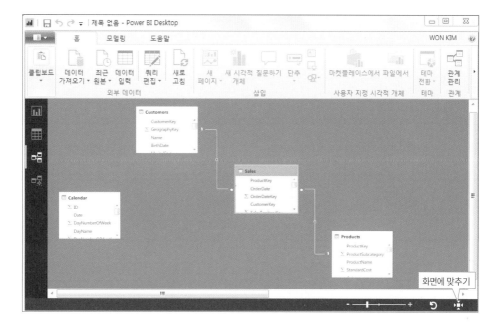

여기에 나타난 화면에는 3개의 테이블이 자동 연결됐다. 이는 자동 관계 검색 기능에 따른 것으로, 자동으로 생성된 관계는 정확하지 않을 때도 있지만 지금은 정확하게 연결됐다.

10 데이터 테이블은 화면의 아래쪽, 조회 테이블은 위쪽으로 옮긴다.

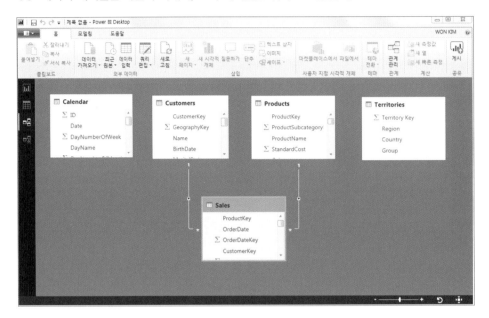

앞의 단계를 모두 완료한 후에는 다음 '따라 하기'에서 설명하는 대로 데이터 테이블을 나머지 조회 테이블과 연결해야 한다.

따라 하기: 테이블 연결하기

Customers 테이블에는 일반적으로 기업의 모든 고객 목록이 포함된다. 그러나 Customers 테이블에는 한 번도 구매하지 않은 고객에서 여러 번 구매한 고객에 이르기까지 다양한 고객이 존재한다. 따라서 Customers 테이블에 포함된 고객은 Sales 테이블에 한 번도 등장하지 않거나 여러 번 등장하기도 한다.

Sales 테이블은 고객 키(고객 번호 또는 ID라고도 함)를 이용해 Customers 테이블에 논리적으로 연결할 수 있다. 이렇게 연결하면 Customers 테이블과 Sales 테이블 사이에 일대다$^{one\ to\ many}$ 관계가 만들어진다. 데이터 테이블과 조회 테이블은 다음과 같이 연결한다.

1 데이터 테이블에서 열을 선택한다(다음 그림과 같이 파워 BI 데스크톱 화면 하단에 보이는 테이블). 이렇게 하려면 Sales 테이블에서 OrderDate 열을 선택하고 마우스 버튼을 눌러야 한다(❶).

2 열을 드래그해 조회 테이블에서 일치하는 키 위로 가져간다(이 경우 Calendar 테이블의 Date 열, ❷).

3 누르고 있던 마우스 버튼을 풀어 결합을 완료한다.

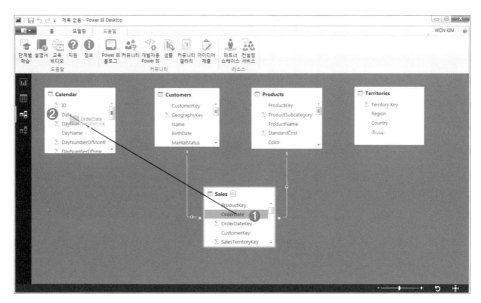

4 나머지 테이블도 이와 동일한 절차를 진행해보자. 다음 정답을 보기 전에 어느 열을 사용하면 연결할 수 있는지 스스로 확인해보자.

데이터 테이블	열	조회 테이블	열
Sales	ProductKey	Products	ProductKey
Sales	CustomerKey	Customers	CustomerKey
Sales	SalesTerritoryKey	Territories	TerritoryKey

이는 일대다 관계이기 때문에 필터링은 '단일' 방향이다. 항상 데이터 테이블에서 위쪽에 위치한 조회 테이블까지 드래그하자(엑셀에서 VLOOKUP을 작성하는 경우처럼).

다음 그림에서 보는 바와 같이, 관계를 나타내는 선의 데이터 테이블 쪽에는 '*' 표시, 조회 테이블을 가리키는 반대쪽에는 '1' 표시가 있다. 또 관계를 표시하는 선의 중간 부분에 Sales 테이블로 향하는 화살표가 보인다(화살표는 나중에 자세히 다룬다).

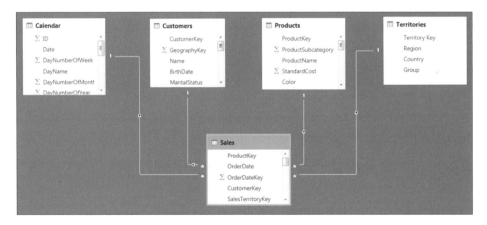

데이터 테이블을 맨 아래에 두면 화면 위쪽의 테이블이 조회(Lookup) 테이블이라는 시각적인 단서가 생긴다(조회 테이블을 보려면, 위를 쳐다봐야(look up)하기 때문이다).

5 다음 그림에 나타난 저장 아이콘을 클릭하고 적절한 이름과 위치를 지정해 파워 BI 데스크
톱 파일을 저장한다.

데이터 셰이핑

파워 BI의 데이터 모양을 논의하기 위해 잠시 쉬어가야 할 시간이다. 이 책에서 데이
터의 '모양'은 가져오는 테이블의 수, 각 테이블에 있는 열의 수, 각 테이블에 어떤 열
이 포함되는지 등을 의미한다.

데이터 셰이핑Data Shaping은 큰 주제이며, 이를 여기서 깊이 다룰 여유는 없다. 하지만
파워 BI를 올바르게 사용하기 위한 기본적인 방법은 언급하고자 한다. 이 도움말이
중요한 이유는 트랜잭션 시스템(또는 관계형 데이터베이스)의 데이터가 파워 BI의 이상
적인 모양이 아니기 때문이다. IT 부서에서 엔터프라이즈 BI 프로젝트를 실행할 때
가장 중요한 단계는 데이터를 보고하기에 적합하도록 셰이핑하는 것이다. 이 단계는
일반적으로 모든 최종 사용자(즉, 여러분)가 볼 수 있기 때문에 별도의 작업을 하지 않
아도 된다. 하지만 여러분이 효율적이고 효과적인 파워 BI 데이터 모델을 만들길 원
한다면 데이터 셰이핑을 이해해야 한다. 원본 데이터에 있는 내용을 복사하는 것만
으로는 최적의 데이터 모델을 만들 수 없다.

스키마(테이블의 구조) 선택하기

파워 BI에 데이터를 가져오기 위한 일반적인 접근 방식은 '스타 스키마^{star schema}'로 알려진 방식이다. 이는 킴볼 방법론(차원 모델링이라고도 함)에서 비롯된 기술적인 용어로, 최적의 보고서를 만들려면 데이터를 어떤 방법으로 구성해야 하는지를 알려준다. 차원 모델링의 목적은 사용자가 매번 보고서를 만들 때마다 데이터베이스에 접근해 새로운 쿼리를 작성할 필요가 없게 하는 것이다. 다음 그림(방금 가져온 것과 똑같은 데이터가 포함돼 있음)에서 테이블이 배치된 모양을 보면 왜 이를 스타 스키마라 부르는지 이해하는 데 도움이 될 것이다.

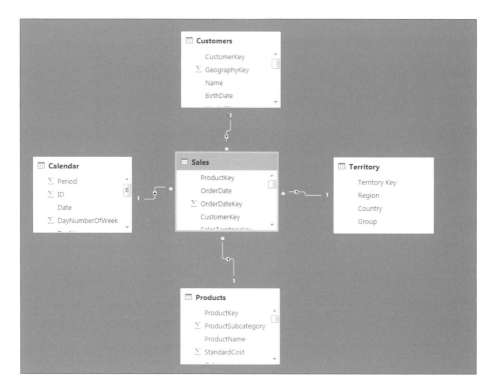

이 스키마에서 데이터 테이블(이 예에서는 Sales)은 조회 테이블(이 예에서는 Customers, Products, Territories 및 Calendar)로 둘러싸인 별 모양을 만든다(6장, '기본 개념: 조회 테이블과 데이터 테이블'에서 좀 더 자세히 다룬다).

관계 보기에서 테이블의 시각적 레이아웃

관계 보기에서 테이블을 시각적으로 배치할 때는 다음 그림과 같이 조회 테이블은 위쪽, 데이터 테이블은 아래쪽에 배치하길 권장한다.

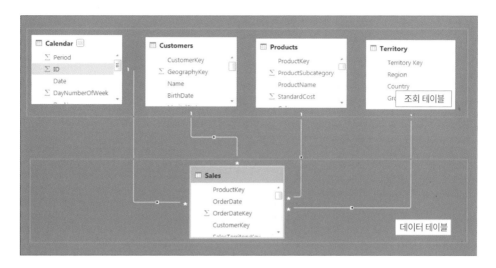

데이터 셰이핑에 한 가지 정답만 있는 것은 아니지만, 가능한 한 권장되는 방법인 스타 스키마를 사용해야 한다. 최적의 데이터 모델 형태는 스타 스키마이지만, 다른 모양도 작동한다. 예를 들어, 기본 조회 테이블에 연결된 보조 조회 테이블이 있는 눈송이 스키마(snowflake schema)도 가능하다. 그러나 이차적인 관계는 성능을 저하시키고, 특히 사용자가 보고서를 직접 만드는 경우에는 사용자에게 혼란을 초래할 우려가 있다.

마지막 2개의 그림을 비교하면 테이블 간에 정확히 동일한 논리적 관계로 연결돼 있다는 것을 확인할 수 있다. 시각적 레이아웃은 다르지만, 둘 다 스타 스키마다.

바로 위에 보이는 두 번째 그림의 시각적 레이아웃은 롭 콜리가 개발한 것으로, 나는 이를 '콜리 레이아웃 방법론'이라 부른다. 콜리 레이아웃 방법론은 조회 테이블을 위쪽, 데이터 테이블을 아래쪽에 배치한다. 파워 BI를 배우는 비즈니스 사용자에게 이렇게 배치하는 것이 얼마나 중요한지는 이 책의 후반부에서 더욱 분명히 알게 될 것이다. 지금 당장은 콜리의 레이아웃을 믿고 따르길 바란다.

조회 테이블과 데이터 테이블

IT 세계에서는 조회 테이블을 차원 테이블, 데이터 테이블을 팩트 테이블이라 한다. 비즈니스 사용자는 조회 테이블과 데이터 테이블이라 부르길 바란다.

데이터 테이블은 거래(트랜잭션) 정보를 포함한다. 이 책의 데이터 테이블에는 판매 트랜잭션이 들어 있고, 조회 테이블에는 고객, 제품, 시간(캘린더) 등과 같은 객체 논리 그룹에 관련된 정보가 들어 있다. 파워 BI와 파워 피벗이 출시되기 이전에 엑셀 사용자가 피벗 테이블을 만들려면 엑셀에서 하나의 크고 편평한 테이블을 만들어야만 했다. 이는 VLOOKUP() 수식을 작성한 후, 다른 테이블에 있는 데이터 및 열과 행으로 구성된 테이블에 추가하는 것을 의미한다. 파워 BI에서는 VLOOKUP()을 사용해 조회 테이블의 데이터를 데이터 테이블로 가져올 필요가 없다. 그 대신 조회 테이블을 로드해 데이터 테이블과 연결하기만 하면 된다.

조회 테이블

보고서에 필요한 '객체'마다 조회 테이블이 하나씩 있어야 한다. 예를 들어, 여기에서 사용하는 데이터의 객체는 고객, 제품, 지역 및 시간(예: 캘린더)이다. 조회 테이블은 테이블의 각 행에 중복이 없어야 하고, 객체를 설명하는 데 필요한 만큼의 열을 포함하고 있어야 한다.

Customers 테이블에는 각 고유 고객마다 행이 하나씩만 있다. Customers 테이블에는 고객 번호(키), 고객 이름, 고객 주소 등과 같이 각 고객을 설명하는 열이 많지만, 행은 각 고객마다 하나씩만 있다. 각 행은 고객 번호를 기반으로 유일무이하며, 고객 번호(키)의 중복은 허용되지 않는다.

데이터 테이블

데이터 테이블을 여러 개 사용하기도 하지만, 이 책에서 다루는 예제는 Sales 테이블 하나만 다룬다. 이 데이터 테이블에는 6만 줄 이상의 행과 지난 몇 년간 발생한 거래 기록이 모두 담겨 있다. 데이터 테이블은 각각의 조회 테이블에 연결된다. Sales 테이블에는 각 조회 테이블의 각 키(기술적으로 기본 키라고 함)와 일치하는 하나의 열(기술적으로 외래 키라고 함)이 있다. 다시 말해, Sales 테이블에는 4개의 외래 키 열, 날짜, 고객 번호, 제품 번호 및 지역 키가 있다. 이 열을 사용하면 Sales 테이블을 각 조회 테이블과 논리적으로 연결할 수 있다.

이상적으로 얘기하면, 데이터 테이블의 열은 가능한 한 적고, 행은 모든 데이터 레코드를 가져오기 위해 필요한 만큼 많아야 한다. 데이터 테이블의 행 수는 일반적으로 매우 많다(수천 만 개에 이르기도 함).

데이터 셰이핑 요점

데이터 셰이핑에 관련된 다음 사항을 기억하자.

- 테이블에는 두 가지 유형이 있다. 첫 번째 유형은 분석하려는 데이터가 있는 데이터 테이블, 두 번째 유형은 고객의 이름, 주소, 도시처럼 분석 대상의 메타데이터metadata가 포함된 조회 테이블이다.
- 각 객체에는 하나의 테이블만 로드하는 것이 좋다. 이 방법을 사용하면 데이터베이스 처리 효율이 높고, 사용자가 이해하기 쉽다.
- 데이터를 셰이핑하는 최적의 방법은 스타 스키마다. 눈송이 스키마도 작동할 수 있지만 효율은 다소 좋지 않다.
- 비즈니스 사용자는 파워 BI 관계 보기에서 콜리 레이아웃 방법론을 사용해 테이블을 배치해야 한다(왜 이렇게 해야 하는지는 5장, '기본 개념: 필터 전파'에서 자세히 다룬다).

Calendar 테이블에서 2002년과 2003년만 가져오고 회계연도 관련 날짜 열을 없애
는 상황을 가정한다. 이 작업은 쿼리 편집기로 수행해야 한다. 이미 로드된 테이블을
다음과 같이 변경해보자.

1 오른쪽의 필드 목록(보고서 보기 또는 데이터 보기)에서 Calendar 테이블을 마우스 오른쪽
  버튼으로 클릭한 후, 쿼리 편집을 선택한다.

2 쿼리 편집기에서 CalendarYear 열로 이동한 후, 드롭다운 화살표를 클릭한다(①)

3 드롭다운 목록에서 2001년과 2004년을 선택 해제한 후(② 및 ③), 확인을 클릭한다.

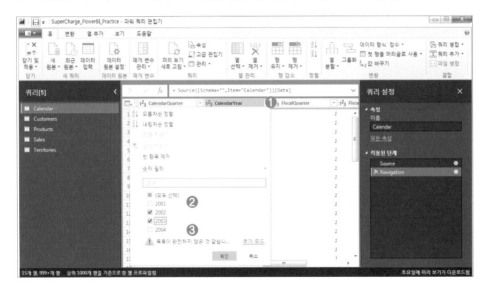

4 Shift 또는 Ctrl 키(아래 ❶)를 사용해 회계연도와 관련된 3개의 열을 모두 선택한 후, 선택한 열 중 하나를 마우스 오른쪽 버튼으로 클릭하고 열 제거(❷)를 선택해 3개의 열을 제거한다.

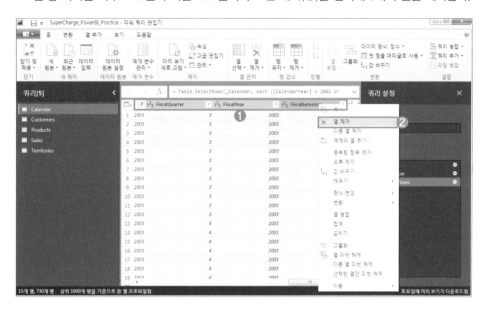

5 닫기 및 적용을 클릭한 후, pbix 통합 문서를 저장한다.

> **Note**
>
> 쿼리 편집기를 위와 같이 사용할 때는 실제로 파워 쿼리 기술(엑셀은 데이터 가져오기와 변환 메뉴, 파워 BI는 데이터 가져오기 메뉴)을 사용한다. 파워 쿼리는 중요한 주제이지만, 이 책에서 는 자세히 다루지 않는다. 좀 더 자세한 정보는 http://xbi.com.au/powerquerytraining의 온라 인 교육 과정을 참고하기 바란다.

따라 하기: 쿼리에서 적용된 단계 삭제하기

파워 BI 데이터 모델로 가져온 테이블을 변경하는 방법을 알아봤으므로 이제 실습할 준비가 갖춰졌다. 이제 CalendarYear 열에 적용한 필터를 없애보자. 이 책의 연습 문제에서는 Calendar 테이블의 모든 기간이 필요하기 때문이다. 필터 지우기는 매우 쉽다.

1 테이블을 마우스 오른쪽 버튼으로 클릭한 후, **쿼리 편집**을 선택하고 이전과 마찬가지로 Calendar 테이블의 쿼리를 편집한다.

2 다음 그림과 같이 Filtered Rows 단계 옆의 X를 클릭해 단계를 제거한다.

3 **닫기 및 적용**을 클릭한 후, pbix 통합 문서를 저장한다.

액세스 데이터베이스에 있는 ProductSubCategory 테이블을 데이터 모델에 추가하려면 **데이터 가져오기** 메뉴를 사용해야 한다. 다음 단계를 따라 해보자.

1 홈 탭(**①**)에서 최근 원본(**②**)을 클릭한 후, AdventureWorks 액세스 데이터베이스(**③**)를 선택한다.

다음 그림과 같이 dimProductSubCategory 테이블을 선택한 후 편집을 클릭한다.

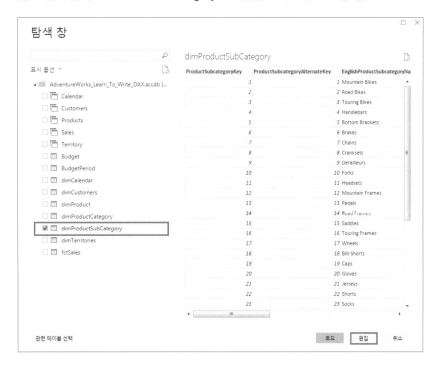

2 다음 그림과 같이 오른쪽 이름 박스에서 테이블 이름을 'Subcategory'로 수정한 후, 닫기 및
적용을 클릭한다. 이제 파워 BI는 Subcategory 테이블과 Products 테이블의 관계를 자동으
로 생성한다.

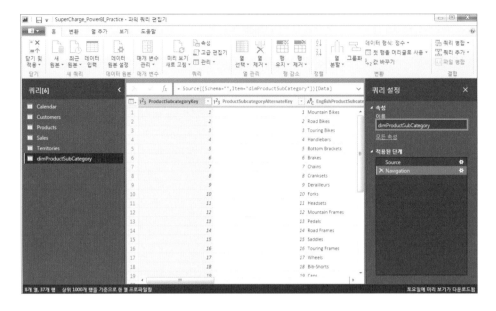

3 SubCategory는 Products 테이블의 조회 테이블이므로 콜리 레이아웃 방법을 사용할 때는
다음과 같이 Products 테이블 위에 SubCategory 테이블을 배치해야 한다.

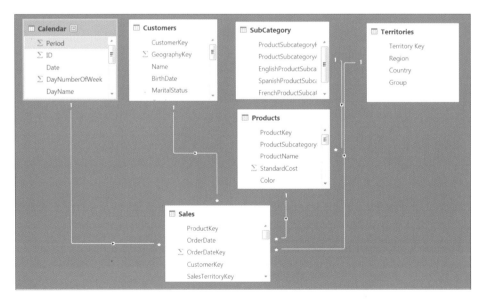

4 pbix 통합 문서를 저장한다.

> **Note**
>
> 이차적인 조회 테이블(SubCategory)이 다른 조회 테이블(Products)에 연결됐으므로 이는
> 기술적으로 눈송이 스키마다. 작동하는 데는 문제가 없지만, 스타 스키마보다 효율성이 떨어
> 질 우려가 있다. 또한 이 모양은 '하나의 객체, 하나의 테이블' 규칙을 따르지 않으므로 보고서
> 의 사용자에게 혼동을 줄 수 있다. 이 방법이 잘못은 아니지만, 빠르고 쉽게 이해하기 위해서는
> '하나의 객체, 하나의 테이블' 규칙을 따르는 것이 좋다.

5 이 SubCategory 테이블은 더 이상 필요하지 않으므로 삭제한다. 보고서 보기 또는 데이터 보
기에서 테이블 이름을 마우스 오른쪽 버튼으로 클릭한 후 **삭제**를 선택하면 된다. 이 연습의
목적은 새로운 데이터 테이블을 추가하는 방법을 보여주기 위한 것이다.

따라 하기: 연결된 파일의 위치 변경

액세스 데이터베이스를 새 위치로 옮긴 후 기존 데이터 연결을 새로운 위치로 지정
하는 방법을 알아야 한다. 이 작업은 파워 BI 통합 문서나 데이터 원본을 다른 사용
자에게 보내거나 자신의 컴퓨터에서 파일 위치를 변경해야 할 때 필요하다.

파워 BI에서 만든 데이터는 여러분의 컴퓨터에 연결된다. 사용자가 자신의 PC에서
사용하거나 다른 사용자에게 보내려면 파워 BI 통합 문서와 데이터 원본의 데이터
연결을 재설정해야 한다.

> **Note**
>
> 통합 문서와 데이터 원본을 다른 사용자에게 모두 보내는 경우에만 이 단계를 수행해야 한다. 그
> 러나 보통은 이렇게 하지 않는다. 일반적으로 데이터 원본은 빼고 통합 문서만 배포하면 된다.

파일 위치가 변경될 때 일어나는 상황을 시뮬레이션하려면 기존 쿼리가 찾을 수 없도록 원본인 액세스 데이터베이스를 새로운 위치로 이동한 후, 연결된 파일 위치를 변경해야 한다. 다음 단계를 실행해보자.

1 Windows 탐색기에서 새 폴더를 만든다.

2 액세스 데이터베이스를 임의의 새 폴더로 옮긴다.

3 다음 그림과 같이 리본에서 새로 고침을 클릭해 쿼리 고침이 작동하지 않는지 확인한다.

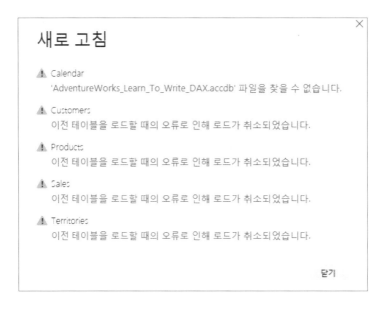

4 닫기를 클릭한다.

5 홈 탭에서 쿼리 편집을 클릭한다(또는 필드 목록에서 테이블 중 하나를 마우스 오른쪽 버튼으로 클릭하고 쿼리 편집을 클릭한다).

> **Note**
>
> 쿼리 편집기는 테이블 데이터의 캐시된 사본을 보관한다. 처음 쿼리 편집기를 실행하면 테이블이 정상적으로 보일 수 있다. **미리보기 새로 고침, 모두 새로 고침**을 클릭하면 쿼리 편집기에서 캐시를 새로 고치려고 시도하면서 오류 메시지가 나타난다.

6 데이터 원본 설정(❶)을 클릭한다.

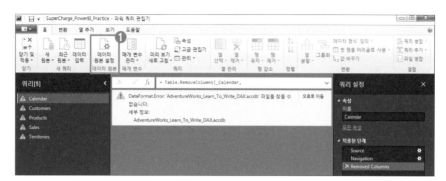

7 액세스 데이터베이스와 관련된 데이터 원본을 선택한 후(❶) 원본 변경(❷)을 클릭한다.

8 찾아보기...(❶)를 클릭해 새 파일 위치를 찾은 후, 확인(❷)을 클릭한다.

9 닫기 및 적용을 클릭한 후, pbix 통합 문서를 저장한다.

따라 하기: 행렬 추가하기

파워 BI 보고서 화면은 엑셀과 많이 다르다. 보고서 화면은 엑셀보다 파워포인트 슬라이드와 훨씬 유사해 보인다. 파워 BI를 처음 시작하는 엑셀 사용자는 어렵게 느끼겠지만 곧 익숙해질 것이다.

이 책을 쓰고 있는 현재 시점에는 파워 BI에 피벗 테이블이 없고 행렬만 있다. 행렬은 피벗 테이블에 매우 가까운 대체물이자 시각화를 시작할 때 사용할 수 있는 최상의 시각화 도구다. 행렬 이외에 테이블도 있다. 테이블은 행렬과 유사하지만 열을 추가하는 기능은 없다. 보고서에서 두 가지 시각화 유형을 바꿔보면 차이점을 알 수 있다.

행렬을 보고서에 삽입하는 데에는 여러 가지 방법이 있지만, 다음과 같은 순서로 진행하길 바란다.

1 보고서 아이콘(❶)을 클릭해 보고서 보기 화면을 연다.

2 보고서 보기 화면의 빈 공간(❷)을 한 번 클릭한 후, 행렬 아이콘(❸)을 클릭한다.

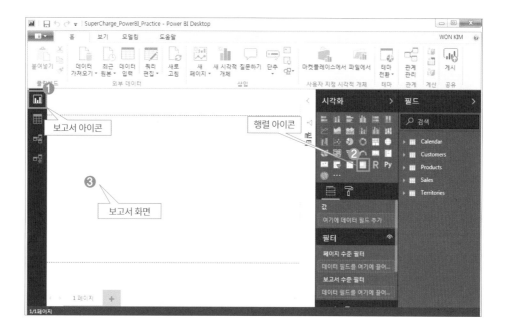

3 화면에 새 행렬 객체가 나타난다(❶). 오른쪽에 필드 목록(❷)과 행(❸), 열(❹) 및 값(❺) 영역
   이 있다. 엑셀에서 피벗 테이블을 사용해본 경험이 있다면 엑셀 피벗 테이블 환경과 매우 유
   사하다는 것을 알 수 있을 것이다.

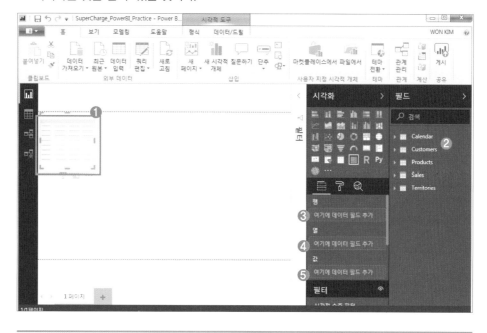

다른 종류의 데이터 원본

2장에서는 AdventureWorks 액세스 데이터베이스에서 데이터를 가져오는 방법을 소개했지만, 이는 수많은 데이터 원본 중 하나일 뿐이다. 파워 BI에는 다른 많은 데이터 원본 커넥터가 있다. **데이터 가져오기 → 기타 → 모두**를 클릭하면 다음 그림과 같이 파워 BI에서 현재 지원되는 데이터 커넥터의 전체 목록을 볼 수 있다(이 그림에서는 일부 커넥터가 빠져 있다).

데이터 가져오기의 일반적인 원칙은 모든 데이터 원본에 동일하게 적용된다는 것이다. 즉, 데이터 원본을 선택한 후, 2장의 앞부분에서 설명한 대로 가져오기 마법사를 따라 하기만 하면 된다('따라 하기: 새 원본에서 데이터 로드' 참고).

> **Note**
>
> 데이터를 로드하기 전에 원본 데이터를 셰이핑하고 정제하는 과정은 상당한 양의 작업이 필요하다. 이는 파워 쿼리의 과정이며 이 책의 범위를 벗어난다. 좀 더 자세한 정보는 http://xbi.com. au/powerquerytraining의 온라인 교육 과정을 참고하기 바란다.

3장
기본 개념: 측정값

측정값은 오래전부터 SQL 서버 분석 서비스(SSAS)와 같은 마이크로소프트의 기업용 BI 도구에 사용해왔는데, 이제는 파워 BI로 보고서를 만들고자 하는 일반 사용자의 세계까지 진출했다. 측정값을 배우는 것은 혼란스럽거나 어렵지 않다. 측정값은 단순히 DAX 수식이며, 파워 BI에 데이터 계산을 지시한다. 측정값은 엑셀의 셀에서 사용하는 수식과 매우 유사하다. 엑셀의 셀에 있는 수식과 측정값의 주된 차이점은 측정값은 시트의 일부 셀뿐 아니라 전체 데이터 모델에 작동한다는 것이다. 나중에 좀 더 배우겠지만, 지금은 측정값을 로드된 데이터를 이용해 결과를 계산하는 수식이라 생각하자.

DAX 측정값 작성 방법

파워 BI의 측정값은 다음과 같이 수식 입력줄에 작성한다.

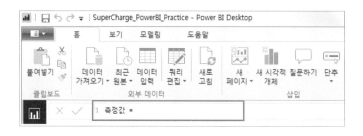

측정값을 선택하지 않으면 수식 입력줄이 나타나지 않는다. 측정값을 선택하면 입력
줄이 위 그림처럼 리본 바로 다음에 나타난다.

파워 BI에서 새 측정값은 다음과 같이 두 가지 방법을 사용해 만들 수 있다.

- 첫째, 모델링 탭을 선택한 후(❶) 새 측정값 버튼(❷)을 클릭한다.

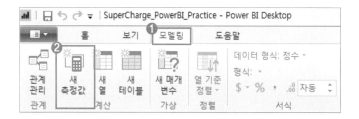

- 위와 같이 새 측정값을 만드는 방법은 추천하지 않는다. 새 측정값 버튼(❶)
  을 클릭해 새 측정값을 만들면 측정값이 자동으로 오른쪽(❷)의 필드 목록
  에서 선택된 테이블에 추가된다. 이 방법을 사용하면 측정값이 원하지 않
  는 테이블에 생성될 가능성이 있으므로 다음 두 번째 방법을 사용하는 것
  이 좋다.

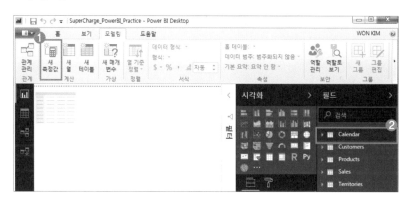

- 둘째, 필드 목록에서 측정값을 저장할 테이블을 먼저 선택하고 마우스 오른쪽 버튼을 누른다(❶)(가장 좋은 방법은 관련한 데이터가 있는 테이블에 측정값을 저장하는 것이다. 나중에 자세히 설명한다). 그런 다음, 메뉴(❷)에서 새 측정을 선택하고 측정값을 작성한다.

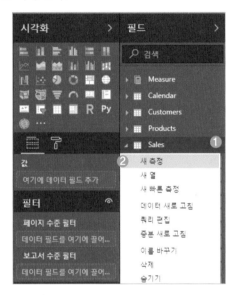

따라 하기: 측정값 작성

다음에서 설명하는 측정값 작성 방법은 재작업을 최소화하면서 최상의 결과를 얻기 위해 찾아낸 최선의 접근 방식이다. 다음 단계대로 따라 해보자.

1 새롭게 빈 행렬을 만든다(또는 이전에 설정한 행렬이 있으면, 기존 행렬을 사용해도 좋다). 보고서 화면에서 행렬이 선택됐는지 확인하자. 행렬이 선택되면 끌기 핸들(❶)을 볼 수 있다.

2 관련 있는 데이터를 행렬의 행에 추가한다. 이 책에서 사용한 샘플 데이터에서는 필드 영역에서 Products 테이블의 Products[Category]를 행렬의 행 영역에 배치한다. 이렇게 하려면 Products[Category] 열(❷)을 선택한 후, 열을 행렬의 행 영역(❸)으로 드래그해야 한다.

행 영역 주변에 생긴 노란색 점선을 확인하자. 노란색 점선이 보일 때 열을 놓으면 행렬에 배치된다. 측정값은 관련된 데이터가 위치한 테이블에 배치해야 한다. 지금 작성하는 측정값은 [Total Sales]이며, 사용할 'data'는 Sales 테이블에 있는 Sales[ExtendedAmount] 열에 있다.

3 Sales 테이블을 마우스 오른쪽 버튼으로 클릭한 후(①), 새 측정(②)을 선택한다.

4. 이제 수식 입력줄에 다음과 같이 '측정값 ='이 나타난다.

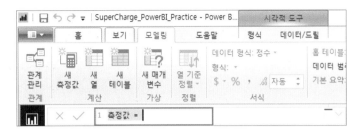

5 수식 입력줄에 'Total Sales = SUM(Sales[ExtendedAmount])'를 입력하고 Enter를 누른다. 이때에는 파란색으로 강조된 영역 위에 직접 입력해야 한다.

6 수식 입력줄을 다시 클릭한 후(❶), 통화 표시 $(❷)와 소수점 자릿수(❸) 형식을 지정하고 Enter를 누른다. 측정값을 작성할 때마다 형식을 지정하는 습관을 들이자.

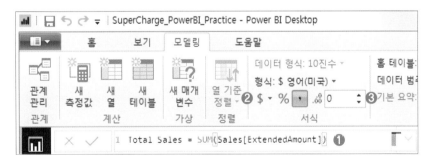

7 끌기 핸들이 보이는지 여부로 행렬이 선택돼 있는지 확인한 후(❶), Sales 테이블(❷)에서 측정값인 [Total Sales](❸)를 찾고 시각화 창의 값 영역(❹)으로 드래그한다.

Tip

이 절차를 따르면 빠뜨린 것을 고칠 필요가 없기 때문에 시간을 절약할 수 있다. 처음부터 이런 방식으로 연습하면 여러분에게 도움이 될 만한 좋은 습관이 만들어질 것이다.

이제 행렬은 다음 그림의 왼쪽과 같아 보여야 한다. 행렬의 글꼴 크기를 늘려 그림의 오른쪽처럼 쉽게 읽을 수 있도록 고쳐보자.

Category	Total Sales
Accessories	$700,760
Bikes	$28,318,145
Clothing	$339,773
합계	$29,358,677

Category ▲	Total Sales
Accessories	$700,760
Bikes	$28,318,145
Clothing	$339,773
합계	**$29,358,677**

행렬에서 글꼴의 크기를 크게 하는 방법은 다음과 같다.

1 행렬이 계속 선택돼 있는지 확인한다(❶).

2 서식 창(❷)으로 이동한다.

3 눈금(❸)을 선택한다.

4 새 글꼴 크기를 지정한다(❹).

내재된 측정값 사용하지 않기

다음 그림과 같이 테이블에서 숫자로 된 열을 테이블(❶)에서 행렬의 값 영역(❷)으로 드래그하면 행렬에서 값이 계산된다. 행렬(❸)에 추가한 열을 확인해보면, 측정값인 [Total Sales]와 같은 결과가 나온다는 것을 알 수 있다.

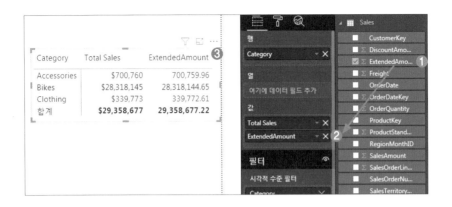

값 영역에 있는 'ExtendedAmount' 열 옆의 드롭다운 화살표(❶)를 클릭하면 집계 작업을 변경하는 다양한 옵션(❷)을 볼 수 있다.

이는 '내재된 측정값'이라 부르는 방식이다(카스퍼 드 종은 이것이 공식적인 이름이 아니라고 말했지만). 결과가 다르지는 않지만, 나는 내재된 측정값을 사용하는 방식을 좋아하지 않는다. 따라서 여러분도 사용하지 않길 바란다. 그 이유는 다음과 같다.

- 내재된 측정값으로 만들어진 열 이름은 쓸모가 없다. [ExtendedAmount]를 별

도로 분명하게 작성한 측정값의 이름인 [Total Sales]와 비교해보자. 물론 내재된 측정값의 이름을 바꿀 수는 있지만, 바뀐 이름은 현재의 시각적 개체(이 경우 행렬)에만 반영된다. 나중에 같은 열을 다른 시각적 개체에 추가하면 이름을 또 바꿔야 한다.

- 내재된 측정값을 생성할 때는 서식이 적용되지 않는다. 다시 서식을 지정할 수 있지만, 내재된 측정값을 생성할 때마다 매번 바꿔야 한다.
- 다른 측정값을 작성할 때 내재된 측정값을 참조할 수 없어서 사용이 제한된다.
- 내재된 측정값만 사용하면, 좋은 DAX 작성법을 익힐 수 없다.

그러므로 내재된 측정값을 사용하지 않도록 하자. 물론, 단지 테스트 목적으로 결과를 잠깐 보기 위한 정도라면 괜찮다. 그러나 결과를 확인하고 바로 변경 사항을 되돌리자. 만약 여러분이 측정값을 유지하고 싶다면 DAX를 사용해 처음부터 작성해야 한다. DAX를 작성하는 기술이 여러분을 파워 BI를 사용하는 다른 사람과 차별화해 줄 것이다.

따라 하기: 인텔리센스 사용

수식 입력줄에 DAX 수식을 입력할 때 나타나는 인텔리센스 기능을 활용하는 방법을 알아보자. 어떻게 작동하는지 다음과 같이 확인해보자.

1 다음처럼 함수를 수식 입력줄에 입력하면 인텔리센스 팝업이 나타나 함수의 구문과 함수가 무슨 작업을 수행할지(두 번째 줄) 나타낸다.

2 DAX에서는 항상 열 이름 앞에 테이블 이름을 입력하는 것이 좋다. 파워 BI에는 이를 도와주는 사용자 인터페이스가 있다. 다음 그림에서 'ex'를 입력했는데, 데이터 모델에 있는 열의 이름을 입력하기 시작하면 인텔리센스는 입력된 글자가 포함된 모든 열의 전체 이름을 다음 그림에서 보듯이 TableName[ColumnName]의 형식으로 나타낸다.

3 위쪽 및 아래쪽 화살표 키를 이용해 인텔리센스에서 제시한 목록에서 원하는 열로 이동한 후 Tab을 눌러 파란색으로 강조된 열을 선택할 수 있다. 그러면 테이블 이름이 수식에 자동으로 추가된다.

4 닫는 괄호를 입력한 후 Enter를 누른다.

따라 하기: 측정값 편집

측정값을 작성한 후에 되돌리거나 편집(또는 간단히 검토)하기는 쉽다. 다음 단계를 따라 해보자.

1 오른쪽의 필드 목록에서 편집하려는 측정값을 찾은 후, 측정값을 마우스로 선택한다. 수식 입력줄이 보고서 페이지 상단에 다시 나타난다.

2 수식 입력줄을 클릭한 후, 필요한 편집을 진행한다.

따라 하기: 측정값에 주석 추가

파워 BI에서는 작성한 측정값에 다음과 같이 메모나 주석을 추가할 수 있다.

1 필드 목록에서 측정값을 선택하면 페이지 상단에 수식 입력줄이 나타난다.

2 화살표를 클릭해 수식 입력줄을 크게 한다(❶).

3 Shift + Enter를 눌러 측정값에 새로운 줄을 추가한다.

4 다음과 같이 주석을 추가한다. 주석이 한 줄이면 시작 부분에 이중 슬래시(//), 여러 줄이면 / * * / 패턴을 사용한다.

```
1  Total Sales = SUM(Sales[ExtendedAmount])
2  // This is a comment
3
4  /* this is
5     a multiline
6     comment */
```

DAX를 작성하는 도중에 오류가 발생했을 때

새 측정값을 작성하다가 오류가 발생할 수 있다. 또 어떤 이유이든, 하던 작업을 중단하고 다른 일을 해야 할 수도 있다. 이와 같이 수식을 작성하는 도중이라도 주석기능을 사용하면 작성 중인 측정값을 버리지 않아도 된다. 다음과 같이 아직 완성되지 않은 복잡한 측정값을 가정해보자(Adventure Works 사례와는 관련 없음).

```
Complex Measure =
/* SUMX(Players,
      COUNTROWS(
         FILTER(
            Table1,
            Table1[Playing_Handicap] =
            MAX(Handicaps[Possible Handicaps])
            && Table1[PlayerID] = EARLIER(Players[PlayerID]
      */
```

예제에 나타난 수식은 중요하지 않다. 이 예제는 완성되지 않은 측정값을 그대로 둔채 다른 일을 한 후에 그것을 끝내는 것을 잊지 않기 위해 어떻게 해야 하는지를 나타낸다. 가장 쉬운 방법은 계산식을 여러 줄 주석 표시인 / * * /로 감싸는 것이다. 그러면 전체 측정값에 오류가 발생하지 않고 미완성 상태이긴 하지만 주석 형태로테이블에 저장할 수 있다.

파워 BI에는 보고서 화면의 아래쪽에 보고서 페이지를 볼 수 있는 탭 영역이 있다. 이곳에 새로운 페이지를 추가하는 것은 쉽다. 노란색 더하기 기호를 클릭해 새 페이지를 추가하거나 기존 페이지 위에서 마우스 오른쪽 버튼을 누르면 해당 페이지의 복사본을 추가할 수 있다.

새로운 페이지를 추가하는 또 다른 방법은 기존 페이지를 복사하는 것이다. 페이지 복사하기는 다음 연습에 사용할 수 있는 시각화(예: 행렬)가 있는 새로운 페이지를 얻는 것을 의미하기 때문에 지금과 같은 경우에 페이지 복사하기는 좋은 접근 방법이라 할 수 있다. 또한 나중에 연습한 내용을 다시 찾아볼 수 있도록 페이지 이름을 좀 더 의미 있게 바꿀 수도 있다. 여러분이 만약 새로운 페이지에 이미 만들어놓은 것과 유사한 시각화를 추가하길 원한다면 새로운 페이지를 추가하는 대신 페이지 복사를 해야 한다.

4장

DAX 주제: SUM(), COUNT(), COUNTROWS(), MIN(), MAX(), COUNTBLANK(), DIVIDE() 함수

4장은 몇 가지 기본적인 DAX 함수부터 시작한다. 4장의 DAX 함수는 대부분 = FORMULA(ColumnName)과 같이 열을 유일한 매개변수로 받아들인다. 단, 테이블을 매개변수로 하는 COUNTROWS() 함수와 4장의 뒷부분에서 다룰 DIVIDE() 함수는 예외다.

4장의 모든 함수(단, DIVIDE() 제외)는 집계함수다. 열이나 테이블로부터 입력된 내용을 요약한다(각 함수마다 다르게).

6만 행 이상의 데이터가 있는 Sales[ExtendedAmount] 열을 생각해보자. 파워 BI는 6만 개로 구성된 전체 열을 행렬의 단일 셀에 넣을 수 없다. 행렬의 단일 셀에 '맞출 수' 없기 때문이다.

다음 사례는 집계함수 없이 '있는 그대로의' 열을 사용하는 DAX 수식을 나타낸다. 오류 메시지에서 알 수 있듯이, 측정값을 작성할 때는 이러한 방식이 통하지 않는다.

파워 BI에 '행렬의 각 셀에 단일 값만 반환할 수 있도록 이 열의 데이터를 어떻게 집계할 것인지'를 알려줘야 한다. 4장의 모든 집계함수는 값 열을 단일 값으로 바꾼다.

위의 측정값을 올바르게 작성하는 방법은 다음 그림과 같다.

위 수식에서 테이블 이름을 열 이름과 함께 사용한다. 이것이 모범 사례라는 것을 잊지 말자.

> **Note**
>
> DAX를 작성할 때는 항상 테이블 이름과 열 이름을 함께 써야 한다. 테이블 이름을 먼저 지정하지 않은 채 열을 사용해서는 안 된다. 파워 BI는 이 기능을 자동으로 수행하는데, 테이블 이름을 수작업으로(또는 의도적으로) 삭제하지 말자. 그 이유는 곧 알게 될 것이다.

인텔리센스의 단점

이 시점에서 인텔리센스가 적이 될 수 있다는 점에도 주의하자. 인텔리센스는 수식을 제대로 작성하는 경우에만, 사용할 수 있는 함수, 테이블, 열 및 측정값 등의 목록을 일러준다. 이를 바탕으로 유효한 구문 목록을 얻을 수 있기 때문에 수식을 정확하게 작성하는 데 도움이 된다. 그러나 여러분이 찾고 있는 함수, 테이블, 열 및 측정값 목록을 찾을 수 없는데도 그 이유를 알 수 없다면 혼란스러울 수 있다. 수식을 작성할 때 찾고 있는 함수, 테이블, 열 또는 측정값 등을 볼 수 없다면, 멈춘 후에 확인해야 한다. 구문이 틀리면 인텔리센스는 알림을 표시하지 않는다. 여러분은 시간이 흐르면서 인텔리센스를 신뢰하는 법과 기대했던 대로 작동하지 않을 때 확인하는 법을 알게 될 것이다.

측정값의 재사용

DAX의 한 가지 중요한 기능은 측정값을 작성할 때 이미 만들어놓은 측정값을 재사용할 수 있다는 것이다. [Total Sales]라는 새로운 측정값을 작성한다고 가정해보자. 이 측정값이 파워 BI 데이터 모델에 있으면 다른 측정값을 만들 때 재사용할 수 있다. 예를 들어 [Total Sales]라는 측정값을 만든 후, 다음과 같이 [Total Sales]라는 측정값에 10%를 곱해 Total Tax라는 새로운 측정값을 만들 수 있다.

```
Total Tax = [Total Sales] * 0.1
```

새 측정값 [Total Tax]는 기존의 측정값인 [Total Sales]에 0.1을 곱한 수식이다. 이미 만들어놓은 측정값을 새로운 측정값을 만들 때 활용하는 것은 좋은 습관이다.

> **Note**
>
> 위의 측정값 이름에 테이블 이름을 붙이지 않았다. 즉, 측정값의 이름을 Sales[Total Sales]라고 하지 않고, [Total Sales]로만 적었다. 열 앞에는 항상 테이블 이름(예: Sales[ExtendedAmount])을 추가해야 하지만, 측정값에는 테이블 이름을 생략하는 것이 좋다. 이 방법을 사용하는 이유는 사용자가 Sales[ExtendedAmount]와 [Total Sales]를 보고 첫 번째 항목은 열, 두 번째 항목은 측정값이라는 것을 테이블 이름의 존재 여부로 즉시 알 수 있기 때문이다.

DAX 작성

이제 여러분이 직접 DAX를 작성해보자. 여기서 '작성'은 PC 앞에 앉아 1장의 데이터를 로드해 프로그램을 열고 DAX 수식을 실제로 입력해보는 것을 의미한다. 특히 이러한 함수를 사용해 수식을 작성해본 경험이 없다면, 이 절을 읽으면서 실제로 지금 작성해봐야 한다. 머릿속으로만 작성하는 것으로는 충분하지 않다.

아직 데이터가 준비되지 않았다면 1장, '기본 개념: 데이터 모델링 소개'의 단계에 따라 실습용 데이터를 로드해보자. 데이터가 로딩됐다면 다음 연습에서 새 측정값을 만들 준비가 된 것이다. 여러분이 작성할 첫 번째 측정값은 3장, '기본 개념: 측정값'의 '인텔리센스'에서 이미 설명했다.

연습

이 책의 나머지 부분에는 연습문제를 배치했다. 모든 연습문제는 빠뜨리지 말고 풀어보자('부록 A: 연습 정답' 참조).

연습: SUM()

다음 측정값의 DAX 수식을 작성해보자. 만약, 할 수 없다면 3장, '기본 개념: 측정값'을 참고해 다시 도전해보자('부록 A: 연습 정답' 참조).

SUM()을 사용해 다음 열의 DAX 수식을 작성한다.

1 [Total Sales]
이 책 앞부분에서 이 측정값을 작성하지 않았다면, Sales 테이블에서 Extended Amount 열의 총 합계인 새 측정값을 작성한다.

2 [Total Cost]
Sales 테이블의 Cost와 관련된 10개 열 중 1개 열의 합계를 나타내는 측정값을 작성한다. 이 측정값의 구조는 위 측정값과 같지만, 판매 금액 대신 제품의 비용을 더한다. Sales 테이블에서는 Cost와 관련된 어떤 열을 사용해도 좋다. 이 실습용 데이터에서는 모든 Cost 열이 똑같기 때문이다.

3 [Total Margin $]

총 마진(총 매출에서 총 비용을 뺀 금액)의 새 측정값을 만든다. 이 새 측정값에서는 위에서 작성한 두 가지 측정값을 다시 활용한다.

4 [Total Margin %]

위의 총 마진을 총 판매액 백분율로 나타내는 새로운 측정값을 작성한다. 다시 한번 위에서 만든 측정값을 사용한다. 4장의 뒷부분에서 DIVIDE() 함수를 다룰 예정이지만, 원한다면 인텔리센스를 활용해 측정값을 만들어보는 것도 좋은 방법이다.

5 [Total Sales Tax Paid]

납입된 총 판매세의 측정값을 작성한다. Sales 테이블에서 Tax 열을 찾아 해당 열의 합계를 추가하면 된다.

6 [Total Sales Including Tax]

위의 [Total Sales]에는 세금이 포함되지 않았으므로 이 두 측정값을 함께 계산해야 한다.

7 [Total Order Quantity]

다른 측정값과 유사하지만, 이번에는 구매한 수량을 더한다. Sales 테이블에서 올바른 열을 찾아보자.

점검 사항

연습을 하면서 다음 사항을 준수했는지 점검해본다.

- 행렬을 넌서 만들고 행렬의 행에 Products[Category]를 배지했는가?(또는 이러한 측정값에 적합한 다른 항목을 행에 배치했는가?) 이는 측정값을 작성한 후 바로 측정값의 결과를 확인할 수 있는 최상의 방법이다.

- Sales 테이블을 마우스 오른쪽 버튼으로 클릭한 후 새 측정을 선택해 프로세스를 시작했는가? 이렇게 하면 새로운 측정값이 연관된 테이블에 위치하므

로 쉽게 찾을 수 있다. 데이터가 저장되는 테이블에 측정값을 배치해야 하므로 측정값이 Sales 테이블에 포함되도록 해야 한다.

- 측정값에 포함된 모든 열을 TableName[ColumnName] 형식으로 지정했는가?(즉, 항상 테이블 이름을 포함) 테이블 이름을 먼저 지정하지 않고 DAX의 열을 지정해서는 안 된다는 점을 잊지 말자. 항상 테이블 이름과 열 이름을 함께 사용해야 한다. 파워 BI는 이를 쉽게 해준다.

- 측정값을 작성한 후 즉시 서식을 적용했는가?

- 키보드를 사용해 측정값을 입력할 때 인텔리센스를 확인했는가? 이때 마우스를 사용하면 안 된다. 마우스에 의존하면 당장은 더 빠르겠지만, 나중에 키보드를 더 빨리 사용하는 일을 방해할 것이다. 키보드를 사용하는 법을 익히고 3장, '기본 개념: 측정값'의 '따라 하기: 인텔리센스 사용'에서 소개한 절차를 준수하자.

정답을 생각하면서 타이핑하는 동안에는 답안을 먼저 보지 말아야 한다. 지금 생각해야 어떻게 다뤄야 하는지를 알게 된다.

이제 새로운 DAX 함수로 넘어가자.

COUNT() 함수

다음과 같이 COUNT()를 사용해 수식을 작성할 때, 인텔리센스가 DAX 작성에 어떤 도움을 줄 수 있는지 다시 한번 살펴보자.

새 측정값을 입력할 때 잠깐 멈추면, 인텔리센스가 해당 함수의 구문과 설명을 표시한다. 이 설명에는 매우 유용한 정보가 포함돼 있다. 예를 들어, 다음 그림과 같이 '열에 있는 숫자의 수를 계산합니다'라는 툴팁이 나타난다. 여기서는 매우 중요한 세 가지 정보, 즉 '이미 아는 대로 계산한다는 것', '이 함수는 숫자를 센다는 것', '해당 숫자는 열에 있어야 한다'는 것을 확인할 수 있다. 이는 COUNT() 함수의 충분한 정보이고, 이 정보를 활용하면 측정값을 작성할 수 있다.

연습: COUNT()

이제 COUNT() 함수를 사용해 DAX 수식을 작성해보자('부록 A: 연습 정답' 참조).

> **Note**
>
> 다음 연습을 하기 전에 행렬을 설정하는 것을 잊지 말자. 가장 좋은 접근법은 마지막으로 연습한 페이지에 SUM과 같은 이름을 붙인 후, 연습한 페이지를 복사해 COUNT라는 이름을 붙이는 것이다. 이렇게 연습하면, 나중에 연습한 내용을 쉽게 찾아볼 수 있다. 새 연습에 행렬을 설정할 때마다 Products[Category]처럼 행에 적절한 항목을 배치해야 한다. 행렬을 설정하는 방법을 잘 모른다면, 다음 '점검 사항'의 그림을 참조하라.

8 [Total Number of Products]

이 측정값을 작성할 때는 Products 조회 테이블을 사용한다. 제품 번호가 몇 개인지 세어보자. 이 예에서는 제품 번호와 제품 키가 같다.

9 [Total Number of Customers]

Customers 조회 테이블을 사용해 고객 번호를 세어보자. 고객 번호와 고객 키는 같다.

점검 사항

다음 행렬과 같은 결과를 도출했는가?

Category	Total Number of Customers	Total Number of Products
Accessories	18,484	35
Bikes	18,484	125
Clothing	18,484	48
Components	18,484	189
합계	**18,484**	**397**

그렇지 않다면, '부록 A: 연습 정답'과 비교해보라.

Note

위 행렬은 [Total Number of Customers]가 정확해 보이지 않으므로 혼란스럽다. 행렬의 모든 행에 같은 값이 도출돼 익숙하지 않을 것이다. 하지만 생각해보면 틀린 것은 아니다. 여러분은 해당 제품 category를 구입한 고객의 수가 아니라 고객 마스터 테이블에 있는 고객 수를 센 것이기 때문에 제품 범주에 따라 고객 수가 변경되지 않은 것이다. 고객이 마스터 테이블에 있을 수도 있고 아닐수 도 있기 때문이다(이 내용은 5장에서 좀 더 다룬다).

예상하지 못한 오류는 없었는지, 측정값에 올바른 열을 사용했는지 확인해보자. 위의 툴팁에서 COUNT() 함수가 숫자를 센다고 설명한 것을 잊지 말자. 이 함수는 텍스트 필드를 세지 않기 때문에 만약 여러분이 이름이나 설명을 세려고 했다면 오류가 발생했을 것이다.

COUNTROWS() 함수

새로운 함수인 COUNTROWS()로 넘어가자. 나는 COUNT() 대신 COUNTROWS()를 선호한다. 후자가 좀 더 자연스러워 보이기 때문이다. 두 함수는 서로 바꿔 사용할 수도 있지만, 항상 똑같은 결괏값을 만들지는 않는다. TableName[ColumnName]과 함께 COUNT()를 사용할 때 열에 있는 행 중 하나에 숫자가 빠졌을 때 (어떤 이유로) 해당 행의 숫자는 합계에서 빠진다. COUNTROWS()는 모든 열에 값이 있는지 여부에 관계없이 테이블의 모든 행을 센다. 따라서 원하는 값이 무엇인지에 따라 적합한 함수를 선택해야 한다.

이번에는 COUNT( ) 대신 COUNTROWS( )를 사용해 앞의 연습 8과 9의 측정값을 다시 작성
해보자('부록 A: 연습 정답' 참조).

10 [Total Number of Products COUNTROWS Version]

COUNTROWS( ) 함수를 사용해 Products 테이블의 수를 세어보자.

11 [Total Number of Customers COUNTROWS Version]

COUNTROWS( ) 함수를 사용해 Customers 테이블에 있는 고객 수를 세어보자.

점검 사항

10번과 11번 연습은 다음 그림과 같이 COUNT( ) 함수와 같은 결과가 나와야 한다.

Category	Total Number of Customers COUNTROWS VERSION	Total Number of Products COUNTROWS VERSION
Accessories	18,484	35
Bikes	18,484	125
Clothing	18,484	48
Components	18,484	189
합계	**18,484**	**397**

측정값 이름 붙이기

여러분은 내가 측정값에 붙이는 이름이 다소 길다는 것을 느꼈을 것이다. 이름은 측
정값이 실제 무엇인지 분명히 알 수 있도록 만들어야 한다. 유사한 두 가지 측정값
사이의 세부적인 차이를 확인하려고 할 때, 이렇게 이름을 붙여놓으면 훨씬 수월할
것이다.

따라 하기: 시각화에 나타난 이름 변경

측정값이나 열의 이름은 시각화한 후에 다음과 같이 변경할 수 있다.

1 시각적 개체를 선택한다.

2 필드 시각화 창의 값 영역에서 측정값 또는 열을 찾아 아래쪽 화살표를 클릭한다(❶).

3 이름 바꾸기(❷)를 클릭한다. 이렇게 변경된 이름은 해당 시각적 개체에만 적용되며, 측정값이나 열의 실제 이름은 변경되지 않는다.

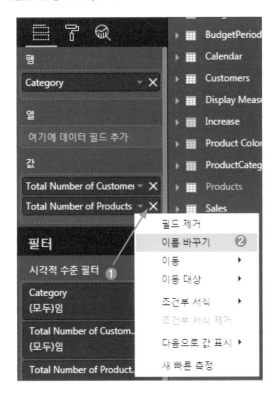

측정값의 이름 변경 기능은 시각적 개체에 짧은 이름으로 표시하길 원할 때 사용할 수 있다. 때로는 측정값의 이름이 특정 상황에서만 의미가 있다(예: 일부 시각적서만 의미가 있고, 다른 개체에서는 의미가 없다). 이러한 상황에서 더 긴 설명 이름을 계속 사용하되, 행렬에 맞도록 하려면 자동 줄 바꿈을 활용하면 된다. 다음 단계를 따라 해보자.

1 행렬을 선택했는지 확인하자(❶).

2 형식 창(❷)으로 이동한다.

3 열 머리글(❸)을 선택한다.

4 자동 줄 바꿈(❹)을 설정으로 전환한다.

5 행렬에서 마우스 포인터를 열 머리글의 오른쪽으로 움직인 후, 마우스 왼쪽 버튼을 누른 채 왼쪽으로 움직여 열 머리글의 폭을 줄여보자.

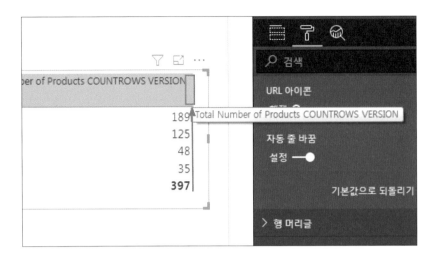

6 다음 그림은 행렬에 자동 줄 바꿈이 적용된 결과를 나타낸다.

Category	Total Number of Customers COUNTROWS VERSION	Total Number of Products COUNTROWS VERSION
Accessories	18,484	35
Clothing	18,484	48
Bikes	18,484	125
Components	18,484	189
합계	**18,484**	**397**

DISTINCTCOUNT() 함수

DISTINCTCOUNT() 함수는 열에 있는 각 값을 한 번씩만 계산한다. 한 열에 값이 한 번 이상 나타나도 여전히 한 번만 센다. Customers 테이블을 예로 들어보자. 이때의 고객 키는 고유하며, 정의상 각 고객 키는 테이블에 한 번만 나타난다(고객 키 = 고객 번호). Customers 테이블의 고객 키와 함께 DISTINCTCOUNT()를 사용하면 Customers 테이블과 함께 COUNTROWS()를 사용할 때와 같은 결과가 나타난다. 하지만 여러분이 Sales 테이블의 고객 키로 DISTINCTCOUNT()를 사용하면, 이전과 달리 상품을 구입한 고객의 수를 세게 된다.

연습: DISTINCTCOUNT()

DISTINCTCOUNT() 함수를 연습하기 위해 새로운 행렬을 만든 후, Customers[Occupation]을 행렬의 행, [Total Sales]는 값에 배치하자. 그런 다음, DISTINCTCOUNT()를 사용해 다음 측정값을 작성한다(부록 A: '연습 정답' 참조).

12 [Total Customers in Database DISTINCTCOUNT VERSION]

Customers 테이블의 열에서 고유한 값의 개수를 계산해야 한다. 지금 바로 측정값을 만들어보자. 완료되면 앞에서 생성한 [Total Number of Customer] 측정값을 행렬에 추가하자. 다음과 같은 결과가 나타나야 한다.

Occupation	Total Sales	Total Customers in Database DISTINCTCOUNT Version	Total Number of Customers
Clerical	$4,684,787	2,928	2,928
Management	$5,467,862	3,075	3,075
Manual	$2,857,971	2,384	2,384
Professional	$9,907,977	5,520	5,520
Skilled Manual	$6,440,081	4,577	4,577
합계	**$29,358,677**	**18,484**	**18,484**

점검 사항

새로운 측정값이 위와 같은 결과를 얻었는지 확인한다. 읽기 쉽도록(예: 천 단위마다 콤마가 나타난 정숫값) 측정값의 형식을 변경하는 것도 잊지말자.

13 [Count of Occupation]

새 행렬을 만든 후, Customers[YearlyIncome]을 행에 배치한다. 그런 다음, [Count of Occupation] 측정값을 작성한다. DISTINCTCOUNT()를 사용해 작성한다. 다음과 같은 결

과가 나타나야 한다. 이 행렬은 연간 소득이 1만 달러인 고객은 세 가지 종류의 직업이 있고, 연간 수입이 3만 달러인 고객은 네 가지 직업이 있다고 읽는다.

YearlyIncome ▲	Count of Occupation
$10,000	3
$20,000	3
$30,000	4
$40,000	4
$50,000	3
$60,000	3
$70,000	3
$80,000	3
$90,000	3
$100,000	2
$110,000	2
$120,000	2
$130,000	2
$150,000	2
$160,000	2
$170,000	2
합계	**5**

따라 하기: 조건부 서식 적용

파워 BI에서 서식 기능을 활용하면 행렬을 보다 쉽게 읽을 수 있다. 예를 들어, 위의 행렬과 아래쪽 그림의 왼쪽 행렬을 비교해보자. 다음 행렬에서 정보를 파악하는 것이 훨씬 쉽다는 데에 동의할 것이다. 조건부 서식을 적용하기 위한 방법은 다음과 같다.

1 행렬을 선택한다(❶).

2 서식 창(❷)으로 이동해 조건부 서식(❸)을 선택한 후, 데이터 막대(❹)의 설정을 변경한다.

위에서 살펴본 바와 같이, 조건부 서식을 활용하면 행렬을 더 편하게 읽고 통찰력을 높이는 데 도움이 된다.

DISTINCTCOUNT() 함수를 사용해 더 연습해보자.('부록 A: 연습 정답' 참조).

14 [Count of Country]

행렬을 새로 만든 후, 행에 Territories[Group]을 배치한다. DISTINCTCOUNT() 함수와 Territories 테이블의 Country 열을 사용해 [Count of Country] 측정값을 만들어보자. 이 행렬은 다음처럼 각 판매 그룹에 속한 국가의 수를 나타낸다.

Group	Count of Country
Europe	3
NA	1
North America	2
Pacific	1
합계	**7**

15 [Total Customers That Have Purchased]

새 행렬을 만든 후, Products[SubCategory]를 행에 배치한다. 이어서 Sales 테이블의 데이터와 DISTINCTCOUNT()를 사용해 새로운 측정값을 만든다. 그런 다음, 조건부 서식을 적용하고, 열을 가장 큰 것부터 가장 작은 것 순으로 정렬한다(제목 클릭). 다음 그림을 보면 타이어와 튜브를 구매한 고객이 가장 많다는 것을 알 수 있다.

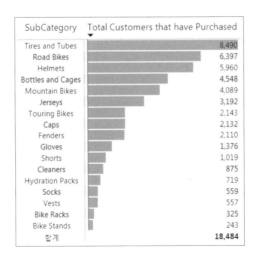

SubCategory	Total Customers that have Purchased ▼
Tires and Tubes	8,490
Road Bikes	6,397
Helmets	5,960
Bottles and Cages	4,548
Mountain Bikes	4,089
Jerseys	3,192
Touring Bikes	2,143
Caps	2,132
Fenders	2,110
Gloves	1,376
Shorts	1,019
Cleaners	875
Hydration Packs	719
Socks	559
Vests	557
Bike Racks	325
Bike Stands	243
합계	**18,484**

파워 BI에서 가장 매력적인 기능 중 하나는 열을 중첩해 드릴다운할 수 있다는 것이다. 위 행렬을 이용해 드릴다운 기능을 어떻게 사용하는지 살펴보자.

1 행렬을 선택한 후, 필드 목록에서 Products[Category] 열을 찾는다(❶).

2 열을 행 영역(❷)으로 드래그한다. 이때 다음 그림과 같이 노란색 선이 생기는 것을 확인하자. 이 선은 새롭게 추가하는 열을 어디에 위치시킬 것인지를 나타낸다(기존 열의 위 또는 아래).

3 Products[Category] 열을 다음 화살표가 가리키는 것처럼 Products[Subcategory] 위에 배치한다.

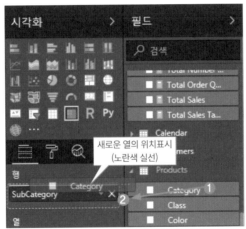

4 위와 같이 진행하면, 행렬이 다음과 같이 약간 바뀐다.

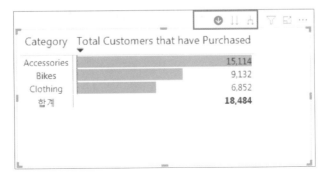

5 행렬의 오른쪽 상단에 4개의 새로운 아이콘이 생겼다. Category 행(❶)을 마우스 오른쪽 버튼으로 클릭하면 하위 메뉴에 새로운 메뉴 항목이 나타난다.

6 이 모든 메뉴는 행렬의 행 영역에 배치한 열에 드릴 다운 기능을 제공한다. 한 번 더 명확히 해보자. 테이블의 열을 행렬의 행에 추가하면 드릴다운할 수 있다. 여기서 나타난 메뉴로 다양한 드릴다운 기능을 사용해보자. 드릴다운 이후, 드릴업을 사용하면 다시 원래 수준으로 돌아갈 수 있다.

7 이제 Calendar[CalendarYear]를 행렬의 열에 놓고 행렬이 어떻게 변하는지 확인해보자.

8 행렬의 조건부 서식 설정에서 데이터 막대를 끄고, 배경색을 고급 컨트롤 기능을 활용해 바꿔보자. 이제 다음 그림과 같은 결과를 얻을 수 있어야 한다(이 행렬에서 다음 수준으로 확장 기능을 사용했다).

Category	2001	2002	2003	2004	합계
Accessories			6,792	9,435	**15,114**
Tires and Tubes			3,766	5,147	**8,490**
Hydration Packs			300	425	**719**
Helmets			2,541	3,617	**5,960**
Fenders			879	1,236	**2,110**
Cleaners			376	509	**875**
Bottles and Cages			1,903	2,744	**4,548**
Bike Stands			117	129	**243**
Bike Racks			136	191	**325**
Bikes	1,013	2,677	4,875	5,451	**9,132**
Touring Bikes			824	1,332	**2,143**
Road Bikes	840	2,062	2,558	2,369	**6,397**
Mountain Bikes	173	615	1,961	2,094	**4,089**
Clothing			2,867	4,196	**6,852**
Vests			205	354	**557**
Socks			246	317	**559**
Shorts			435	584	**1,019**
Jerseys			1,316	1,922	**3,192**
Gloves			567	829	**1,376**
Caps			874	1,280	**2,132**
합계	1,013	2,677	9,309	11,377	**18,484**

Tip

이러한 측정값은 Sales 테이블에 저장해야 한다. 측정값은 데이터가 나타나는 테이블에 넣는 것이 가장 좋다. 측정값을 올바른 테이블에 저장하는 가장 쉬운 방법은 저장할 테이블을 마우스 오른쪽 버튼으로 클릭한 후 새 측정값을 선택해 수식을 작성하는 것이다.

연습: MAX(), MIN(), AVERAGE()

MAX(), MIN() 및 AVERAGE() 함수는 집계함수다. 열에서 여러 값을 입력받아 행렬에 단일 값을 반환한다. 다음 연습에서는 이러한 집계함수를 사용해 새로운 측정값을 만들어본다('부록 A: 연습 정답' 참조).

이러한 연습을 위해 Sales 테이블에 있는 데이터 열을 사용해야 한다. Products 테이블에는 몇 가지 추가 Price 열이 있지만, 이는 '이론적 가격' 또는 '목록 가격'이다. 이 샘플 데이터에서 거래와 관련된 실제 가격 정보는 Sales 테이블에 저장된다.

16 [Maximum Tax Paid on a Product]
Sales 테이블의 적절한 열과 MAX() 함수를 사용해야 한다.

17 [Minimum Price Paid for a Product]
Sales 테이블의 적절한 열을 사용하되, 이번에는 MIN() 함수를 사용한다.

18 [Average Price Paid for a Product]
다시 Sales 테이블의 적절한 열을 사용하되, 이번에는 AVERAGE() 함수를 사용한다. 다음 그림과 같은 결과가 나타나야 한다.

Category	Maximum Tax Paid on a Product	Minimum Price Paid for a Product	Average Price Paid for a Product ▼
Bikes	$286.26	$539.99	$1,862.42
Clothing	$5.60	$8.99	$37.33
Accessories	$12.72	$2.29	$19.42
합계	**$286.26**	**$2.29**	**$486.09**

이 측정값을 행렬에 곧바로 추가하면 측정값을 제대로 작성했는지에 관한 즉각적인 피드백을 얻을 수 있다. 이는 단지 감각적인 확인일 뿐이며, 과정의 일부로서 수식이 제대로 구성됐는지 확인해야 한다.

따라 하기: 기존 측정값을 다른 테이블로 옮기기

새 측정값을 만들 때 측정값을 배치할 테이블을 마우스 오른쪽 버튼으로 클릭한 후 새 측정값을 작성하라고 조언했다. 그러나 여러분이 내 조언을 따르더라도 어떤 단계에서는 원하지 않는 위치에 측정값이 생길 수 있다. 이때 위치를 변경하기는 쉽다. 측정값을 다른 테이블로 옮기려면 다음 단계대로 진행하자.

1 옮기고 싶은 측정값을 찾아 선택한다. 필드 목록 맨 위에 있는 검색 상자를 사용해 측정값을 찾을 수도 있다.

2 모델링 탭(❶)으로 이동한다.

3 홈 테이블의 드롭다운 목록(❷)을 선택한 후, 새롭게 옮길 테이블을 선택한다.

다음 실습에서는 COUNTBLANK() 함수를 사용해 마스터 데이터의 완전성을 검사하는 측정값을 만든다. 새 행렬을 만든 후, 행에 Customers[Occupation]을 배치한다. 그런 다음, 새로운 측정값을 작성한다. 이 연습에서는 다음 두 가지를 찾아내는 측정값을 만들어야 한다.

- 얼마나 많은 고객이 마스터 데이터에서 Address Line 2가 누락됐는가?
- Products 테이블의 제품 중 무게값이 없는 제품은 몇 개인가?('부록 A: 연습 정답' 참조).

19 [Customers Without Address Line 2]

AddressLine2 열은 Customers 테이블에 있다. 다음 단계대로 측정값을 만들어보자.

4 측정값을 저장하려는 테이블을 선택한 후, 측정값을 추가한다.

5 측정값에 적절한 이름을 지정한다.

6 측정값 입력을 시작한다. 수식을 입력하고 잠시 멈춘 후(아직 모르는 경우), 단어 인텔리센스를 읽고 함수의 기능이 무엇인지 확인하자. 그런 다음, 원하는 작업을 수행한다. 즉, 해당 열에 공백이 얼마나 있는지 계산한다.

수식을 완성한 후, 서식을 적용하고 수식을 확인한 다음 저장한다.

20 [Products Without Weight Values]

사용할 열은 Products 테이블에 있다. 다음 행렬에 나타난 결괏값을 도출해야 한다.

Occupation	Customers Without Address Line 2	Products Without Weight Values
Clerical	2,878	122
Management	3,007	122
Manual	2,350	122
Professional	5,440	122
Skilled Manual	4,497	122
합계	**18,172**	**122**

첫 번째 측정값인 [Customers Without Address Line 2]는 행렬에 있는 행(Customers [Occupation])으로 필터링됐고, 그 결괏값은 각 행마다 다르다. 그러나 두 번째 측정값인 [Products Without Weight Values]는 필터링되지 않았다. 즉, 값이 행렬의 각 행에 따라 변하지 않고 모든 값이 122다. 이와 같은 사례는 4장의 앞부분에서 다룬 적이 있다. 파워 BI에서 일어나는 필터링 동작을 기술적으로는 필터 컨텍스트라고 한다. 필터 컨텍스트는 5장, '기본 개념: 필터 전파'에서 자세히 다룰 예정인데, 5장을 배우고 나면 지금 여기에서 어떤 일이 벌어지고 있고, 이런 결과가 어떻게 나왔는지 이해하는 데 도움이 될 것이다.

DIVIDE() 함수

DIVIDE() 함수는 '안전한 나누기'라고도 불리는, 간단하지만 강력한 함수다. DIVIDE()는 시각적 개체에서 0으로 나눴을 때 발생하는 오류를 방지한다. 행렬은 데이터가 없는 행이나 열을 의도적으로 숨긴다. 행렬 안의 측정값에 오류가 발생하면, 그렇지 않은 경우라면 나타나지 않았을 많은 행과 오류 메시지가 나타날 수 있다. DIVIDE() 함수는 이 문제를 해결하기 위해 특별히 설계됐다. 나누기 위해 연산자 (/) 대신 DIVIDE() 함수를 사용하면 DAX는 0으로 나눈 오류가 생긴 곳에 공백을 반환한다. 행렬이 기본적으로 빈 행을 필터링하므로 빈 행이 오류보다 훨씬 더 좋은 선택이다.

구문은 DIVIDE(분자, 분모, [대체 결과])다. 대체 결과를 지정하지 않으면 0으로 나누기 오류가 발생했을 때 공백값이 자동으로 반환된다.

연습: DIVIDE()

새 행렬을 만든 후, Products[Category]를 행에 배치한다. 그런 다음, [Total Sales]와 [Total Margin $]를 행렬에 추가하면 데이터를 볼 수 있다. 이렇게 하면 다음에 작성할 새로운 측정값의 컨텍스트를 설정할 수 있다.

DIVIDE()를 사용해 다음 측정값을 작성해보자('부록 A: 연습 정답' 참조).

21 [Margin %]
판매의 마진 백분율을 계산하는 측정값을 작성해보자(Total Margin $를 Total Sales로 나눈 값). 이미 만들어놓은 측정값을 활용하자.

> **Note**
>
> 이 측정값은 이 장의 처음에 작성한 [Total Margin %]라는 측정값과 같다. 그러나 이번에는 DIVIDE() 함수를 사용해 수식을 작성하고 [Margin %]라는 이름을 지정한다. 물론 결과는 같다.

22 [Markup %]
Total Margin $를 Total Cost로 나눈 값을 구해보자.

23 [Tax %]
Total Tax를 Total Sales로 나눠보자.

점검 사항

다음 그림과 같이, 마지막 세 측정값의 형식을 %로 설정했는지 확인한다.

Category	Total Sales	Total Margin $	Margin %	Markup %	Tax %
Accessories	$700,760	$438,675	62.6 %	167.4 %	8.0 %
Bikes	$28,318,145	$11,505,797	40.6 %	68.4 %	8.0 %
Clothing	$339,773	$136,413	40.1 %	67.1 %	8.0 %
합계	**$29,358,677**	**$12,080,884**	**41.1 %**	**69.9 %**	**8.0 %**

5장
기본 개념: 필터 전파

4장, 'DAX 주제: SUM(), COUNT(), COUNTROWS(), MIN(), MAX(), COUNTBLANK(), DIVIDE() 함수'에서 측정값 [Total Number of Customers]의 결과가 이상하게 도출되는 것을 경험했다. 필터의 전파 과정을 이해해야만 이와 같은 결과가 발생한 이유를 알 수 있다. 다음 행렬을 살펴보자.

Category	Total Number of Customers	Total Number of Products
Accessories	18,484	35
Bikes	18,484	125
Clothing	18,484	48
Components	18,484	189
합계	**18,484**	**397**

이 행렬의 [Total Number of Products] 결괏값은 각 제품 Category마다 다르지만, [Total Number of Customers]의 값은 행렬의 제품 Category와 상관없이 같다. 이러한 문제가 발생하는 이유는 측정값을 계산하기 전에 행렬의 행 이름(위 ❶)이 데이터 모델의 Products 테이블에 있는 제품을 먼저 '필터링'했기 때문이다. 그러나 이 행렬의 행Category은 Customers 테이블을 전혀 필터링하지 않았다.

행렬은 데이터를 각 행의 이름 기준으로 '필터링'한 후, 각 행의 부분합을 표시하도록 만들어졌다. 행렬의 필터링은 '초기 필터 컨텍스트'라고 불린다. 초기 필터 컨텍스트라고 불리는 이유는 나중에 CALCULATE() 함수를 사용해 필터 컨텍스트를 변경할 수 있기 때문이다(좀 더 자세한 내용은 9장. 'DAX 주제: CALCULATE()' 참고). 따라서 초기 필터 컨텍스트는 DAX 수식으로 수정 사항을 적용하기 전에 행렬(또는 다른 시각적 요소)에서 비롯된 표준 필터링이다.

시각적 개체의 교차 필터링

지금까지 보고서 페이지에 단 1개의 시각적 개체만 사용했다. 이제 두 번째 시각적 개체를 추가해보자. 프로세스를 기억하는가? 보고서 화면의 빈 공간을 클릭한 후, 다음과 같이 시각화 영역에서 슬라이서 개체를 클릭해 보고서에 추가할 수 있다.

Category	Total Number of Customers	Total Number of Products
Accessories	18,484	35
Bikes	18,484	125
Clothing	18,484	48
Components	18,484	189
합계	**18,484**	**397**

> **Tip**
>
> 보고서 화면에 시각적 개체를 추가하기 전에, 화면의 빈 영역을 클릭해 기존 시각적 개체가 선택되지 않도록 해야 한다. 기존 개체를 선택한 채로 추가하면 새로운 개체가 추가되지 않고 기존 개체가 변경된다. 실수를 했다면 언제든지 실행 취소로 되돌릴 수 있지만, 새로운 시각적 개체를 추가할 때 항상 보고서의 빈 영역을 클릭하는 습관을 들이는 것이 바람직하다.

슬라이서를 추가한 후, 다음과 같이 Products[Size] 열을 필드 영역으로 드래그한다.

파워 BI의 초기 필터 컨텍스트는 보고서와 행렬에 있는 다음과 같은 영역에서 만들어진다.

- 행(❶)
- 열(❷)
- 슬라이서(❸)
- 필터(❹)

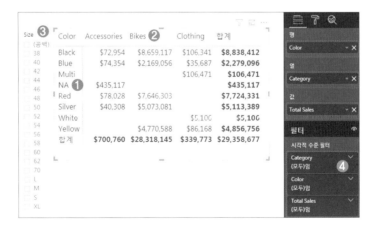

실제로 파워 BI에서는 슬라이서(❸)대신, 보고서 화면의 다른 시각적 개체를 사용해 필터링할 수 있다. 또한 필터 영역(❹)에서 시각적 수준 필터, 페이지 수준 필터 또는 보고서 수준의 필터를 설정할 수 있다. 따라서 파워 BI에서 초기 필터 컨텍스트를 확인할 때는 살펴봐야 할 요소가 많다.

초기 필터 컨텍스트 읽기

4장, 'DAX 주제: SUM(), COUNT(), COUNTROWS(), MIN(), MAX(), COUNTBLANK(), DIVIDE() 함수'에서 처음 보여준 다음의 행렬은 [Total Number of Customers]와 [Total Number of Products]를 나타낸다.

Category	Total Number of Customers	Total Number of Products
Accessories	18,484	35
Bikes	18,484	125
Clothing	18,484	48
Components	18,484	189
합계	**18,484**	**397**

이 행렬의 모든 행에서 [Total Number of Products]의 값이 같았기 때문에 다소 혼란스러웠을 것이다. 시각적 개체에서 초기 필터 컨텍스트를 읽는 방법을 배우면 여기에서 무슨 일이 일어나고 있는지 더 잘 이해할 수 있다.

이 행렬에서 초기 필터 컨텍스트를 읽는 과정을 단계별로 살펴보자. 우선 측정값 [Total Sales]를 행렬에 추가해 다음과 같이 나타나도록 하자.

Category	Total Number of Customers	Total Number of Products	Total Sales
Accessories	18,484	35	$700,760
Bikes	18,484	125	$28,318,145
Clothing	18,484	48	$339,773
Components	18,484	189	
합계	**18,484**	**397**	**$29,358,677**

위의 빨간색으로 강조 표시된 셀을 가리킨 후 다음과 같이 크게 읽어보자. "이 셀의 초기 필터 컨텍스트는 Products[Category] = Accessories이다." 그런 다음, 빨간색으로 강조 표시된 셀 다음의 셀을 가리키자. "이 셀의 초기 필터 컨텍스트는 Products[Category] = Bikes다." 이와 같은 방법으로 나머지를 파악할 수 있다. 이는 시각적 개체에서 각 필터 값을 계산하는 방법을 이해하는 데 도움이 되므로 시각적 개체에서 초기 필터 컨텍스트를 읽는 방법을 배우는 것이 중요하다. 이때 전체 테이블 이름과 열 이름을 함께 참조하는 것이 중요하다. 그 이유는 시각적 개체에서 사용하는 테이블과 열을 정확하게 확인해야 하기 때문이다.

초기 필터 컨텍스트의 흐름

초기 필터 컨텍스트가 무엇인지 알았다면 다음 단계를 마음속으로 데이터 모델에 적용해 필터가 어떻게 흐르는지 추적할 수 있다(필터는 한 테이블에서 다른 테이블로 '전파'된다).

1. 시각적 개체가 만든 초기 필터 컨텍스트는 데이터 모델에 연결된 테이블에 적용된다. 이 예에서는 Products 테이블(❶) 1개만 해당한다. Products 테이블이 필터링돼 Accessories 행만 남게 된다. 다른 행은 걸러져 계산에서 빠진다(초기 필터 컨텍스트는 여러 테이블에 영향을 미칠 수 있지만, 이 예에서는 한 테이블에만 영향을 미쳤다).

2. Products 테이블에 적용된 필터는 테이블 사이의 관계를 이용해 연결된 테이블로 흘러간다(❷). 필터는 자동으로 조회 테이블('one' side)에서 데이터 테이블('many' side)로 흐른다. 어떤 용어를 사용하든, 방향은 항상 아래쪽이다. 초보자에게 콜리 레이아웃 방법론을 사용해 조회 테이블을 위쪽에 배치한 후, 데이터 테이블을 다음에 배치하도록 권장하는 이유는 바로 이 때문이다. 이 마음속 신호는 필터가 어떻게 자동으로 움직이게 되는지를 시각적으로 파악하는 데 도움이 된다(2장. '기본 개념: 데이터 로딩'의 '데이터 셰이핑' 참고).

3. 연결된 테이블인 Sales 테이블도 필터링된다(❸). Sales 테이블에는 Products[Category] = "Accessory"인 제품만 남고, 다른 제품은 모두 걸러진 다. 이는 행렬에서 첫 번째 셀 값 계산을 위해 일시적으로 수행된다.

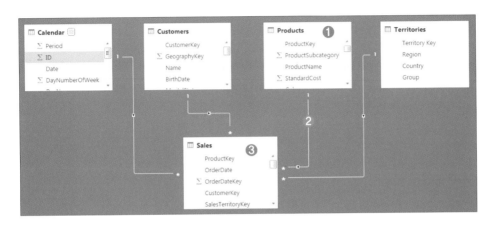

자동으로 필터가 전파된 후에 측정값이 계산된다. 이때 측정값은 Total Sales =SUM(Sales[ExtendedAmount])이다. 이 측정값은 $700,760의 값을 행렬의 셀로 반환한다. 이 과정은 행렬의 부분합 및 합계를 포함해 모든 셀에서 반복된다.

> **Note**
>
> 부분합과 합계는 행렬의 행을 더해 계산하지 않는다. 작동 방식이 다르다. 모든 셀은 부분합이나 합계 행이더라도 위에서 설명한 것처럼 '필터링 후 평가'하는 과정으로 계산된다.

필터 전파

행렬에 있는 다른 셀을 살펴보자. 각 셀은 비록 셀이 부분합 또는 합계라도 시각적인 개체에 있는 다른 어떤 셀도 참고하지 않고 항상 별도로 평가된다. 모든 셀은 시각적인 개체(이 예에서는 행렬)에 있는 다른 어떤 셀도 참조하지 않고 같은 과정을 거쳐 계산한다. 다음의 행렬을 보고 강조 표시된 셀의 초기 필터 컨텍스트를 다음과 같이 크게 읽어보자. "이 셀의 초기 필터 컨텍스트는 Products[Category] = Clothing이다."

Category	Total Number of Customers	Total Number of Products	Total Sales
Accessories	18,484	35	$700,760
Bikes	18,484	125	$28,318,145
Clothing	18,484	48	$339,773
Components	18,484	189	
합계	**18,484**	**397**	**$29,358,677**

이 예에서 초기 필터 컨텍스트는 데이터 모델에서 테이블을 다음과 같이 필터링한다.

1. 초기 필터 컨텍스트가 테이블에 적용된다. 이 예에서는 Products[Category] = "Clothing"이다. 그런 다음, Products 테이블(①)을 필터링해 테이블에 있는 "Clothing"에 해당하는 행만 남긴다.

2. 이 테이블 사이에 존재하는 관계를 이용해 자동으로 확산돼 연결된 테이블의 아래쪽으로 흐른다(②).

3. 이어서 연결된 테이블(이 예에서 Sales 테이블)도 필터링돼, Products 테이블에서 필터링된 제품(즉, Clothing 제품)만 Sales 테이블에 남아 있게 된다(③).

4. Sales 테이블에 적용된 필터가 자동으로 Customers 테이블(또는 다른 테이블)로 확산돼 위로 흐르지 않는다(④). 필터는 조회 테이블에서 데이터 테이블 쪽으로 내려가는 관계를 이용해야만 자동으로 흐른다. 화살표(④)는 필터가 Sales 테이블에서 Customers 테이블로 흐르지 않는다는 것을 나타낸다.

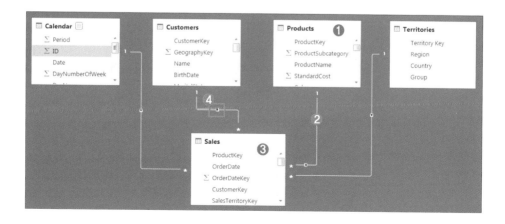

결과적으로 Customers 테이블은 초기 필터 컨텍스트로 필터링되지 않는다. Customers 테이블은 필터링되지 않았기 때문에 총 18,484의 값이 이 행렬의 셀에 반환되고, 나머지 셀에도 같은 값이 반환된다.

비록 아직은 타당해 보이지 않더라도 설계된 방식대로 작동하고 있다는 것을 잊지 말자. 이해하는 게 힘이다. 그러므로 어떻게 작동하는지 분명해질 때까지 노력하자. 필요하다면 5장을 몇 번 읽어도 좋다. 설계된 방식을 좋아하게 되고, 여러분을 위해 작동하도록 만드는 방법을 배우게 될 것이다.

> **Tip**
>
> 여러분은 파워 BI에서 필터 흐름이 어떻게 작동하는지를 이해해야만 한다. 그렇지 않으면 DAX를 결코 잘 쓰지 못할 것이다. 개념이 명확해질 때까지 5장을 여러 번 읽길 권장한다.

6장
기본 개념: 조회 테이블과 데이터 테이블

이 책에 실린 모든 예제와 실습 데이터는 여러분을 위해 준비한 것이다. 그동안 지시사항을 따르는 것 외에 여러분이 할 수 있는 것은 없었다. 지시사항만 따르는 것은 간단하기 때문에 데이터 테이블을 어떻게 구성해야 하는지와 같은 깊고 중요한 주제는 고민하지 않았다. 6장에서는 파워 BI에 로드할 수 있는 다양한 종류의 테이블을 다룬다.

이 주제는 사소한 것으로 생각할 수 있지만, 내 경험상 왜 중요한지, 이를 어떻게 적절하게 해야 하는지를 모르면 오류가 가장 많이 생기는 부분이다. 만약 테이블 구조를 잘 이해하지 못하면, 다른 것들이 더 힘들어질 것이다.

> **Tip**
>
> 6장을 쉽게 건너뛰어서는 안 된다. 자신의 데이터를 사용해 자신감을 갖고 빨리 진행하기 위해서는 잘 알아야만 하는 주제다.

데이터 테이블 대 조회 테이블

파워 BI에는 데이터 테이블과 조회 테이블이 로드된다. 이 두 종류의 테이블은 다음 절에서 설명한 바와 같이 몇 가지 매우 중요한 차이가 있다.

데이터 테이블

데이터 테이블이 파워 BI에 로드되는 가장 큰 테이블일 필요는 없지만, 일반적으로 가장 크다. 이 책에 사용된 Sales는 전 세계 AdventureWorks 소매점에서 발생한 개별 거래의 세부 내역이 기재된 거래 테이블이다. 이 테이블의 모든 행은 개별 거래의 등록 영수증에 있는 행 항목을 나타낸다. 데이터 테이블은 수백만 개의 데이터 행으로 구성할 수 있다. 데이터 테이블의 예로는 판매, 예산, 환율, 전표, 시험 결과 및 재고수량 등을 들 수 있다.

유사한 거래가 얼마나 자주 일어나 데이터 테이블에 저장될 수 있는지에는 제한이 없다. 햄버거와 감자튀김을 파는 햄버거 체인점을 생각해보자. 같은 종류의 햄버거는 하루에 여러 번 팔릴 수 있기 때문에 말 그대로 매일 수백 건의 거래가 있을 수 있다.

조회 테이블

조회 테이블은 데이터 테이블보다 행 수는 적고, 열 수는 많은 경향이 있다. 조회 테이블의 예로는 고객, 제품, 캘린더, 계정 과목 등이 있다. 조회 테이블은 데이터 테이블과 다른 특별한 특징이 있다.

조회 테이블은 테이블의 각 행을 구분하기 위해 고유 식별 코드가 있어야 한다. 이 고유한 코드를 흔히 키(데이터베이스 세계에서는 1차 키)라 부른다. 이 책에 사용한 Products 테이블을 살펴보자. AdventureWorks에서는 많은 제품을 판다. 정확히 말하면 397개다. 이 제품에는 각각 고유한 제품 코드(고유한 세 자리 숫자)가 있다. 예를 들어 ProductKey 212는 빨간색 스포츠 헬멧 100이다. Product 테이블의 다른 어떤 제품도 코드가 중복되지 않는다. 만약 한 기업이 다른 제품에 같은 제품 코드를 사용하면 혼란이 생기기 때문이다. 고객 번호나 매장 아이디 번호도 마찬가지다. 실제로 Calendar 테이블에서 날짜 필드는 각 날짜의 고유 ID라는 점에서 Calendar 테이블과 같다.

편평한 테이블

하나의 테이블로 이뤄진 크고 편평한 테이블을 살펴보면 테이블 구조의 중요성과 데이터를 로드할 때 선택할 수 있는 다른 대안을 이해하는 데 도움이 될 것이다. 엑셀 피벗 테이블 초기(엑셀용 파워 피벗 이전)에는 데이터 테이블에서 피벗 테이블만 생성할 수 있었다. 판매 데이터로 가득찬 테이블을 분석하고 싶을 때, 그 데이터를 집계하기 위해 피벗 테이블을 사용할 수 있었다.

다음 그림에서 피벗 테이블(❷)은 Sales 테이블(❶) 옆에 배치했고, 피벗 테이블을 활용해 제품 키로 구분된 각 제품의 총 판매액을 쉽게 계산할 수 있다.

Row Labels	Total Sales		ProductKey	OrderDate	CustomerKey	SalesTerritoryKey	ExtendedAmount
592	$25,425		592	3/06/2004	13035	9	564.99
593 ❷	$22,035		592	3/06/2004	16684	9	564.99
594	$28,250		465	3/06/2004	11965	9	24.49
595	$27,120		479	4/06/2004	16730	9	8.99
596	$25,920		482	4/06/2004	13643	9	8.99
597	$26,460		595	6/06/2004	13036	9	564.99
598	$31,319		489	7/06/2004	18715	9	53.99
599	$30,239		491	8/06/2004	19578	9	53.99
600	$22,140		483	8/06/2004	13634	9	120
604	$194,396		484	9/06/2004	13668	9	7.95
605	$196,016		463	9/06/2004	12351	9	24.49
606	$208,436		541	9/06/2004	19623	9	28.99
Grand Total	$837,755		578	9/06/2004	14262	9	1214.85
			489	10/06/2004	17059	9	53.99

이렇게 해도 보고서에 Sales 테이블에 없는 다른 항목을 추가할 필요가 있을 때까지 위 그림에서 제품명, 제품 카테고리, 서브 카테고리 등을 알고 싶다면 어떻게 해야 할까? 기존의 엑셀에서는 Products 테이블을 찾은 후, VLOOKUP(또는 INDEX/MATCH) 함수를 사용해 보고서에 필요한 추가 데이터 열을 Sales 테이블로 가져와야만 했다. 이렇게 하면 피벗 테이블에서 새 열을 사용할 수 있다. 이때 새로운 열을 가져오는 과정을 역정규화라고 한다. 역정규화를 마친 후에는 Sales 테이블이 다음 그림처럼 보인다(물론 더 많은 열이 필요하면 더 넓어질 것이다).

ProductKey	OrderDate	Category	ProductName	SubCatetory	Color	ExtendedAmount
592	3/06/2004	Bikes	Mountain-500 Silver, 42	Mountain Bikes	Silver	564.99
592	3/06/2004	Bikes	Mountain-500 Silver, 42	Mountain Bikes	Silver	564.99
465	3/06/2004	Clothing	Half-Finger Gloves, M	Gloves	Black	24.49
479	4/06/2004	Accessories	Road Bottle Cage	Bottles and Cages	NA	8.99
482	4/06/2004	Clothing	Racing Socks, L	Socks	White	8.99
595	6/06/2004	Bikes	Mountain-500 Silver, 52	Mountain Bikes	Silver	564.99
489	7/06/2004	Clothing	Short-Sleeve Classic Jersey, M	Jerseys	Yellow	53.99
491	8/06/2004	Clothing	Short-Sleeve Classic Jersey, XL	Jerseys	Yellow	53.99
483	8/06/2004	Accessories	Hitch Rack - 4-Bike	Bike Racks	NA	120
484	9/06/2004	Accessories	Bike Wash - Dissolver	Cleaners	NA	7.95
465	9/06/2004	Clothing	Half-Finger Gloves, S	Gloves	Black	24.49
541	9/06/2004	Accessories	Touring Tire	Tires and Tubes	NA	28.99

위와 같은 테이블의 문제점은 바로 데이터 중복이다. 위 그림에서 제품 카테고리의 이름이 카테고리 열 아래로 반복되는 것을 확인할 수 있다. 현실에서 데이터 테이블(조회 테이블 포함)이 작은 경우에는 전체 파일의 크기도 매우 작기 때문에 이러한 반복이 크게 문제가 되지 않을 수 있다. 그러나 테이블이 커지면(수백만 또는 수십 억 개의 행) 이런 추가 정보 열을 모두 추가하는 것은 (말 그대로) 큰 문제가 될 수 있다.

기존의 엑셀에서는 열을 추가로 가져오기 위해 VLOOKUP() 함수로 모든 관련 열을 한 테이블로 가져와야만 했다. 그러나 파워 BI는 다르게 만들어졌다. 모든 열을 하나의 테이블로 가져올 필요가 없으므로 모든 것이 더 쉽고 효율적이다.

> **Note**
>
> 파워 BI 데이터 모델링 엔진은 로드하는 데이터를 압축하는 열 기반 데이터베이스다. 이 다음의 세부 사항은 상당히 기술적이고 이 책의 범위를 벗어난다. 하지만 여러분이 알아야 할 핵심 사항은 열에 고유한 값이 많을수록 데이터 압축률이 낮아진다는 것이다. 따라서 데이터 테이블에 있는 열의 수는 행 수보다 훨씬 더 중요하다. 즉, 열의 수는 적고 행의 수가 많은 것이 열의 수는 많고 행의 수가 적은 것보다 훨씬 좋다. 큰 테이블에서 특히 더 그렇다.

관계를 이용한 테이블 결합

데이터 중복 문제를 해결하기 위한 더 나은 대안은 중복되는 데이터를 별도의 하위 파일에 보관하는 것이다. 제품을 예로 들면, 각각의 제품을 고유하게 식별하기 위해 Sales 테이블에 필요한 정보 열은 하나뿐이며 이것이 곧 제품 코드^{Key}다. Sales 테이블에 고유 제품 코드가 포함돼 있으면, 제품 마스터 테이블에서 필요한 추가 정보를 가져올 수 있다. 따라서 파워 BI는 VLOOKUP을 작성해 제품 정보를 Sales 테이블에 가져오도록 요구하지 않고서도 데이터 모델에 두 테이블을 모두 로드하고 둘 사이에 관계를 만들 수 있게 해준다. 일단 관계가 만들어지면, Sales 테이블에 중복 데이터를 비효율적으로 작성하지 않고서도 마치 하나의 테이블인 것처럼 작동한다.

2장, '기본 개념: 데이터 로딩'에서 간단히 언급했듯이, 테이블의 구조와 데이터 모델에서 테이블 사이의 관계를 스키마라고 부른다. 스키마에는 몇 가지 종류가 있는데, 다음 절에서 가장 일반적인 형태를 다룬다.

스타 스키마

다음 그림은 이 책에서 사용한 스타 스키마 구조를 나타낸다. Sales(❶)는 데이터 테이블로, 스타의 중심에 위치한다. 다른 것(❷, ❸, ❹, ❺)은 조회 테이블로, 스타의 포인트로 나타난다. 이 구조는 모양 때문에 스타 스키마라고 불린다.

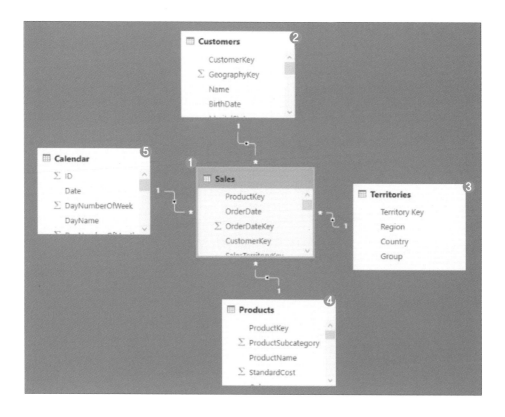

단, 2장, '기본 개념: 데이터 로딩'에서 학습한 바와 같이, 테이블의 위치를 원하는 모
양대로 변경할 수는 있지만, 다음과 같이 콜리 레이아웃 방법론을 사용할 것을 추천
한다. 다음 그림은 위 그림과 같지만, 레이아웃은 다르다는 것을 알 수 있다. 레이아
웃은 파워 BI의 작동 방식에 전혀 영향을 미치지 않지만, 조회 테이블을 보려면 '위
로up' 봐야 하기 때문에 어떤 것이 조회(look 'up') 테이블이고 어떤 것이 데이터 테이
블인지에 관련된 시각적인 단서를 제공한다. 또한 과거에는 VLOOKUP() 함수로 추가
할 열을 가져오곤 했다. 따라서 VLOOKUP() 함수와 조회 테이블 사이에는 과거부터 연
결 고리가 있다고 할 수 있다.

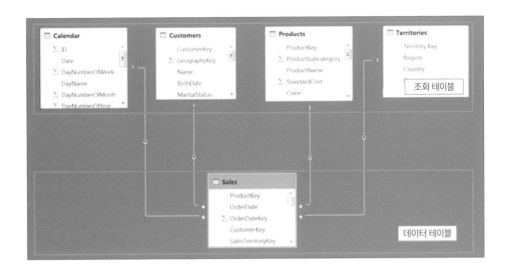

눈송이 스키마

때로는 데이터를 테이블로 정규화할 때 여러 단계의 조회 테이블이 있을 수 있다. 다음 그림을 살펴보자. 데이터 테이블인 Sales가 1개 있으며, 3개의 조회 테이블이 모두 한 줄로 연결돼 있다(❷, ❸, ❹). 테이블 4는 테이블 3의 조회 테이블, 테이블 3은 테이블 1의 조회 테이블인 테이블 2의 조회 테이블이다.

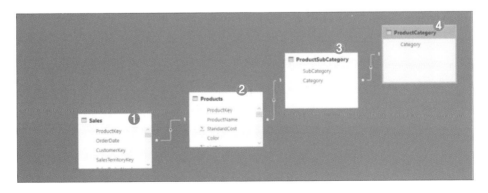

이러한 데이터 구조는 데이터를 시스템에 저장할 수 있는 가장 효율적인 방법이기 때문에 전통적인 트랜잭션 데이터베이스에서 흔히 볼 수 있다. 그러나 이는 파워 BI 에서 데이터를 구조화하기 위한 최선의 방법은 아니다. 이 접근법이 파워 BI에 최적이 아닌 이유는 다음과 같다.

- 모든 관계에는 비용이 따른다. 추가 관계는 잠재적으로 데이터베이스의 성능에 부정적인 영향을 미친다.
- 비즈니스 사용자는 당신의 데이터베이스 디자인을 사용해 보고서를 작성하고 데이터 모델의 모든 테이블을 볼 수 있다. 위 구조는 최종 사용자에게 혼란을 느끼게 한다.
- 파워 BI는 작은 조회 테이블에서 반복 데이터를 열에 효율적으로 저장하도록 만들어졌기 때문에 위 그림과 같이 할 이유가 없다.

데이터 로딩에 관한 조언

자신의 데이터 모델을 제대로 구축하도록 하는 데 꼭 필요한 몇 가지 방법을 소개하면 다음과 같다.

- 가능한 한 데이터 테이블을 길고 가늘게 유지하자. 데이터 테이블이 매우 넓을 때(즉, 열이 많을 때)는 데이터의 추가 열을 제거한다. 추가된 데이터 열은 추가되기 전보다 압축이 덜 돼 길고 넓은 데이터 테이블이 실제로 문제가 될 수 있다.
- 반복되는 속성 열은 데이터 테이블에서 조회 테이블로 옮긴다. 하지만 너무 많이 하지는 않도록 하자. 예를 들어, 조회 테이블에 2개의 열(예: 키 및 설명) 만 있는 경우에는 키 열을 버리고 설명을 데이터 테이블에 직접 로드하는 것이 좋을 수 있다.
- 다른 조회 테이블에 연결된 조회 테이블이 있을 때, 이들을 하나의 더 넓은

조회 테이블로 통합해 편평하게 만드는 것을 권장한다. 이것이 일반적으로 파워 BI에 더 나은 방법이다.

트랜잭션 시스템에서 생성된 테이블 모양과 구조를 그대로 받아들이지 않도록 하자.

Note

트랜잭션 데이터베이스와 분석용 데이터베이스는 같지 않으므로 트랜잭션 시스템에서의 테이블 구조를 파워 BI에서 사용하지 않도록 하자.

7장
DAX 주제: 기본 반복함수 SUMX() 및 AVERAGEX()

4장, 'DAX 주제: SUM(), COUNT(), COUNTROWS(), MIN(), MAX(), COUNTBLANK(), DIVIDE() 함수'에서 다룬 것은 모두 집계함수다. 집계함수는 전체 열 또는 테이블에 작용하고, 특정한 집계 방식을 사용해 시각적 개체나 보고서의 셀에 단일 값을 반환한다.

집계함수와 같은 결과를 반환하지만 다른 접근 방식을 사용하는 함수도 있는데, 이러한 'X 함수'(즉, 이름 끝에 'X'가 붙은 함수)를 반복함수라 부른다.

반복함수와 행 컨텍스트

반복함수와 집계함수의 가장 큰 차이점은 반복함수에는 행 컨텍스트가 있다는 것이다. 이는 함수가 어떤 시점에 어느 행을 참조하고 있는지 '인식'한다는 뜻이다. 이론적으로 설명하기보다는 반복함수인 SUMX()를 다루면서 행 컨텍스트를 알아보자.

SUMX(테이블, 식) 사용

SUMX()는 테이블 이름과 식을 매개변수로 사용한다. SUMX()는 지정된 테이블에 행 컨텍스트를 만든 후, 한 번에 한 행씩 반복적으로 모든 행의 식을 평가하고 각 행의 평가 결과를 모두 더한다. 행 컨텍스트는 DAX에서 사용하는 개념으로, 함수가 모든 행을 빠뜨리지 않고 모든 행을 하나씩 평가할 때까지 반복할 수 있도록 테이블에 행의 존재를 '인식'시킨다. 행 컨텍스트는 SUMX()가 현재 위치를 추적하기 위해 사용하는 모든 행의 체크리스트로 생각할 수 있다. SUMX()는 한 번에 한 행씩 작업할 수 있고, 누락되지 않았는지 확인하기 위해 각 행을 하나씩 체크리스트와 대조하며 지워 나간다. 이 행 컨텍스트는 X 함수(7장, 'DAX 주제: 기본 반복함수 SUMX() 및 AVERAGEX()' 참고), 계산된 열(8장, 'DAX 주제: 계산된 열' 참고), Filter()(14장, 'DAX 주제: FILTER()' 참고)를 포함한 특정 DAX 식에만 존재한다.

요점을 설명하기 위해 새롭게 [Total Sales Including Sales Tax] 측정값을 작성하는 방법을 살펴보자. 먼저 새 행렬을 선택한 후, Products[Category]를 행에 배치해 다음과 같이 측정값을 작성해보자.

```
Total Sales Including Tax SUMX Version
    = SUMX(Sales, Sales[ExtendedAmount] + Sales[TaxAmt])
```

이 측정값에서는 열 이름을 집계함수로 감싸지 않았다는 점에 유의하자. 이를 '있는 그대로의 열'이라고 하며, 반복함수의 내부에서는 전혀 문제가 되지 않는다. X 함수(또는 행 컨텍스트를 생성하는 다른 함수)를 사용할 때는 열을 집계함수로 감쌀 필요가 없다. X 함수가 작동하는 방법은 지정된 테이블(Sales 테이블)로 가서 참조로 사용할 행 컨텍스트를 만든 후, 테이블의 각 행을 한 번에 하나씩 가져와 해당 단일 행의 식을 평가하는 것이다. 그리고 테이블 각 행의 중간 결과를 생성한 후 모든 중간 결과를 합산한다.

다음 그림에서 빨간색 상자로 표시한 것과 같이, 테이블에서 하나의 행을 처리하고 있을 때 DAX는 식에서 언급된 열과 현재 반복하고 있는 특정 행의 정확한 교차점을 참조할 수 있다. 따라서 반복 프로세스의 각 단계에서 식의 열 이름은 실제로 단일 값, 즉 행 컨텍스트에서 단일 열과 현재 행이 교차되는 값만을 참조한다.

ExtendedAmount	TaxAmt
2443.35	195.468
2443.35	195.468
21.49	1.7192
21.49	1.7192
1120.49	89.6392
69.99	5.5992
69.99	5.5992
69.99	5.5992
69.99	5.5992
69.99	5.5992

한 번에 한 행씩, Sales[ExtendedAmount] 열의 단일 값이 Sales[TaxAmt] 열의 단일 값에 더해진다. 첫 번째 행을 평가한 후(그 결과가 메모리에 임시로 저장됨) SUMX()는 두 번째 행을 선택하고 같은 작업을 수행한 후, 세 번째 행에서 같은 작업을 반복하고, 테이블의 모든 행을 하나도 빠뜨리지 않을 때까지 계속 반복한다. 모든 행을 한 번씩만 반복한다(단, 반드시 화면에 보이는 순서대로 되는 것은 아니다). 지정된 테이블의 모든 행에서 이 계산이 완료되면 모든 결과를 더한 후 단일 값을 행렬의 셀에 반환한다.

> **Note**
>
> 위에서 반복함수가 '한 번에 한 행씩' 작업한다고 했다. 반복함수가 이런 식으로 작동한다고 생각하는 것이 편리하며, 이것이 정말 논리적인 실행 방식이다. 그러나 실제로 파워 BI 엔진은 매우 효율적으로 작동하도록 만들어졌다. 많은 상황에서 물리적 실행은 '한 번에 한 행씩'이라고 표현하는 것보다 훨씬 효율적이다. 이는 매우 깊은 기술적 주제로, 이 책의 범위를 벗어난다. 여기서 중요한 점은 파워 BI 엔진 최적화가 실제로는 물리적인 실행을 매우 효율적으로 만들기 때문에 반복함수가 본질적으로 비효율적이라고 생각해서는 안 된다는 것이다.

연습을 하기 위해 다음 측정값을 작성해보자('부록 A: 연습 정답' 참조).

24 [Total Sales SUMX Version]

Sales 테이블의 해당 열에서 'unit price'와 'quantity' 곱하기

25 [Total Sales Including Tax SUMX Version]

Sales 테이블의 ExtendedAmount 열에 tax 열 더하기

26 [Total Sales Including Freight]

ExtendedAmount 열에 Freight cost 더하기

점검 사항

다음과 같은 결과를 얻었는가?

Category	Total Sales SUMX Version	Total Sales Including Tax SUMX Version	Total Sales Including Freight
Accessories	$700,760	$756,821	$718,281
Bikes	$28,318,145	$30,583,596	$29,026,099
Clothing	$339,773	$366,954	$348,267
합계	**$29,358,677**	**$31,707,371**	**$30,092,647**

재작업을 최소화하려면 다음과 같은 순서로 진행해야 한다.

1. 측정값을 만들 테이블을 마우스 오른쪽 버튼으로 클릭한 후, 새 측정을 선택해 측정값을 원하는 테이블에 추가한다(메뉴에서 새 측정값을 선택하지 않도록 하자).
2. 측정값에 (공백을 포함해) 의미 있는 이름을 지정한다.
3. 측정값을 작성한 후, 적절한 서식을 적용한다.
4. 식을 작성한 후 결과를 확인하기 위해 수식을 행렬에 추가해 수식이 올바르게 작성됐는지 확인한다.

27 [Dealer Margin]

새로운 행렬을 만든다. 기존 행렬을 선택한 후 **Ctrl + C** 및 **Ctrl + V**를 사용해 복사해 붙여넣을 수도 있다. 이렇게 하면 첫 번째 행렬에 적용한 서식이 새로운 행렬에 복사돼 시간을 절약할 수 있다. 필터에 Products[Category]를 넣은 후, 이 필터에서 **Accessories**를 선택한다. 그리고 행에 ProductName을 추가하자. 다음 그림과 같은 결과를 얻어야 한다(여기에 나타난 것은 잘려 있지만). 시각적 수준 필터 영역의 필터로 Products[Category]에 필터를 적용했다는 점에 유의하자.

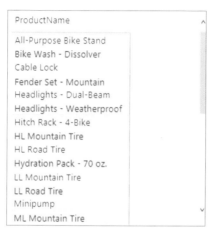 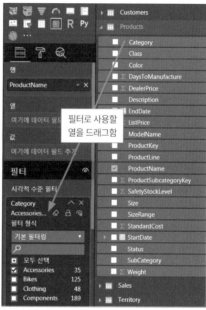

딜러가 얻는 이론적 마진(즉, 제품 리스트 가격과 제품 딜러 가격의 차이)을 나타내는 측정값을 자성해보자. 이 측정값에 필요한 두 열은 Product 테이블에 있다. 결과가 다음과 같은가?(다음 그림의 행렬은 잘려 있다. 처음 9개 행만 표시했으며, 실제로는 더 길다).

ProductName	Dealer Margin
All-Purpose Bike Stand	$63.60
Bike Wash - Dissolver	$3.18
Cable Lock	$10.00
Fender Set - Mountain	$8.79
Headlights - Dual-Beam	$14.00
Headlights - Weatherproof	$18.00
Hitch Rack - 4-Bike	$48.00
HL Mountain Tire	$14.00
HL Road Tire	$13.04

X 함수와 집계함수 사용 시기

이제 SUMX()와 같은 X 함수, SUM()과 같은 집계함수를 사용할 수 있고, 이 함수들은 유사한 일을 하지만 접근 방식이 다르다는 것을 알게 됐다. 어떤 것을 사용하면 좋을까? 다음 사례는 이를 이해하는 데 도움이 된다. 다음은 설명을 하기 위한 작고 간단한 테이블이다. 물론 현실의 데이터 테이블은 훨씬 더 크다.

사례 1: 데이터가 행 합계를 포함하지 않는 경우

Sales 테이블에 수량(다음 그림의 Qty) 열과 단위당 가격 열이 있을 때는 수량을 단위당 가격에 곱해야 한다(실제 합계가 테이블의 행에 존재하지 않기 때문이다).

Date	Product	Qty	Price Per Unit
1/01/2003	A	3	2.5
1/01/2003	B	1	6.8
2/01/2003	A	5	2.5
2/01/2003	C	3	3.5

데이터 구조가 위와 같다면 다음과 같이 SUMX()를 사용해야 한다.

```
Total Sales 1 = SUMX(Sales,Sales[Qty] * Sales[Price Per Unit])
```

이 사례에서는 한 번에 한 행씩 각 행의 합계를 먼저 계산해야 한다. 이것이 바로 반복함수가 하는 일이다.

사례 2: 데이터가 행 합계를 포함하는 경우

데이터에 해당 라인 아이템의 총 판매액을 나타내는 1개의 열이 있을 때는 SUM()을 사용해 값을 더할 수 있다.

Total Sales 2 = SUM(Sales[Total Sales])

Date	Product	Total Sales
1/01/2003	A	7.5
1/01/2003	B	6.8
2/01/2003	A	12.5
2/01/2003	C	10.5

이 예에서는 반복함수를 사용할 필요가 없다. 단, 다음과 같이 SUMX()를 사용해도 같은 결과를 얻을 수 있다.

Total Sales 2 alternate = SUMX(Sales, Sales[Total Sales])

> **Note**
>
> 위 식에서 식의 매개변수는 Sales[Total Sales] 열 하나뿐이다. 이는 유효한 DAX 수식이고, 잘 작동한다. SUMX가 각 행을 반복할 때, 수식은 이 열의 행 레벨 합계만 취한다. 그리고 마지막에 모든 값을 더한다.

SUM()과 SUMX() 중 어느 것을 사용해야 할까?

SUM() 또는 SUMX() 사용 여부는 개인 취향과 데이터 구조에 따라 결정된다. 대부분의 데이터 모델은 둘 사이에 차이가 거의 없거나 전혀 없으므로 여러분에게 가장 적합한 모델을 선택하면 된다. 그러나 위의 사례를 바탕으로 두 가지 접근법을 다시 한번 살펴보자. 먼저 사례 2의 테이블을 다시 살펴보자(이전 그림 참고).

Sales[Total Sales] 열에서 모든 값은 고유하다(즉, 중복되는 값이 없다). 실제 테이블이 매우 크고 고유한 값이 많으면, 이 열은 잘 압축되지 않을 것이다.

Date	Product	Qty	Price Per Unit
1/01/2003	A	3	2.5
1/01/2003	B	1	6.8
2/01/2003	A	5	2.5
2/01/2003	C	3	3.5

이제 위 테이블을 다시 살펴보자.

이 테이블의 Qty 열과 Price Per Unit 열에도 중복된 값이 있다. 각 열의 이러한 중복값 덕분에 이 테이블의 데이터(사례 1)를 로드하면 사례 2의 데이터보다 압축이 더 잘 될 것이다. 현실에서는 열에서 가장 잘 압축되는 데이터가 가장 효율적이다. '반복'이 느리고 행 단위로 평가되는 것으로 생각한다면, 이는 직관적이지 않은 것처럼 보일 수 있다. 그렇게 생각하는 것이 무리는 아니다. 그러나 내부의 파워 피벗 엔진은 SUM()과 마찬가지로 SUMX()에서도 효율적으로 작동하도록 최적화됐다(이 규칙에도 예외는 있지만, 너무 복잡한 주제여서 이 책의 범위를 벗어난다).

필요 없는 데이터 피하기

한 가지 유의해야 할 점은 테이블에 앞의 사례에서 본 세 열(Qty, Price Per Unit, Total Sales)이 모두 있어서는 안 된다는 것이다. 테이블에 단위당 수량과 가격을 나타내는 열이 있다면 필요할 때마다 총 판매액의 값을 '계산'할 수 있다. 이와 마찬가지로 테이블에 총 판매액과 수량이 있으면 언제든지 원하는 시점에 단위당 가격을 계산할 수 있다.

일반적으로 즉시 계산할 수 있는 중복 데이터는 데이터 모델 열에 포함하지 않아야 한다. 중복된 데이터가 포함되면 파일 크기가 커지고 새로 고침도 느려진다. 일반적인 규칙은 일을 하는 데 필요한 최소한의 열을 가져오는 것이며, 가능한 한 고유한 값의 수가 가장 적은 열을 가져오는 것이 가장 좋다.

총 합계가 합산되지 않을 때

SUMX() 또는 다른 반복함수를 사용해야 하는 또 다른 사례가 있다. 문제를 설명하고 솔루션을 보여주기 위해 작은 샘플 데이터 테이블(다음 그림)을 만들었다.

Customer	Spend per Visit	Number of Visits
A	50	7
B	40	3
C	100	12
D	15	4

위 테이블에는 4명의 고객이 있다. 쇼핑할 때마다 소비한 평균 금액과 쇼핑 횟수를 나타낸다. 이 데이터를 파워 BI로 불러온 후, 집계함수를 사용해 총 사용 금액뿐 아니라 모든 고객이 소비한 평균 금액을 구하면 다음과 같이 잘못된 결과를 얻는다.

Customer	Avg Spent per visit Wrong	Total Number of Visits	Total Spent Wrong
A	$50	7	$350
B	$40	3	$120
C	$100	12	$1,200
D	$15	4	$60
합계	**$51**	**26**	**$1,333**

위에서 사용한 측정값은 다음과 같다.

```
Total Number of Visits = SUM(VisitData[Number of Visits])
Avg Spent per visit Wrong= AVERAGE(VisitData[Spend per Visit])
```

```
Total Spent Wrong = [Avg Spent per visit Wrong] * [Total Number of Visits]
```

첫 번째 측정값인 [Total Number of Visits]는 데이터를 더하기 때문에 정확하지만 다른 두 측정값은 잘못된 결과가 나타난다. 이는 전체 합계 수준에서는 평균에 곱셈을 할 수 없는 고전적인 상황이다. 원래의 샘플 데이터에서 정답을 계산하는 유일한 방법은 다음에 나타난 것처럼 테이블의 각 고객을 행 단위로 평가하는 것이다.

Customer	Avg Spent per visit Correct	Total Number of Visits	Total Spent SUMX
A	$50.00	7	$350
B	$40.00	3	$120
C	$100.00	12	$1,200
D	$15.00	4	$60
합계	**$66.54**	**26**	**$1,730**

위 테이블에서는 행별로 지출된 금액의 합계를 구하기 위해 SUMX()를 사용했다. 그런 다음, 행렬이 방문당 평균 소비금액을 계산한다. 올바른 식의 전체 세트는 다음과 같다.

```
Total Number of Visits = SUM(VisitData[Number of Visits])
Total Spent SUMX = SUMX(VisitData,VisitData[Spend per Visit] * VisitData[Number of
Visits])
Avg Spent per visit Correct = DIVIDE([Total Spent SUMX] , [Total Number of Visits])
```

시각적 개체에서 합계가 맞지 않을 때, 행 단위에서는 일어나지만 합계 행에서는 발생하지 않는 상황이 무엇인지 알아야 한다. 이러한 문제는 항상 시각적 개체의 행에서 제공하는 일종의 필터 컨텍스트가 합계 행에서는 적용되지 않기 때문에 발생한다. 시각적 개체를 보고 "시각적 개체의 행별 필터링을 어떻게 합계 행에서 모방할수 있을까?"라고 물어야 한다. 이 질문에 대답할 수 있어야만 일반적으로 SUMX()와 같은 반복함수를 사용해 오류가 발생하는 합계 문제를 해결할 수 있다.

너무 많은 계산된 열 피하기

이제 엑셀 사용자가 파워 BI를 사용할 때 경험하는 가장 일반적인 실수를 얘기할 수 있는 좋은 시점이다. SUMX()를 사용해 작성한 식은 테이블의 계산된 열에 직접 사용할 수도 있다. 그러나 이는 일반적으로 잘못된 방법이다. 이유는 다음과 같다.

계산된 열을 만들려면, 새 열을 만들고 싶은 테이블을 마우스 오른쪽 버튼으로 클릭한 후 새 열을 선택해야 한다. 다음과 같이 [Total Sales Include Tax SUMX Version] 측정값을 계산된 열로 다시 작성할 수 있다.

```
Total Sales Plus Tax Column = Sales[ExtendedAmount] + Sales[TaxAmt]
```

다음으로 넘어가기 전에 위의 계산된 열과 측정값 [Total Sales Including Tax SUMX Version]의 구문을 언급하고자 한다. 두 식은 다음과 같다.

Total Sales Plus Tax Column = **Sales[ExtendedAmount]** + **Sales[TaxAmt]**
Total Sales Including Tax SUMX Version = SUMX(Sales, **Sales[ExtendedAmount]** + **Sales[TaxAmt]**)

두 식에서 굵은 글씨로 강조된 부분을 살펴보자. 두 수식 모두 굵은 글씨로 쓰인 부분은 동일하며, 행 컨텍스트에서 반복하는 동안 이 두 열의 값을 더한다. SUMX() 함수에서 차이가 나는 점은 어떤 테이블에서 SUMX()가 반복해야 하는지 지정하는 추가 매개변수가 있다는 것이다. 이 추가 매개변수는 새로운 열이 테이블 자체에 물리적으로 만들어지기 때문에 계산된 열에서는 필요하지 않다. 다시 말해, 계산된 열은 배치된 테이블에서 반복하는 반복 도구다.

SUMX()처럼, 계산된 열에는 행 컨텍스트가 있으므로 열 이름을 집계함수로 감싸지 않고 있는 그대로 참조해도 좋다. SUMX()에서와 마찬가지로 계산된 열에는 행 컨텍스트가 있으며 계산된 열의 행을 한 번에 하나씩 반복한다. 프로세스의 각 단계에는 하나의 행만 존재하므로 각 열은 각 행 반복 단계에 하나의 가능한 값만 갖는다. 따라서 다음 열과 같은 데이터 열이 열에 저장된 각 행의 합계를 계산한다.

Extended Amount	TaxAmt	Total Sales Plus Tax Column
24.99	1.9992	$26.99
24.99	1.9992	$26.99
539.99	43.1992	$583.19
539.99	43.1992	$583.19
539.99	43.1992	$583.19

그러나 이 접근법에는 한 가지 큰 문제가 있다. 계산된 열은 항상 모든 행을 평가하고 통합 문서에서 결과를 테이블의 열에 값으로 저장한다는 것이다. 이는 통합 문서의 공간을 차지한다. 더욱이 계산된 열에 적용되는 압축이 가져온 열보다 좋지 않으므로 데이터가 워크북에 덜 효율적으로 저장될 수 있다.

이제 SUMX() 측정값과 비교해보자. 측정값 [Total Sales Including Tax SUMX Version]은 파워 BI 통합 문서를 시각적으로 나타내는 데 필요한 값만 통합 문서에 저장한다. 만약, Sales 테이블에 6만 줄의 데이터가 있다면, 별로 문제가 되지 않는다. 하지만 Sales 테이블에 5,000만 행의 데이터가 있다면 문제가 될 것이다.

엑셀을 사용하는 사람은 측정값을 사용하는 것보다 계산된 열을 쓰는 것에 끌리는 경향이 있다. 엑셀 사용자는 행과 열이 많고, 계산에서 행과 열을 참조할 수 있는 스프레드시트의 세계에서 사는 것에 익숙하다. 코드를 작성할 때 앞에 있는 데이터 테이블을 볼 수 없기 때문에 DAX에서 측정값을 작성하는 것은 또 다른 경험이다. 눈으로 보는 대신, 하고 있는 것을 마음속에 그려야 한다. 이것이 바로 식을 작성하고 즉각적인 피드백을 얻기 위해 행렬을 만들 것을 추천한 이유다. 이는 결과를 시각화하는 데 도움이 된다.

현 단계에서 가장 중요한 조언은 다른 대안이 없고 꼭 필요한 경우에만 계산된 열을 사용해야 한다는 것이다. 8장, 'DAX 주제: 계산된 열'에서 계산된 열과 이를 사용하는 시기를 자세히 다룬다. 8장, 'DAX 주제: 계산된 열'까지는 예외사항이 무엇인지 모르면 계산된 열을 사용하지 않는 것이 좋다고 가정해야 하며, 이는 경험으로 알게 될 것이다.

측정값의 올바른 작성법

이제 몇 가지 새로운 함수를 사용해 연습할 시간이다. 다음 실습에 들어가기 전에 모든 측정값을 작성할 때 따라야만 하는 과정을 다시 한번 살펴보자.

1. 보고서의 빈 공간에 새 행렬을 만든다.
2. Products[Category]를 행에 드래그한다.
3. 측정값을 저장할 테이블을 마우스 오른쪽 버튼으로 클릭한 후, '새 측정'을 선택한다.
4. 측정값에 설명적인 이름을 붙인다.
5. 다음 그림과 같이 함수 및 구문을 설명하는 인텔리센스를 읽을 수 있도록 함수 입력을 시작하고 일시 중지한다.

6. 함수를 작성한 직후, 수식 표시 줄을 다시 클릭하고 사용하려는 서식을 적용한다.
7. 결과를 보기 위해 측정값을 행렬에 추가한다.

연습: AVERAGEX()

새 행렬을 설정한 후, Products[Category]를 행에 놓는다. 그리고 AVERAGEX()를 사용해 다음 측정값을 작성해보자('부록 A: 연습 정답' 참조).

여기에서 가중 평균의 논리는 걱정하지 말자. 간단한 연습을 위해 설계됐기 때문에 실제 비즈니스 논리는 무시해도 좋다.

28 [Average Sell Price per Item]
Sales 테이블에서 단위당 판매 가격을 제공하는 열을 찾은 후, AVERAGEX()를 사용해 이 열의 평균을 구해보자.

29 [Average Tax Paid]
Sales 테이블에서 'tax' 열을 찾은 후, 이 열의 평균을 구해보자.

30 [Average Safety Stock]
Product 테이블에 'safety stock' 열이 있다. 행렬에 다음과 같은 결과가 나타나도록 하자.

Category	Average Sell Price Per Item	Average Tax Paid	Average Safety Stock
Accessories	$19.42	$1.55	146
Bikes	$1,862.42	$148.99	100
Clothing	$37.33	$2.99	4
Components			500
합계	$486.09	$38.89	283

Note

MAXX(), MINX(), COUNTAX() 및 COUNTX()와 같이 이 책에 포함되지 않은 다른 X 함수가 있다. 식을 한 번에 하나씩 입력하고 인텔리센스를 읽어보면 어떻게 사용하는지 알 수 있다.

8장
DAX 주제: 계산된 열

이제 페이스를 바꿔야 할 때다. 지금까지 계산된 열에 관련된 주요 논의를 의도적으로 피해 여러분이 측정값의 힘에 익숙해질 수 있도록 했다. 7장, 'DAX 주제: 기본 반복함수 SUMX() 및 AVERAGEX()'에서 언급한 바와 같이, 엑셀 사용자의 가장 흔한 실수는 계산된 열을 너무 많이 사용하는 것이다. 파워 BI의 데이터 보기에 있는 테이블이 엑셀과 매우 유사하기 때문에 계산된 열은 엑셀 사용자가 시간을 보내기 매우 편한 곳이다. 그러나 앞서 경고했듯이 계산된 열은 언제, 왜 사용해야 하는지 알 때까지 사용하지 않는 것이 좋다. 계산된 열을 의식적으로 피하고 측정값으로 문제를 풀기 위해 노력해야 더 강력한 DAX 사용자가 될 수 있다.

일반적으로 다음과 같은 경우에는 계산된 열을 사용하지 않아야 한다.

- 측정값을 대신 사용할 수 있다.
- 데이터를 소스 데이터에서 직접 테이블로 가져올 수 있다.
- 데이터를 로드하는 도중에 파워 쿼리를 사용해 열을 생성할 수 있다.

열을 채울 때 추천하는 우선순위는 다음과 같다(측정값으로 해결할 수 없을 때).

1. 데이터 원본에 추가해 원본에서 가져온다.
2. 데이터를 로드할 때, 파워 쿼리에서 만든다.
3. 계산된 열을 사용한다.

열을 가능한 한 데이터 원본 쪽으로 멀리 밀어내면 시간이 지나 재사용할 가능성이 증가한다. 그러나 실제로 이는 개인적인 견해일 뿐, 중요한 것은 아니다. 파워 쿼리로는 할 수 없는데 계산된 열로는 할 수 있다면, 계산된 열을 사용해도 아무런 해가 없다. 실제로 계산된 열은 필요할 때 사용할 수 있고, 또 사용해야 한다. 다음 두 조건이 동시에 충족될 경우에는 계산된 열을 반드시 사용해야 한다.

- 열의 결과를 기준으로 시각적 개체를 필터링하거나 잘라야 한다(즉, 필터, 슬라이서, 행 또는 열로 사용하고자 하는 경우). 이 경우에는 측정값을 사용할 수 없다.
- 원본 데이터 또는 (어떤 이유로든) 파워 쿼리를 사용해 필요한 데이터 열을 가져올 수 없다.

원본 데이터에서 필요한 열을 가져올 수 없는 가장 일반적인 이유는 다음과 같다.

- 존재하지 않는다.
- 추가할 준비를 할 수 없다(예를 들면, 소스 시스템에 접근할 수 있는 권한이 없음).
- 시간에 맞춰 추가할 수 없다.
- 데이터 모델에 있는 측정값을 새 열을 만드는 데 필요한 수식의 일부로 재사용하고자 한다.

앞에서 언급한 바와 같이, 가능하면 원본 데이터에 필요한 열을 추가하자. 이렇게 하면 데이터를 가져올 때 압축의 모든 이점을 얻을 수 있으며, 이 열은 향후 모든 워크북에서 재사용할 수 있다. 그러나 때로는 이것이 명백히 불가능할 경우도 있고, 때로는 가능하지만 완성하기 위해 2주(또는 2년)를 기다려야 하는 경우도 있다. 계산된 열은 이와 같은 경우에 유용하다. 그리고 추후 새로운 열을 얻을 수 있으면 계산된 열을 삭제하고 원본에서 들어오는 새로운 열로 대체할 수 있다.

따라 하기: 계산된 열로 요일 유형 만들기

계산된 열을 사용해야 하는 예제를 살펴보자. 엔터프라이즈 데이터베이스에서 Calendar 테이블을 추출하고 각 날짜가 주말인지 여부를 표시하는 새로운 열을 원하는데, 이 열을 지금 추가할 수 없는 경우를 생각해보자. 물론 파워 쿼리를 사용할 수도 있지만, 이 책은 DAX에 관한 책이기 때문에 이 절에서는 이 문제를 해결하기 위해 계산된 열을 만드는 방법을 사용한다. 다음과 같이 Calendar 테이블에 요일 유형을 구할 수 있는 계산된 열을 만들어보자.

1 파워 BI 오른쪽에 있는 필드 목록에서 Calendar 테이블을 선택한다.

2 테이블 이름을 마우스 오른쪽 버튼으로 누른 후, 새 열을 선택한다.

3 수식 입력줄에 다음을 입력한다.

```
Day Type =
IF (
  'Calendar'[DayNumberOfWeek] = 1
    || 'Calendar'[DayNumberOfWeek] = 7,
    "Weekend",
    "Weekday"
)
```

> **Note**
>
> 위 수식에서 파이프 기호 2개(||)를 사용했다. 파이프는 백슬래시 키(Enter 바로 위에 있음) 위의 키보드에서 찾을 수 있다. 두 파이프 기호는 논리 OR 함수의 인라인 텍스트 버전이다.

4 다음과 같이 DAX에서 OR 함수를 작성할 수 있다.

```
OR('Calendar'[DayNumberOfWeek] = 1, 'Calendar'[DayNumberOfWeek] = 7)
```

5 개인적으로는 2개의 파이프를 사용하는 것을 선호한다. 왜냐하면 하나의 수식에 원하는 만큼 사용할 수 있기 때문이다. 위의 OR() 함수는 입력 값으로 2개의 매개변수만 받아들인다. 3개 이상의 'OR' 논리 입력이 있다면, 여러 중첩 OR() 함수를 사용할 수 있다.

> **Note**
>
> 논리 함수 AND의 인라인 버전은 이중 앰퍼샌드(&&)다.

6 데이터 보기 화면으로 전환해, 열이 올바르게 계산됐는지 확인해야 한다. 여러분이 수식을 작성했기 때문에 올바르게 평가했는지 확인해야 할 책임도 여러분에게 있다.

7 방금 작성한 수식은 다음 그림과 같이 전체 열에 적용된 유일한 수식이라는 점에 유의하자. 엑셀의 테이블처럼 파워 BI에서는 계산된 열에 둘 이상의 수식을 적용할 수 없다. 따라서 필요한 모든 시나리오를 평가하고 처리할 수 있는 1개의 수식을 작성해야 한다.

Date	DayNumberOfWeek	DayName	Day Type
1/07/2001 12:00:00 AM	1	Sunday	Weekend
2/07/2001 12:00:00 AM	2	Monday	Weekday
3/07/2001 12:00:00 AM	3	Tuesday	Weekday
4/07/2001 12:00:00 AM	4	Wednesday	Weekday
5/07/2001 12:00:00 AM	5	Thursday	Weekday
6/07/2001 12:00:00 AM	6	Friday	Weekday
7/07/2001 12:00:00 AM	7	Saturday	Weekend
8/07/2001 12:00:00 AM	1	Sunday	Weekend
9/07/2001 12:00:00 AM	2	Monday	Weekday

8 이제 계산된 열이 새로 생겼으므로 보고서의 새 페이지로 이동해 새로운 행렬을 만들어보자. 행에 Products[Category]를 배치한 후, 새로운 열인 'Calendar'[Day Type]을 열, [Total Sales]를 값에 추가하면 다음과 같은 행렬을 얻게 된다.

Category	Weekday	Weekend	합계
Accessories	$495,995	$204,764	**$700,760**
Bikes	$20,047,702	$8,270,442	**$28,318,145**
Clothing	$240,664	$99,109	**$339,773**
합계	**$20,784,362**	**$8,574,316**	**$29,358,677**

이전에는 존재하지 않았던 데이터에서 몇 가지 새로운 통찰력을 얻었다. 평일/주말 분석을 위해 데이터 모델링 기법으로 데이터를 개선했기 때문이다.

연습: 계산된 열

Calendar 테이블에 다음과 같이 계산된 열을 만들자('부록 A: 연습 정답' 참조).

31 반기 열 작성

캘린더 테이블에 각 연도의 상반기(1~6월)에는 H1 값, 하반기(7~12월)에는 H2 값을 반환하는 계산된 열을 만들어보자(힌트: 이렇게 하려면 IF문을 사용해야 할 수도 있다).

9장
DAX 주제: CALCULATE()

CALCULATE()는 DAX에서 가장 중요하고 강력한 함수다. CALCULATE()는 시각적 개체에서 비롯된 필터 컨텍스트를 수정할 수 있는 유일한 함수다.

> **Note**
>
> 필터 컨텍스트를 수정할 수 있는 **CALCULATETABLE()** 함수도 있다. 이 함수는 통상 DAX 쿼리에서 사용하지만, 이 책에서는 다루지 않는다.

이 책에서 CALCULATE()가 어떻게 작용하는지 확실히 알려줄 생각이지만, 앞으로도 계속 배워야 한다. 전문가가 되고 싶다면, 이 책 외에도 다른 책과 블로그를 많이 읽어야 한다.

> **Note**
>
> 21장, 'DAX 여정의 다음 단계'에서 제공하는 링크에서 최고 수준의 파워 BI, 파워 피벗 및 파워 쿼리 책의 최신 목록을 확인할 수 있다.

표준 오퍼링 변경

레스토랑에서 메뉴를 살펴보고 표준 메뉴가 원하는 것이 아니었던 경험이 있는가? 많은 사람이 시저 샐러드를 좋아하지만 어떤 이는 앤초비를 좋아하지 않는다. 여러 분이 그들 중 하나이고 메뉴는 다음과 같다고 가정해보자.

시저 샐러드: 로메인 상추, 크루통, 파르마산 치즈, 앤초비, 크림 같은 시저 드레싱에 버무린 계란

샐러드를 주문할 때 표준 메뉴 옵션을 변경하고, 대신 "앤초비를 뺀 시저 샐러드 주 세요"라고 주문해보자. CALCULATE()는 위에서 메뉴를 변경하는 것과 유사하다. 즉, CALCULATE()는 (메뉴가 아닌 시각적 개체에서 제공받지만) 여러분이 얻는 표준 오퍼링을 바 꿔, 원하는 대로 정확하게 변형된 결과물을 얻을 수 있도록 해준다.

기술적으로 말하면, CALCULATE()는 필터 컨텍스트를 변경한다. 필터를 적용/제거/수 정해 수식(측정값 이거나 다른 DAX 수식일 수 있음)을 변경한다.

CALCULATE()의 구문은 다음과 같다.

```
=CALCULATE(식, 필터 1, 필터 2, 필터 n...)
```

CALCULATE()는 식을 평가하기 전에 필터를 하나도 적용하지 않거나 1개 또는 1개 이 상 적용해 시각적 개체에서 비롯된 필터 컨텍스트를 변경한다. CALCULATE()는 필터 가 조회 테이블에서 자동으로 전파돼 데이터 테이블로 흐르게 하는 파워 BI의 내장 필터 엔진을 '재실행'한다. CALCULATE()로 필터 엔진이 다시 실행될 때나 CALCULATE() 함수 내부에 필터가 있을 때는 필터 엔진이 작동하기 전에 CALCULATE() 함수 내부의 필터가 필터 컨텍스트의 일부가 된다(이 동작의 자세한 내용은 10장, '기본 개념: 평가 컨텍스 트와 컨텍스트 전환' 참고).

위에서 **CALCULATE( )** 내에서는 필터를 하나도 사용하지 않거나 1개 또는 1개 이상 사용할 수 있다고 했다. 필터를 아무것도 사용하지 않아도 된다는 것이 이상하게 보일 수도 있다. 왜 필터를 사용하지 않는 것일까?(필터를 사용하지 않는 것은 특별한 사용 사례로, 이는 10장, '기본 개념: 평가 컨텍스트와 컨텍스트 전환'에서 다룬다)

단순 필터

CALCULATE()는 두 가지 유형의 필터를 사용할 수 있다. 단순 필터(또는 원시 필터)는 다음과 같이 왼쪽에 열 이름, 오른쪽에 값이 있다.

```
Customers[Gender] = "F"
Products[Color] = "Blue"
'Calendar'[Date] = "1/1/2002"
'Calendar'[Calendar Year] = 2003
```

이러한 단순 필터를 CALCULATE()의 두 번째 이후의 매개변수로 사용해 수식의 원래 의미(첫 번째 매개변수)를 변경할 수 있다. 단순 필터는 사용하기도 쉽고 이해하기도 쉽게 설계됐기 때문에 파워 BI에서 매우 중요하다. 조회 테이블에서 필터를 가져와 데이터 테이블로 전파하는 것은 파워 BI의 파워 피벗 엔진이 그렇게 구축되고 최적화됐기 때문이다.

Note

파워 BI에서는 단순 필터를 초보자들이 배우고 이해하기 어려운, 훨씬 더 복잡한 식으로 바꾼다. 단순 필터를 사용한 후 측정값을 살펴보자.

```
Total Sales to Females =
CALCULATE([Total Sales], Customers[Gender] = "F")
```

파워 BI는 이를 실행하기 전에 내부에서 다음과 같이 식을 변환한다.

```
Total Sales to Females =
CALCULATE ([Total Sales],
  FILTER ( ALL ( Customers[Gender] ),
    Customers[Gender] = "F"
  )
)
```

첫 번째 수식이 읽고 이해하기가 더 쉬울 것이다. 마이크로소프트 개발자들은 이런 종류의 간단한 구문을 '구문 설탕'이라 부른다. 초보자가, DAX 전문가가 되지 않고도 '구문 설탕'을 활용해 파워 BI를 사용할 수 있다.

이 책의 뒷부분에서 ALL()과 FILTER() 함수를 다룬다.

CALCULATE()가 제대로 작동했는지 확인하려면(단순 구문을 사용해), 다음과 같이 행에는 Products[Category], 값에는 [Total Sales]를 사용해 새 행렬을 설정해보자(이제는 이런 일에 익숙해야 한다).

Category	Total Sales
Accessories	$700,760
Bikes	$28,318,145
Clothing	$339,773
합계	$29,358,677

다음과 같이 측정값을 작성해보자.

```
Total Sales of Blue Products
  = CALCULATE([Total Sales], Products[Color]="Blue")
```

다음 그림에서, 단순 필터로 사용된 Products[Color]="Blue"가 행렬에서 비롯된 초기 필터 컨텍스트를 변경해 측정값 [Total Sales]를 바꾸는 것을 이해했는가? 이는 마치 메뉴에서 표준 제품의 레시피를 변경해 바뀐 메뉴 아이템을 받는 것과 같다. 앤초비를 뺀 시저 샐러드를 생각해보자.

Category	Total Sales	Total Sales of Blue Products
Accessories	$700,760	$74,354
Bikes	$28,318,145	$2,169,056
Clothing	$339,773	$35,687
합계	$29,358,677	$2,279,096

연습: 단일 테이블에서 CALCULATE()

이제 단일 테이블을 필터링하는 몇 가지 간단한 CALCULATE() 예를 만들어보자. 행에 Customers[Occupation], 값에 [Total Number of Customers]를 사용해 행렬을 만들어보자. 다음과 같은 행렬에서 시작할 수 있어야 한다.

Occupation	Total Number of Customers
Clerical	2,928
Management	3,075
Manual	2,384
Professional	5,520
Skilled Manual	4,577
합계	18,484

CALCULATE()를 사용해 다음과 같은 측정값을 만들어보자('부록 A: 연습 정답' 참조).

32 [Total Male Customers]

이전에 작성한 [Total Number of Customers] 측정값을 수정해 남성 고객만을 위한 측정
값을 만들어보자. Customer 테이블에서 필터에 적합한 열을 찾아야 한다.

33 [Total Customers Born Before 1950]

이때에는 DATE(1950,1,1)을 필터 매개변수로 해 수식에 입력해야 한다. 날짜를 참
조하기 위해서는 DATE() 함수를 사용해야 한다. 측정값을 작성할 때 인텔리센스가 제
공하는 툴 팁에서 도움을 받을 수 있다는 점을 기억하자. '= Date'를 수식 입력줄에
입력하기 시작하면, 다음과 같이 툴 팁이 나타나 함수의 기능과 구문을 설명한다.

```
Measure = Date(
          DATE(Year, Month, Day)
          지정한 날짜를 datetime 형식으로 반환합니다.
```

이제 수식에서 날짜 함수 사용법을 알게 됐으므로 [Total Customers Born Before
1950]을 만들어보자.

34 [Total Customers Born in January]

이 연습은 33과 유사하지만 이번에는 MONTH() 함수를 사용해 Customers[BirthDate]
열의 정보를 Month로 변환해야 한다.

35 [Customers Earning at Least $100,000 per Year]

연소득 10만 달러 이상의 고객 수를 세는 측정값을 작성해보자. 다음 행렬과 같은
결과가 나타나야 한다. 고객 테이블에서 필터에 사용할 만한 열을 찾아보자.

Occupation ▼	Total Number of Customers	Total Male Customers	Total Customers Born Before 1950	Total Customers Born in January	Customers Earning at Least $100,000 per Year
Skilled Manual	4,577	2,293	234	192	
Professional	5,520	2,727	609	254	792
Manual	2,384	1,251	134	128	
Management	3,075	1,592	1,543	136	1,406
Clerical	2,928	1,488	433	132	
합계	18,484	9,351	2,953	842	2,198

여러 테이블에서 CALCULATE() 사용

연습 32~35에서는 CALCULATE() 함수를 하나의 테이블에서만 다뤘다. 즉, 필터링은 한 테이블에 적용되고, 식 또한 같은 테이블에서 평가된다. 하지만 CALCULATE()는 여러 테이블에 걸쳐 작업할 수 있다. CALCULATE() 함수를 사용하면 먼저 필터를 관련 테이블에 적용한 후, 필터 전파 엔진을 다시 실행해 CALCULATE() 함수 내의 새 필터가 조회 테이블에서 데이터 테이블(즉, 필터 흐름의 내리막)로 자동 전파되도록 한다. 따라서 1개 이상의 조회 테이블에 필터를 적용할 수 있고, 이러한 필터는 데이터 테이블로 전파되며, 연결된 데이터 테이블에서 평가되는 모든 식은 조회 테이블의 필터를 반영한다.

연습: 여러 테이블에서 CALCULATE() 사용

새 행렬을 설정한다. Territories[Region]은 행, 값에는 [Total Sales]를 배치한다. 이제 2개의 테이블이 관련돼 있다. 초기 필터 컨텍스트는 Territory 테이블(❶)에서 작동하고, [Total Sales] 계산은 Sales 테이블(❷)에서 작동한다. 앞에서 설명한 대로 행렬을 설정한 채로 다음과 같은 새 측정값을 만들어보자(ʻ부록 A: 연습 정답' 참조).

Region	Total Sales ❷
Australia ❶	$9,061,001
Canada	$1,977,845
Central	$3,001
France	$2,644,018
Germany	$2,894,312
Northeast	$6,532
Northwest	$3,649,867
Southeast	$12,239
Southwest	$5,718,151
United Kingdom	$3,391,712
합계	**$29,358,677**

36 [Total Sales of Clothing]

Products[Category] 열을 단순 필터로 사용해보자. 필터는 조회 테이블에 적용되지만, [Total Sales] 측정값은 필터를 이용해 수정되며, (Total sales는 Sales 테이블에서 가져오므로) 식에서는 CALCULATE()를 복수의 테이블에 사용한다.

37 [Sales to Female Customers]

이 측정값의 이름에서 알 수 있듯이, CALCULATE()를 사용해 일반적으로 계산된 필드 [Total Sales]를 수정한 후, 여성 고객에게 팔린 판매액을 구하는 새로운 측정값을 만들어보자.

38 [Sales of Bikes to Married Men]

2개의 테이블에 여러 개의 필터를 사용해야 한다. CALCULATE()는 원하는 만큼 많은 필터를 받아들일 수 있다. 단, 필터를 쉼표로 구분해야 한다. 이 세 가지 연습을 마치면 다음과 같은 결과를 얻을 수 있다.

Region	Total Sales	Total Sales of Clothing	Sales to Female Customers	Sales of Bikes to Married Men
Australia	$9,061,001	$70,260	$4,634,993	$2,205,159
Canada	$1,977,845	$53,165	$1,011,320	$517,808
Central	$3,001	$157	$124	
France	$2,644,018	$27,035	$1,271,964	$726,649
Germany	$2,894,312	$23,565	$1,539,713	$694,776
Northeast	$6,532	$106	$3,836	$2,295
Northwest	$3,649,867	$58,230	$1,843,586	$982,266
Southeast	$12,239	$301	$11,938	
Southwest	$5,718,151	$74,714	$2,881,098	$1,451,036
United Kingdom	$3,391,712	$32,240	$1,615,046	$1,031,765
합계	**$29,358,677**	**$339,773**	**$14,813,619**	**$7,611,754**

고급 필터

지금까지는 CALCULATE() 안에서 다음과 같은 단순 필터만 사용했다.

```
TableName[ColumnName] = some value
```

단순 필터 대신 고급 필터를 사용할 수 있다. 고급 필터는 필터에 필요한 값을 포함하는 테이블 형식으로 전달된다. 이 테이블은 다음 중 하나다.

- 물리적 테이블
- 테이블을 반환하는 함수(예: ALL(), VALUES(), FILTER())

이때 중요한 점은 고급 필터 매개변수로 사용하는 위의 두 가지 유형의 테이블 모두 데이터 모델에 존재하는 모든 관계를 유지한다는 것이다. 고급 필터와 테이블이 데이터 모델에서 관계를 유지하는 방법은 복잡한 주제다. 이는 10장, '기본 개념: 평가 컨텍스트와 컨텍스트 전환'에서 좀 더 자세히 다룬다. 지금은 CALCULATE()에 관련된 단순 필터만 배웠고 고급 테이블 필터는 나중에 나온다는 것만 알아두자.

DAX를 읽기 쉽게 만들기

이제 DAX를 읽기 쉽게 배치하는 방법을 논의해보자. 다음 예를 살펴보자.

```
Total Sales to Single Males in Australia =
CALCULATE([Total Sales], Customers[MaritalStatus]="S",
Customers[Gender]="M", Territories[Country]="Australia")
```

위와 같이 긴 식은 읽기 어렵다. 일반적인 방법은 줄 바꿈과 공간을 사용해 식의 어느 부분이 어디에 속하는지 쉽게 알 수 있도록 하는 것이다. 정답은 없지만, 내가 사용하는 방법은 다음과 같다.

```
Total Sales to Single Males in Australia
    = CALCULATE( [Total Sales],
        Customers[MaritalStatus] = "S",
        Customers[Gender] = "M",
        Territories[Country] = "Australia"
    )
```

수식 대화 상자에서 새 줄을 작성하려면 **Shift + Enter**를 눌러야 한다. 그런 다음, **Tab**을 사용하면 왼쪽에서 들여쓰기 공간을 만들 수 있다.

앞의 예에서는 CALCULATE() 함수의 첫 번째 매개변수를 첫 번째 줄에 배치한 후, 그 뒤에 쉼표를 붙였다. 그런 다음, 각 필터를 새로운 줄에 배치하고 들여쓰기를 하면 CALCULATE() 함수에 속하는지 쉽게 알 수 있다. CALCULATE() 함수의 최종 닫힘 괄호는 해당 괄호가 CALCULATE() 함수를 닫는 것을 알 수 있도록 독립적으로 새로운 줄, 즉 CALCULATE() 함수에 있는 'C'와 같은 위치에 있다.

DAX 포매터 사용

DAX 포매터^{Formatter}는 DAX 서식을 지정하는 데 사용할 수 있는 매우 유용한(무료) 도구다. SQLBI의 마르코 루소와 알베르토 페라리는 무료 웹 사이트인 http://daxformatter.com을 개발했다. DAX 코드를 웹 사이트에 붙여넣기만 하면 DAX 포매터가 해당 코드에 서식을 지정한다. 그런 다음, 파워 BI의 수식 입력줄에 다시 붙여넣을 수 있다.

DAX 포매터를 사용할 때 측정값의 이름을 포함할지 여부를 선택할 수 있다. 원한다면 그 이름을 생략해도 되지만, 측정값의 이름을 포함하면 전체 식을 쉽게 복사할 수 있다.

다음 그림은 DAX 포매터에서 측정값 이름을 포함한 [Total Sales to Single Males in Australia] 식을 나타낸다.

```
Total sales to Single Males in Australia =
CALCULATE (
    [Total Sales],
    Customers[MaritalStatus] = "S",
    Customers[Gender] = "M",
    Territories[Country] = "Australia"
)
```

다음은 이름이 빠진 같은 식에 DAX 포매터가 서식을 적용한 모습이다.

```
=
CALCULATE (
    [Total Sales],
    Customers[MaritalStatus] = "S",
    Customers[Gender] = "M",
    Territories[Country] = "Australia"
)
```

DAX 오류 확인

포매터는 이외에도 DAX 수식이 유효하고 제대로 작성됐는지를 확인한다. 오류일 때
는 오류가 있는 위치를 표시한다. 이를 확인하기 위해 Customers[Gender] = "M" 다음
에 있는 쉼표 하나를 제거해 다음과 같이 나타내보자.

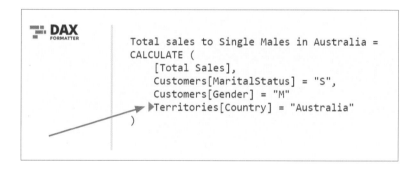

DAX 포매터는 잘못된 것을 찾을 수 없을 때 DAX 코드를 디버깅하는 데 도움이 되
는 좋은 도구다(단, 이렇게 하기 위해 엄격하게 설계된 것은 아님). 나는 DAX에 문제가 있을
때 DAX 포매터를 사용한다. 독자 여러분도 그렇게 하길 바란다.

> **Note**
>
> 마르코 루소는 앞에서 설명한 대로 "DAX 포매터를 공식적인 오류 검사 도구로 설계하지는 않았
> 다"라고 말했다. 결과적으로, 오류 점검이 완벽하지는 않지만 문제가 있을 때 사용해볼 만하다.

10장
기본 개념: 평가 컨텍스트와 컨텍스트 전환

10장에서는 DAX에서 이해하고 마스터하기 어려운 주제 중 하나를 다룬다. 5장, '기본 개념: 필터 전파'에서 살펴봤듯이 일부 DAX 함수에는 필터 컨텍스트가 있고, 7장, 'DAX 주제: 기본 반복함수 SUMX() 및 AVERAGEX()'에서 살펴봤듯이 DAX에는 행 컨텍스트도 있다. 필터 컨텍스트와 행 컨텍스트는 10장의 주제인 평가 컨텍스트의 두 가지 유형이다.

필터 컨텍스트 복습

5장, '기본 개념: 필터 전파'에서 필터 컨텍스트와 초기 필터 컨텍스트를 포함한 여러 가지 개념을 소개했다 주요 내용을 다시 한번 살펴보자.

필터 컨텍스트는 DAX에서 데이터 모델에 적용하는 모든 필터링을 의미한다. 필터 컨텍스트는 시각적 개체(예: 행렬)와 CALCULATE() 함수로 생성된다. 초기 필터 컨텍스트는 시각적 개체에서 비롯된 자연스러운 필터링이다. 초기 필터 컨텍스트는 보고서의 다음 영역에서 유래한다.

- 행(①)
- 열(②)
- 필터(③)
- 슬라이서(④)
- 보고서 화면의 다른 시각적 개체(예: ⑤에 나타난 막대 차트)

행렬의 행에서 유래한 필터 컨텍스트를 행 컨텍스트와 혼동해서는 안 된다. 이 두 가지는 완전히 다르다. 필터 컨텍스트는 행렬이나 다른 시각적 개체로부터 나오는 자연적인 '슬라이싱'이고, 행렬의 행 영역은 데이터를 슬라이스할 수 있는 위치 중 하나이므로 초기 필터 컨텍스트의 일부가 된다.

보고서에서 유래한 필터 컨텍스트는 데이터 모델에 숨은 테이블을 필터링한다. 테이블이 결합하면 필터는 관계의 '1쪽'(조회 테이블)에서 'M쪽'(데이터 테이블)으로 전파되지만, 관계의 'M쪽'에서 '1쪽'으로 전파되지는 않는다. 이것이 바로 2장, '기본 개념: 데이터 로딩'에서 설명하고 다음에 다시 설명하는 콜리 레이아웃 방법론을 사용해 데이터 모델을 배치하길 추천하는 이유다. 콜리 레이아웃을 사용하면 물처럼 흐르는 필터 전파를 간단히 시각화할 수 있다.

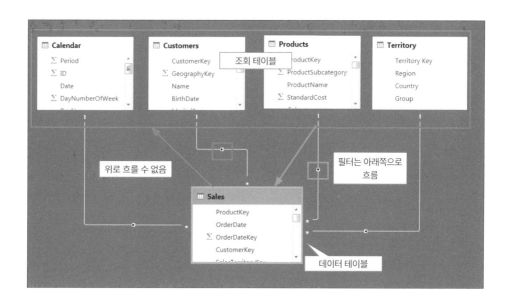

위와 같은 설정은 필터가 관계를 이용해 아래쪽으로만 흐르고 위쪽으로는 흐르지 않는다는 시각적 단서를 제공한다.

필터 전파 대신 DAX를 사용해 데이터 테이블(아래에 있음)의 결과를 기준으로 조회 테이블을 필터링할 수 있다. 그러나 필터는 아래로 흐르는 관계를 이용해야만 자동으로 전파된다.

행 컨텍스트 복습

행 컨텍스트는 반복함수 또는 계산된 열이 수식을 평가하는 각 단계마다 계산하는 행을 '인식'하는 능력을 말한다. 일부 함수(예: FILTER(), X 함수) 및 모든 계산된 열에는 행 컨텍스트가 있다. 행 컨텍스트는 한 번에 한 행씩 테이블을 반복해 단일 값(열과 행 사이의 교차점)을 선택한 후, 그 단일 값에 작용한다고 생각하자. 보통의 측정값은 이렇게 할 수 없다. 오직 행 컨텍스트를 가진 함수와 계산된 열만 이 트릭을 수행할 수 있다.

7장, 'DAX 주제: 기본 반복함수 SUMX() 및 AVERAGEX()'에서 배운 SUMX() 측정값을 다시 살펴보자.

SUMX()는 먼저 Sales 테이블 위에 행 컨텍스트를 만든다(❶). 그런 다음, 테이블을 한 번에 한 행씩 반복한다. 각 행에서 Sales[ExtendedAmount] 열과 현재 행의 교차점(❷)인 단일 값을 가져와 Sales[TaxAmt] 열과 현재 행의 교차점(❸)인 단일 값에 더한다. 테이블의 각 행(❶)에 이렇게 한 후, 모든 값(❹)을 더한다.

Note

이 시점에서 자주 받는 질문 중 하나는 "왜 수식은 테이블 이름을 두 번, 즉 한 번은 첫 번째 매개변수, 또 한 번은 두 번째 매개변수 안에서 언급하는가?"다. 주된 이유는 두 번째 매개변수에 사용한 테이블 이름이 실제로 열의 일반적인 주소이기 때문이다. 2개의 다른 테이블에 이름이 같은 2개의 열이 존재할 수 있다.

따라서 테이블 이름을 먼저 지정해야 한다(TableName[ColumnName]). 그렇지 않으면 잘못된 열(다른 테이블에 있는 이름이 같은 열)에서 틀린 답을 얻을 수 있다. 또한 첫 번째 매개변수의 테이블은 두 번째 매개변수에서 열이 있는 테이블과 다를 수 있다.

간단히 말해, 첫 번째 매개변수를 반복할 테이블의 이름으로 생각하고, 두 번째 매개변수의 테이블 이름(TableName[ColumnName])은 사용하는 열의 완전한 주소라고 생각하자.

계산된 열의 행 컨텍스트

반복함수와 계산된 열에는 행 컨텍스트가 있다는 것을 이미 알고 있다. 반복함수(예:

SUMX()와 계산된 열의 주요 차이점은 계산된 열은 반복 프로세스의 각 행에서 계산된 값을 열 자체에 저장한다는 것이다. 측정값은 이렇게 하지 않는다. SUMX()의 예에서 함수는 모든 중간값(계산 과정 중 추적할 필요가 없음)을 저장하지 않고 최종 결과를 보고서의 시각적 개체에 값으로 반환한다. 가능한 한 계산된 열을 사용하지 않아야 하는 주된 이유는 계산된 열이 저장 공간을 차지해 파일을 더 크거나 느리게 만들기 때문이다.

행 컨텍스트는 필터 컨텍스트를 자동으로 생성하지 않음

행 컨텍스트가 자동으로 필터 컨텍스트를 생성하지 않는다는 점을 분명하게 이해해야 한다. 또한 행 컨텍스트는 관계를 따르지도 않는다. 이를 더 잘 이해하기 위해 필드 목록에서 Products 테이블을 마우스 오른쪽 버튼으로 누른 후(❶), 새 열(❷)을 선택하자.

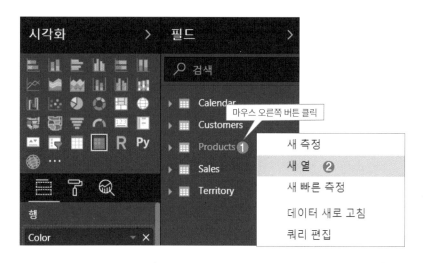

다음과 같은 계산된 열을 테이블에 추가하되, Enter는 아직 누르지 말자.

```
Total Sales Column = SUM(Sales[ExtendedAmount])
```

이 식의 오른쪽 부분은 이 책의 첫 번째 수식과 정확히 일치한다. 이 새로운 열의 각 행에 어떤 값이 생길까? 제품별 합계일까, 모든 제품의 총 합계일까? 이 대답은 행 컨텍스트가 자동으로 필터 컨텍스트를 생성하지 않는다는 것과 직접적인 관련이 있다. Enter를 누른 후, 데이터 보기로 전환해 열을 확인해보자.

다음 그림에서 알 수 있듯이, 모든 행의 값은 같다. 이 식은 Sales 테이블(또는 그 밖의 테이블)을 필터링하지 않으며, 결과적으로 모든 행의 결괏값은 똑같다. 이 식에는 행 컨텍스트가 있다. 즉, 행을 한 번에 하나씩 평가한다. 그러나 이 행 컨텍스트는 필터 컨텍스트를 생성하지 않는다. 필터 컨텍스트가 없을 때, Sales 테이블은 전혀 필터링되지 않기 때문에 SUM(ExtendedAmount)은 필터링되지 않은 Sales 테이블의 결과를 반환한다.

그러나 계산된 열에서는 행 컨텍스트를 컨텍스트 전환을 이용해 필터 컨텍스트로 변환할 수 있다. 이렇게 하려면 다음 그림과 같이 위 수식을 CALCULATE() 함수로 감싸야 한다.

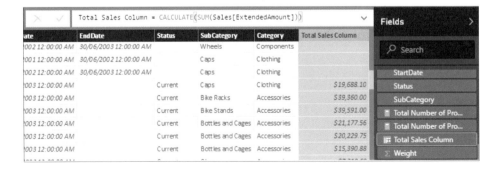

이렇게 하면 계산된 열에 있는 행 컨텍스트가 필터 컨텍스트로 전환된다. 그런 다음, CALCULATE() 함수는 Products 테이블의 필터가 계산이 완료되기 전에 (테이블의 각 행이) 관계를 이용해 Sales 테이블로 전파되도록 한다. 이제 새로운 열의 각 행에 다른 값이 생성된다. 값은 각 행에 있는 제품의 총 판매액이다(그리고 일부 행은 판매가 없기 때문에 비어 있다). 위 식이 다음과 같이 작동한다고 생각할 수 있다.

```
= CALCULATE(SUM(Sales[ExtendedAmount]),
    Products[ProductKey] = the product represented by this row in the table
)
```

컨텍스트 전환 개념은 행 컨텍스트가 존재하는 곳, 즉 계산된 열과 FILTER() 및 SUMX()와 같은 반복함수에서 작동한다. 이는 9장, 'DAX 주제: CALCULATE()'에서 언급한 특별한 사용 사례로, CALCULATE() 내에는 필터가 전혀 필요하지 않지만, 그 대신 CALCULATE()가 컨텍스트 전환으로 행 컨텍스트에서 새롭게 필터 컨텍스트를 만든다. 원하거나 필요할 때 CALCULATE() 내부에 필터를 추가할 수 있지만, 반드시 필요하지는 않다.

숨은 암시적 CALCULATE()

이제 CALCULATE()를 사용해 행 컨텍스트를 필터 컨텍스트로 전환할 수 있다는 것을 알게 됐으므로 하나 더 알아보자. 이 책의 앞부분에 다뤘던 다음 식을 살펴보자.

```
Total Sales - SUM(Sales[ExtendedAmount])
```

이제 앞 페이지에서 읽은 내용을 다시 생각해보자. 다음과 같이 Products 테이블에 새 열을 추가했을 때 어떻게 됐는가?

```
Total Sales Column =SUM(Sales[ExtendedAmount])
```

기억하는가? Products 테이블의 새 열에 있는 모든 행의 값이 2,930만 달러로 동일했다. 그 이유는 무엇일까? 계산된 열에 행 컨텍스트가 있지만, 필터 컨텍스트가 없기 때문이다. 따라서 Sales 테이블은 하나도 필터링되지 않으므로 SUM(Sales[ExtendedAmount])은 모든 행에 2,930만 달러씩 반환한다.

이제 다음 측정값으로 돌아가보자.

```
Total Sales = SUM(Sales[ExtendedAmount])
```

이 측정값의 식은 계산된 열(위의 첫 번째 예와 수식은 같지만, 이름은 다르다)과 같다. 측정값 내부의 식이 계산된 열의 식과 같다면, 다음과 같이 조정된 실제 측정값으로 계산된 열의 식을 대체할 수 있다고 생각할 수 있다.

```
Total Sales Column = [Total Sales]
```

[Total Sales]라는 식이 같다면 같은 결과가 나올 것 같지만, 실제로는 그렇지 않다. 다음 그림과 같이 다른 결과가 나타난다.

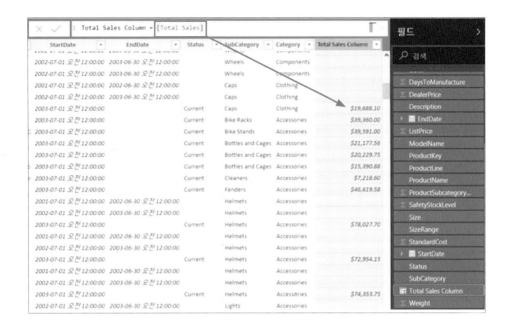

다시 살펴보자. 주요 내용을 요약하면 다음과 같다.

Total Sales Column 1 = SUM(Sales[ExtendedAmount])

이 계산된 열은 모든 행에서 2,930만 달러를 반환한다. 행 컨텍스트는 있고, 필터 컨텍스트는 없으므로 수식은 테이블의 각 행에 2,930만 달러를 반환한다.

다음의 계산된 열은 Products 테이블의 각 제품마다 각각의 총 판매액(각 제품마다 숫자가 다름)을 반환한다.

Total Sales Column 2 = CALCULATE(SUM(Sales[ExtendedAmount]))

여기에는 행 컨텍스트가 있으며, CALCULATE() 함수 때문에 행 컨텍스트는 컨텍스트 전환 프로세스를 이용해 필터 컨텍스트로 바뀐다. CALCULATE()는 Products 테이블에

서 행 컨텍스트를 필터 컨텍스트로 바꾸고, 계산된 열의 각 행에 적용된 새로운 필터 컨텍스트는 각 행을 따라 Sales 테이블로 전파된다.

다음 계산된 열은 Products 테이블의 각 제품별 총 판매액을 반환한다.

```
Total Sales Column 3 = [Total Sales]
```

이 계산된 열은 Total Sales Column 2와 정확히 같은 결과를 반환한다. [Total Sales]의 안을 들여다보면, CALCULATE() 함수를 수식에 사용하지 않았기 때문에 CALCULATE() 함수를 눈으로 볼 수 없다. 그러나 여기에는 눈에 보이지 않는 암시적인 CALCULATE()가 있다. 모든 측정값에는 암시적 CALCULATE()가 있으며, 그렇기 때문에 이 계산된 열은 Column 1과 달리, Column 2처럼 작동한다.

> **Note**
>
> 이 책의 범위를 넘어서는 고급 컨텍스트 전환도 배울 것이 많다. 컨텍스트 전환에 관한 마르코 루소와 알베르토 페라리의 모든 책이 훌륭한 학습 자료다. 또한 http://sqlbi.com의 여러 동영상 자료와 저자의 블로그인 http://xbi.com.au/blog에서 여러 기사를 참고할 수 있다. 21장, 'DAX 여정의 다음 단계'에서는 다른 자료의 링크도 제공한다.

아직까지 컨텍스트 전환을 완전히 이해하지 못했다고 해도 걱정할 필요 없다. 컨텍스트 전환은 이해하기 가장 어려운 주제 중 하나다. 며칠 밤을 새워 연습하고 다시 돌아와(9장, 'DAX 주제: CALCULATE()'의 CALCULATE()와 함께) 10장을 다시 읽기 바란다. 이 내용을 완전히 이해하기까지 여러 번 읽어야 할 수도 있다.

11장
DAX 주제: IF(), SWITCH(), FIND()

DAX에는 테스트를 적용한 후 해당 테스트 결과에 따라 식을 분기할 수 있는 여러 가지 유용한 함수가 있다. 엑셀의 IF() 함수를 사용해봤다면 이 개념이 익숙할 것이다.

IF() 함수

DAX의 IF() 함수는 엑셀의 IF() 함수와 비슷하다.

IF(논리 테스트, 참일 때 결과, [거짓일 때 결과])

마지막 매개변수인 [거짓일 때 결과]는 옵션이다. 이 매개변수를 생략했을 때 결과가 FALSE이면 IF() 수식은 BLANK()를 반환한다. 파워 BI의 행렬 또는 차트에서 값 영역의 결과가 Blank()일 때는 값을 표시하지 않기 때문에 유용하게 사용할 수 있다.

SWITCH() 함수

SWITCH() 함수는 VBA 프로그래밍에서 Select Case(사례 선택)와 유사하다. SWITCH()

함수의 구문은 다음과 같다.

```
SWITCH(식, 값, 결과, [, 값, 결과]...[, else])
```

이 구문은 조금 헷갈리므로 다른 계산된 열과 함께 간단한 예를 살펴보자.

Customers 테이블을 마우스 오른쪽 버튼으로 클릭한 후, 새 열을 선택하고 다음 식을 입력해보자.

```
House Ownership = SWITCH(Customers[HouseOwnerFlag],1,"Owns their house",0,"Doesn't own
their house","Unknown")
```

다음 그림과 같이 DAX 포매터를 사용해 레이아웃을 개선하면 SWITCH()를 훨씬 쉽게 이해할 수 있다. 이 그림에서 3행이 분기점이라는 것을 알 수 있다. 이때, 'HouseOwnerFlag' 열에서 가능한 값은 0과 1이다. 4, 5행은 입력 및 출력값 쌍을 제공한다. 따라서 'HouseOwnerFlag'의 값이 1이면, "Owns their house"라는 결과가 반환되고, 'HouseOwnerFlag'의 값이 0이면, "Doesn't own their house"라는 결과가 반환된다.

```
1   House Ownership =
2   SWITCH (
3       Customers[HouseOwnerFlag],
4       1, "Owns their house",
5       0, "Doesn't own their house",
6       "Unknown"
7   )
```

6행은 단일 값이며, 'HouseOwnerFlag'(이 예에서는 다른 값이 없지만)의 기타 다른 값에 적용된다.

> **Note**
>
> 이 책의 뒷부분에서는 SWITCH() 함수를 훨씬 더 흥미롭게 사용할 수 있다. 17장, '기본 개념: 분리된 테이블'의 'SWITCH() 함수 복습'을 참고하기 바란다.

FIND() 함수

DAX의 FIND() 함수는 엑셀의 FIND() 함수와 거의 같다. DAX에서 이 함수의 형식은 다음과 같다.

```
= FIND(찾는 문자, 문자열, [시작 위치],[못 찾을 때의 값])
```

이 구문에서 [시작 위치]와 [못 찾을 때의 값]은 옵션이지만, 내 경험에 따르면 실제로는 이러한 매개변수가 필요할 때가 많다.

IF() 및 FIND()를 사용한 예

이 예제에서는 조회 테이블 중 하나에 계산된 열을 만드는 방법을 보여준다. 앞서 말했듯이, 조회 테이블에서 계산된 열을 생성하는 것은 유효하지만, 원본 데이터에서 이러한 열을 생성하거나 파워 쿼리를 사용하는 것이 더 낫다. 이것이 중요한 이유는 다음과 같다.

- 계산된 열은 불러온 열보다 더 많은 공간을 차지할 수 있다(그러나 이는 일반적으로 조회 테이블의 주요 이슈는 아님).
- 계산된 열을 수동으로 작성할 때는 해당 단일 통합 문서에만 존재하며, 열이 필요한 다른 모든 통합 문서에서 다시 만들어야 한다.

계산된 열을 원본 데이터에 만들 수 없을 때는 계산된 열을 생성하는 것이 (특히 조회 테이블에서는) 훌륭한 대안이다.

이 예에서는 조회 테이블에 존재하지 않는 'Mountain Product' 열을 생성하려고 한다. 모델 이름에 'Mountain'이라는 단어가 포함된 제품은 모두 'Mountain Product'로 표시한다. 필드 목록에서 Products 테이블을 마우스 오른쪽 버튼으로 누른 후, 새 열을 선택하고 다음과 같이 입력해보자.

```
Mountain Products = FIND("Mountain", Products[ModelName],1,0)
```

새 열의 결과를 확인할 수 있도록 데이터 보기로 이동하자(식이 예상대로 작동하는지 확인하는 것은 여러분의 책임이라는 것을 잊지 말자).

이 식은 'ModelName' 열에서 'Mountain'이라는 단어를 검색한다. 계산된 열에는 행 컨텍스트가 있기 때문에 이러한 방법으로 열을 참조할 수 있으며, Products 테이블의 모든 행에 관련된 결과를 계산해 열에 결과를 저장한다는 것을 기억하자.

결과는 'Mountain'이라는 단어가 발견되는 시작 위치를 나타내는 정숫값이다. 'Mountain'이라는 단어가 발견되지 않으면 값 0(식의 마지막 변수)이 반환된다. 따라서 다음 테이블과 같은 결과를 얻을 수 있다.

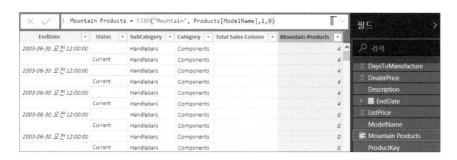

이 테이블은 그다지 유용하지 않지만, IF()문으로 이 식을 감싸면 더 유용하게 만들 수 있다. 다음과 같이 IF()문을 사용해 0보다 크면 TRUE를 반환하고(즉, 'Mountain Product'일 때) 0이면 FALSE를 반환한다(즉, 'Mountain Product'가 아닐 때).

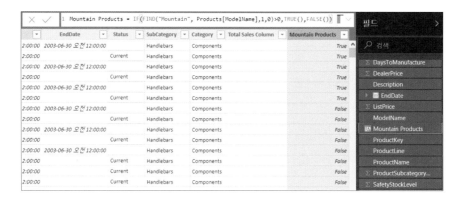

이제 계산된 열을 새로 만들었고, 데이터 모델을 더욱 유용하게 개선했다. 계산된 열은 파일 및 디스크의 공간을 차지한다는 점을 잊지 말자. 그러나 고유한 값(이 경우에는 True와 False)의 수가 적고, 이 열이 조회 테이블 안에 있다는 점을 감안하면 이 열은 큰 공간을 차지하지 않을 것이다. 열에 있는 고유한 값의 수가 많을수록 해당 열이 차지하는 디스크 공간과 메모리가 더 커진다.

이제 파워 BI 보고서의 어디에서나 이 새 열을 사용해 (이전에는 데이터에서 볼 수 없었던) 새로운 통찰력을 얻을 수 있다. 이 수식은 데이터 모델의 열이기 때문에 행렬을 필터링하는 데 사용할 수도 있고, 다음처럼 차트의 축에도 사용할 수도 있다.

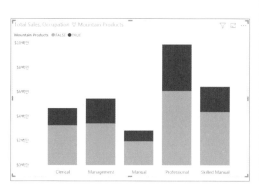

12장

DAX 주제: VALUES(), HASONEVALUE(), SELECTEDVALUE(), CONCANTENATEX()

9장, 'DAX 주제: CALCULATE()'에서 CALCULATE()가 단순 필터와 고급 필터 두 가지 종류의 필터를 사용할 수 있다고 소개했다. 단순 필터는 다음과 같다.

TableName[ColumnName] = 어떤 값

반면, 고급 필터는 테이블을 필터 입력으로 받아들인다. 즉, 필터에 포함할 행이 들어 있는 기존 테이블을 사용하거나 즉석에서 가상 테이블을 생성하면 CALCULATE()는 수식을 평가하기 전에 데이터 모델에 해당 필터를 적용한다.

가상 테이블 생성

함수를 사용해 만든 테이블은 데이터 모델의 일부로 (물리적으로) 저장되지 않기 때문에 '가상 테이블'이라고 생각할 수 있다. 가상 테이블은 DAX의 수식 안에서 즉시 만들어지며, 가상 테이블이 포함된 특정 식을 평가하는 동안에만 사용할 수 있다. 이때 중요한 점은, 새로운 가상 테이블은 수식을 사용해 가상 테이블을 생성할 때 데이터 모델과 가상의 관계를 갖게 되며, 가상의 관계는 영구 관계와 똑같은 방식으로 필터 컨텍스트를 전파한다는 것이다(12장의 뒷부분에서 자세히 다룬다). 가상 테이블은 소스 테이블과 계보(관계)를 유지한다.

VALUES() 함수

VALUES()는 이 책에서 (가상) 테이블을 반환하는 첫 번째 함수다. 수식 입력줄에 VALUES라는 단어를 입력한 후, 툴팁을 살펴보면 이 함수가 테이블을 반환한다는 것을 알 수 있다.

```
Measure = VALUES(
          VALUES(TableNameOrColumnName)
          열에 고유한 값이 포함된 테이블 또는 1열 테이블을 반환합니
```

VALUES()에 주목해야 할 점은 VALUES()가 시각적 개체에서 비롯된 초기 필터 컨텍스트를 유지한다는 것이다. 따라서 VALUES()가 현재 필터 컨텍스트를 유지한다는 사실과 위 그림에서 인텔리센스가 제공한 정보를 종합하면 VALUES()는 현재 필터 컨텍스트에서 가능한 모든 값의 목록이 포함된 단일 열 테이블을 반환한다는 것을 알 수 있다. 요점을 확인하기 위해 몇 가지 예를 살펴보자.

Calendar 예제

다음과 같이 새 행렬을 설정한 후, 행에 Calendar Year를 배치한다. 그런 다음, Calendar 테이블에 다음과 같은 측정값을 만들어보자.

```
Total Months in Calendar
    = COUNTROWS (
    VALUES ( 'Calendar'[MonthName] )
    )
```

CalendarYear
2001
2002
2003
2004

다음 식은 여기서 작동하지 않는다.

```
Total Months in Calendar wrong =
COUNTROWS('Calendar'[MonthName])
```

이 수식이 작동하지 않는 이유는 COUNTROWS()는 테이블을 인수로 기대하지만, 'Calendar'[MonthName]은 테이블이 아니라 테이블(이 경우에는 Calendar 테이블)의 일부인 열이기 때문이다.

'Calendar'[MonthName]을 VALUES() 함수로 감싸면, Calendar 테이블의 일부인 이 단일 열은 테이블로 변환되며, 원래의 Calendar 테이블과의 관계(계보)를 유지한다. VALUES() 함수로 반환된 테이블은 여전히 하나의 열이지만, 이제는 기술적으로 테이블이자 열이며 단순히 다른 테이블에 속하는 열(여기서는 Calendar 테이블)이 아니다.

VALUES('Calendar'[MonthName])은 행렬에서 비롯된 초기 필터 컨텍스트를 유지하는 모든 값으로 이뤄진 단일 열 테이블을 반환한다. VALUES()로 생성된 이 새로운 테이블을 다른 식(예: 집계함수)으로 감싸지 않으면 측정값에 넣을 수 없다. 위 예에서 가장 먼저 테이블(식의 VALUES 부분)을 만든 후, 다음과 같이 COUNTROWS() 함수를 사용해 테이블에 있는 행의 수를 세어보자.

```
Total Months in Calendar =
COUNTROWS(
  VALUES('Calendar'[MonthName])
)
```

CalendarYear	Total Months in Calendar
2001	6
2002	12
2003	12
2004	12
합계	**12**

2001년은 6개월밖에 없고, 다른 해는 모두 12개월인 점에 주목하자. 이는 VALUES() 함수가 행렬의 초기 필터 컨텍스트를 유지한다는 증거다. 행렬의 첫 번째 행의 초기 필터 컨텍스트는 'Calendar'[Year] = 2001이다. 이 필터는 [Total Months in Calendar] 식을 계산하기 전에 적용된다. VALUES()는 초기 필터 컨텍스트로 '사전 필터링'된 테이블(Year = 2001에 해당하는 날짜만 필터링된 테이블)을 가져와 모든 값의 고유 목록이 포함된 단일 열 테이블을 반환한다.

단일 값 반환

VALUES()는 다른 테이블에서 열을 받아들여 고유한 값으로 구성된 단일 열 테이블을 반환하며, 이 새로운 값 테이블은 보고서의 시각적 개체에서 비롯된 필터 컨텍스트를 유지한다. VALUES()에는 또 하나의 멋지고 강력한 기능이 있다. VALUES()가 단일 행(즉, 하나의 값)만 반환할 때, 수식에서 직접 이 값을 참조할 수 있다. 위 행렬의 행에서 CalendarYear를 제거하고 MonthName을 대신 배치하면 다음과 같은 결과가 나타난다.

MonthName	Total Months in Calendar
April	1
August	1
December	1
February	1
January	1
July	1
June	1
March	1
May	1
November	1
October	1
합계	**12**

이제 위 그림에서 합계를 제외한 행렬의 각 행은 [Total Months in Calendar]와 관련해 1개의 값만 가진다는 것을 알 수 있다. 따라서 식을 테이블의 한 행에만 작동하도록 만들면 Month Name을 행렬의 값 영역(즉, 행이나 열이 아님)으로 반환하는 측정값을 작성할 수 있다.

MonthName	Total Months in Calendar	Month Name (Values)
April	1	April
August	1	August
December	1	December
February	1	February
January	1	January
July	1	July
June	1	June
March	1	March
May	1	May
November	1	November
October	1	October
September	1	September
합계	**12**	

이 식을 작성하려면 VALUES('Calendar'[MonthName]) 테이블에 2개 이상의 행이 있는 다른 시나리오로부터 식을 보호해야 한다. 이는 다음과 같이 HASONEVALUE() 함수를 사용해 수행할 수 있다.

```
Month Name (Values)
    = IF(HASONEVALUE ( 'Calendar'[MonthName] ),
      VALUES( 'Calendar'[MonthName] )
    )
```

IF()문의 구조는 다음과 같다.

```
= IF(논리 테스트, 참일 때 결과, [거짓일 때 결과])
```

마지막 매개변수는 선택사항이다. 생략하면 기본값인 BLANK()를 받아들이는 것이다.

HASONEVALUE() 함수를 사용하지 않고 위 식을 작성하면 오류가 발생한다. 행렬에서 합계를 제거해도 오류가 발생한다. DAX에서는 HASONEVALUE()로 식을 보호할 때에만 단일 열 테이블의 단일 행에 반환되는 단일 값을 사용할 수 있다.

새로운 SELECTEDVALUE() 함수

2017년 8월, 마이크로소프트는 파워 BI에서 사용할 수 있는 SELECTEDVALUE()라는 새로운 함수를 공개했다. 앞에서 마이크로소프트 개발자들이 어려운 식을 쉽게 쓰기 위해 사용하는 '구문 설탕'이라는 개념을 설명한 바 있다. SELECTEDVALUE()의 구문은 다음과 같다.

```
SELECTEDVALUE(열 이름, 대체 결과)
```

SELECTEDVALUE()는 복잡한 식을 대체하기 위해 만들어졌다. 위에서의 식은 다음과 같다.

```
Month Name (Values) =
    IF(HASONEVALUE ( 'Calendar'[MonthName] ),
    VALUES( 'Calendar'[MonthName] )
    )
```

새로운 SELECTEDVALUE() 함수를 사용해 식을 다음과 같이 바꿀 수 있다.

```
Month Name Alternate =
    SELECTEDVALUE ( 'Calendar'[MonthName] )
```

함수 내부에서 SELECTEDVALUE()는 IF HASONEVALUE 테스트를 수행하며, 값이 하나만 있으면 열의 단일 값을 반환한다. 테스트가 참이 아닐 때에는 BLANK()를 반환한다.

> **Note**
>
> 이 새로운 함수는 (이 글을 쓰는 시점에서) 엑셀의 파워 피벗에서 사용할 수 없으므로 엑셀을 사용할 때는 이전 패턴을 사용해야 한다.

CONCATENATEX()

파워 BI에는 CONCATENATEX()라는 특수 DAX 함수가 있고, 이 함수는 데이블의 값 목록을 반복해 여러 값을 하나의 값으로 연결한다. 이 함수는 값이 하나일 때는 단일 값을 반환하고, 값이 여럿일 때에는 값을 연결해 단일 값으로 반환한다. 앞의 VALUES 수식은 다음과 같이 작성할 수 있다.

```
Month Name (Values) =
    CONCATENATEX (VALUES ( 'Calendar'[MonthName]),
        [MonthName],", ")
```

위 식으로 다음과 같은 결과를 얻을 수 있다.

MonthName	Total Months in Calendar	Month Name (Values)
April	1	April
August	1	August
December	1	December
February	1	February
January	1	January
July	1	July
June	1	June
March	1	March
May	1	May
November	1	November
October	1	October
September	1	September
합계	12	**July, August, March, April, May, November, December, September, October, January, February, June**

따라 하기: MonthName 정렬 순서 변경

위 예에서 행렬의 Month Name이 연도의 월 순서가 아니라 알파벳 순서로 정렬돼 있다는 것을 알 수 있다. 기본적으로 모든 테이블의 모든 열은 알파벳 순서대로 정렬된다. 하지만 정렬 순서를 바꿀 수 있다.

다음과 같이 테이블의 정렬 순서를 바꿔보자.

1 데이터 보기를 눌러 Calendar 테이블로 이동한다.

2 MonthName 열(❶)을 클릭한 후 열 기준 정렬 버튼(❷)을 클릭하고 MonthNumberOf Year 열을 기준 열(❸)로 선택한다.

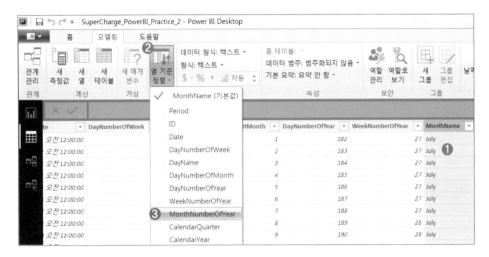

3 행렬로 돌아가면, 다음 그림과 같이 행이 월 순서로 정렬돼 있다.

MonthName	Total Months in Calendar	Month Name (Values)
January	1	January
February	1	February
March	1	March
April	1	April
May	1	May
June	1	June
July	1	July
August	1	August
September	1	September
October	1	October
November	1	November
December	1	December
합계	12	**July, August, March, April, May, November, December, September, October, January, February, June**

알파벳 순서가 아닌 다른 순서로 정렬해야 하는 모든 알파벳 열의 조회 테이블에는 숫자 열을 함께 로드하는 것이 좋다. 따라서 Calendar 테이블에 월뿐 아니라 요일의 숫자 열도 항상 포함해야 한다.

연습: VALUES()

새 행렬을 작성한 후, 행에 Products[Category]를 배치하고 측정값 [Total Number of Products]를 값에 배치한다. 그런 다음, VALUES() 테이블을 만들고 이 테이블을 12장 앞부분의 예와 같이 COUNTROWS() 함수로 감싸 다음 측정값을 만들어보자('부록 A: 연습 정답' 참조).

39 [Number of Color Variants]

40 [Number of Sub Categories]

41 [Number of Size Ranges]

이때에는 Products[SizeRange] 열을 사용해야 하고, 다음과 같은 행렬로 마무리돼야 한다.

Category	Total Number of Products	Number of Color Variants	Number of Subcategories	Number of Size Ranges
Accessories	35	6	12	2
Bikes	125	5	3	5
Clothing	48	5	8	5
Components	189	7	14	6
합계	**397**	**10**	**37**	**11**

Note

각 측정값은 열 이름을 드래그해 행렬의 값 영역에 놓는 것과 결괏값이 같다. 파워 BI에서 행렬의
값 영역에 텍스트 필드를 놓으면 행렬은 암묵적으로 측정값을 생성하고 COUNT()를 집계 방법으
로 사용한다. 하지만 이렇게 하지 않는 것이 좋다. 암묵적 측정으로 생성한 이름은 보기에도 좋지
않고, DAX 연습도 필요하므로 학습하는 동안에는 명시적인 DAX 측정값을 작성하는 것이 좋다.

새 테이블 버튼

비즈니스 사용자(즉, 전문 IT 경력이 없는 사용자)는 실제로 테이블을 볼 수 없기 때문
에 Values() 함수가 다소 이해하기 어렵다고 생각한다. 하지만 이제는 테이블을
볼 수 없더라도 COUNTROWS() 함수 안에 테이블을 넣어 적어도 테이블에 있는 행의
수는 볼 수 있다는 것을 알게 됐다. 파워 BI 데스크톱에는 현재 엑셀의 파워 피벗
에서는 사용할 수 없는 새 테이블 기능이 있다. 새 테이블 버튼은 모델링 탭에 있다
(❶).

이 버튼(❷)을 클릭하면 수식 입력 줄(❸)에 수식을 쓸 수 있다. 이 버튼을 사용해 새
테이블을 만들 때에는 테이블을 반환하는 수식(예: VALUES())을 작성할 수 있으며, 새
로운 테이블을 데이터 모델에 추가할 수 있다.

다음 DAX 식으로 테이블을 만들었다고 가정해보자.

```
Product Color= VALUES(Products[Color])
```

이제 데이터 모델(데이터 보기에서 볼 수 있음)에 다음과 같은 새 테이블이 생긴다.

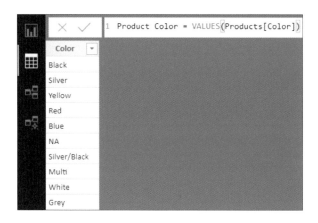

VALUES()가 현재 필터 컨텍스트의 모든 고유한 값을 반환한다는 점을 기억하자. 새 테이블은 리포트 보기의 필터에 응답하지 않으므로 새 테이블의 초기 필터 컨텍스트는 없다. 따라서 위 테이블에는 Products 테이블에 있는 모든 Products[Color] 값의 전체 목록이 나타난다(필터가 적용되지 않음).

새 테이블 버튼은 모든 가상 테이블을 '구체화'했기 때문에 테이블의 내용을 '보는 데' 매우 유용하다. 이 책의 뒷부분에서 필터가 적용된 테이블의 하위 집합을 볼 수 있도록 이 테이블 중 하나에 사용자가 필터를 추가하는 방법을 보여줄 것이다. 현재로서는 가상의 테이블을 둘러볼 수 없을 때, 항상 이 기능을 사용해 가상의 테이블을 구체화해본 후 삭제할 수 있다는 점을 기억하자.

연습: VALUES() 계속

이번에는 연습 39~41과 같은 행렬을 사용하되, 행렬에서 측정값 [Number of Size Ranges]를 없애보자. 그리고 행렬의 각 셀에 각각 단일 값(텍스트 이름)을 반환하는 측정값을 작성해보자. 각 수식은 이름에 단어(값)가 있으므로 식이 실제 이름값을 행렬에 반환하고 있다는 것은 분명하다. 이는 단지 '자기 메모'일 뿐이다. 각 예에서는 12장 앞부분의 예제와 같이 VALUES() 함수를 IF() 또는 HASONEVALUE() 함수로 감싸도록 하자. 또는 원할 때마다 SELECTEDVALUE() 함수를 사용할 수 있다.

42 [Product Category (Values)]

43 [Product Subcategory (Values)]

44 [Product Color (Values)]

작업을 마치면 행렬이 다음과 같이 표시돼야 한다. 여기서 측정값 중 두 가지는 비어 있다는 점에 유의하자. 이는 VALUES 식에 둘 이상의 값이 있으므로 수식의 IF HASONEVALUE(또는 SELECTEDVALUE) 부분이 BLANK()를 반환하기 때문이다. 마지막 매개변수를 생략하면 기본값으로 BLANK()를 반환한다.

Category	Total Number of Products	Number of Color Variants	Number of Subcategories	Product Category (Values)	Product Subcategory (Values)	Product Color (Values)
Accessories	35	6	12	Accessories		
Bikes	125	5	3	Bikes		
Clothing	48	5	8	Clothing		
Components	189	7	14	Components		
합계	**397**	**10**	**37**			

45 연습 43 편집

[Product Subcategory (Values)]에서 IF()문을 편집해 BLANK() 대신 "More than one Subcategory" 값을 반환하자. IF의 구문은 IF(논리적 테스트, 참일 때 결과, 거짓일 때 결과)다.

46 연습 44 편집

이제 [Product Color (Values)]의 IF()문을 편집해 BLANK() 대신 "More than one color" 값을 반환하자. 다음과 같은 결과를 도출해야 한다(연습 45와 46의 정답을 나타낸다).

Category	Total Number of Products	Number of Color Variants	Number of Subcategories	Product Category (Values)	Product Subcategory (Values) edited	Product Color (Values) edited
Accessories	35	6	12	Accessories	More than one Subcategory	More than one color
Bikes	125	5	3	Bikes	More than one Subcategory	More than one color
Clothing	48	5	8	Clothing	More than one Subcategory	More than one color
Components	189	7	14	Components	More than one Subcategory	More than one color
합계	**397**	**10**	**37**		**More than one Subcategory**	**More than one color**

마지막으로 보고서에 Products 테이블의 Color 및 Subcategory 슬라이서 2개를 추가하자.

> **Note**
>
> 숫자 열에 슬라이서를 추가하면 아래와 다르게 보일 것이다. 슬라이서의 오른쪽 상단 모서리에 있는 드롭다운 화살표 메뉴에서 슬라이서 표시 방법을 변경할 수 있다.

슬라이서를 클릭하면 슬라이서의 필터링이 반영돼 행렬의 값이 업데이트된다.

Category	Total Number of Products	Number of Color Variants	Number of Subcategories	Product Category (Values)	Product Subcategory (Values) edited	Product Color (Values) edited
Accessories	3	1	1	Accessories	Helmets	Blue
Bikes	13	1	1	Bikes	Touring Bikes	Blue
Clothing	3	1	1	Clothing	Vests	Blue
Components	9	1	1	Components	Touring Frames	Blue
합계	**28**	**1**	**4**		**More than one Subcategory**	**Blue**

SubCategory
- ☐ Helmets
- ☐ Touring Bikes
- ☐ Touring Frames
- ☐ Vests

Color ∨
- ☐ Black
- ☑ Blue
- ☐ Grey
- ☐ Multi
- ☐ NA
- ☐ Red
- ☐ Silver
- ☐ Silver/Black
- ☐ White
- ☐ Yellow

13장

DAX 주제: ALL(), ALLEXCEPT(), ALLSELECTED()

DAX 함수 ALL(), ALLEXCEPT() 및 ALLSELECTED()의 기능은 매우 유사하다. ALL() 함수 부터 살펴보자.

ALL() 함수

ALL() 함수는 현재의 필터 컨텍스트에서 모든 필터를 제거한다. 따라서 ALL() 은 '필터 제거' 함수라고 생각해도 좋다. 다음 예를 살펴보자. 새 행렬을 만든 후, Products[Category]를 행에 배치하고 이전에 작성한 측정값 [Total Number of Product]를 값에 배치한다. 이제 다음과 같은 행렬이 생긴다.

Category	Total Number of Products
Accessories	35
Bikes	125
Clothing	48
Components	189
합계	**397**

계산 과정을 기술적으로 설명하면, 행렬의 첫 번째 행이 Products 테이블을 필터링해 Products[Category]="Accessories"인 제품만 숨어 있는 테이블에 나타나도록 하고, 다른 제품은 모두 걸러낸다. 실제로 보이지는 않지만, 무대 뒤에서 'Accessories'에 필터를 적용했을 때 데이터 모델에 숨어 있는 테이블이 어떤 모습일지 상상할 수 있다. 행렬이 숨어 있는 테이블에 필터를 적용한 후, 측정값 [Total Number of Products]는 남아 있는 행만 계산한다. 행렬의 모든 셀에 한 번에 1개씩, 합계 셀을 포함해 이렇게 계산한다. 합계 셀에는 적용된 필터가 없으므로 측정값은 테이블의 모든 행(하나도 필터링되지 않은 복사본)을 계산한다.

이제 ALL() 함수를 사용해 다음과 같은 새 측정값을 만들어보자.

```
Total All Products = COUNTROWS(ALL(Products))
```

ALL() 함수는 테이블을 반환한다. 테이블을 볼 수는 없지만, 테이블 안에 몇 개의 행이 있는지 볼 수 있도록 COUNTROWS()로 감싸면 된다. 이 수식을 입력할 때 입력하는 도중에 일시 중지하면 인텔리센스는 다음과 같이 관련 구문을 표시한다.

여기서 인텔리센스는 ALL()의 첫 번째 매개변수로, 테이블 또는 단일 열을 사용할 수 있다고 알려준다. 이 예제에서는 전체 테이블을 매개변수로 사용하고 있다. 이 식을 모두 입력한 후, 측정값을 행렬에 추가해보자. 이제 행렬에 다음과 같은 결과가 나타난다.

Category	Total Number of Products ▼	Total All Products
Components	189	397
Bikes	125	397
Clothing	48	397
Accessories	35	397
합계	**397**	**397**

이 행렬에서는 새 측정값(오른쪽)이 행렬의 행에서 비롯된 초기 필터 컨텍스트를 무시하고 있다는 것을 알 수 있다. 여기서는 초기 필터 컨텍스트가 Products[Category] 행에 따라 설정되는데, ALL() 함수는 항상 필터링되지 않은 테이블의 사본을 반환하므로 필터링된 Products 테이블이 아닌 전체 Products 테이블을 반환한다. 따라서 COUNTROWS()는 행렬의 모든 행에 397을 반환한다.

고급 필터 입력으로 ALL() 사용

ALL()은 CALCULATE() 함수를 사용할 때 고급 필터 테이블 인수로 자주 사용된다. CALCULATE()의 테이블 입력으로 ALL()을 사용하는 예를 살펴보자.

CALCULATE() 내부에 ALL()을 사용하면 시각적 개체에 자연 발생적으로 적용되는 필터가 제거돼 시각적 개체의 합계 행에 있는 숫자에 액세스할 수 있다. 행렬의 모든 행에서 시각적 개체(예: 행렬)의 합계값을 구할 수 있으면 각 행의 합계 대비 백분율도 구할 수 있다.

다음 예제를 이용해 개념을 좀 더 명확하게 파악해보자.

총 판매액 대비 국가별 백분율 계산

글로벌 판매액 대비 국가별 백분율을 계산한다고 가정해보자. 행에 Territories[Country], 값에 측정값 [Total Sales]를 배치해 행렬을 설정한다.

Country	Total Sales
Australia	$9,061,001
Canada	$1,977,845
France	$2,644,018
Germany	$2,894,312
United Kingdom	$3,391,712
United States	$9,389,790
합계	**$29,358,677**

그런 다음, 행렬을 선택하고(❶), 측정값 [Total Sales](❷) 옆에 있는 드롭다운 화살표를 클릭한다. 그다음으로 값 표시(❸) 및 총 합계의 백분율(❹)을 차례대로 선택한다.

그러나 이렇게 하면 결과의 표시 형식만 변경할 뿐, 백분율을 데이터 모델의 일부로 계산하지는 않는다. 이는 다른 측정값 내에서 이러한 백분율을 사용할 수 없다는 것을 의미하며, 큐브 수식에서 얻은 백분율도 참조할 수 없다(19장, '기본 개념: 엑셀 및 큐브 수식에서 분석 사용' 참조). 물론, 이렇게 하는 것은 DAX를 배우는 것이 아니다.

DAX 측정값 작성

앞 절에서 설명한 것처럼 데이터 모델에서 재사용할 수 있는 자산으로 실제 값을 반환하는 새로운 측정값을 만드는 것이 훨씬 더 낫다. 이는 두 단계에 걸쳐 수행할 수 있다.

문제를 여러 조각으로 나눈 후, 한 번에 한 조각씩 푸는 것이 좋다.

1단계: 총 합계 측정값 작성

측정값을 만들 테이블을 마우스 오른쪽 버튼으로 누른 후, 다음과 같은 새 측정값을
만든다.

```
Total Global Sales = CALCULATE([Total Sales], All(Territories) )
```

다음 단계로 넘어가기 전에 적절한 서식을 즉시 적용하는 것을 잊지 말자.
CALCULATE()의 첫 번째 매개변수는 식이며, 다음 매개변수는 필터 컨텍스트를 수정
하는 필터다. 여기서는 테이블을 새로운 필터 컨텍스트로 전달했다. 이 테이블은
ALL(Territories)이며, 실제로는 전체 Territories 테이블의 필터링되지 않은 사본
이다. 행렬에 새 측정값을 추가하면 다음과 같은 행렬이 나타난다. 이 그림에서 새
측정값이 행렬에서 오는 초기 필터 컨텍스트를 무시하고 있다는 것을 알 수 있다.
CALCULATE()는 필터 컨텍스트를 수정할 수 있는 유일한 함수다. 이때, CALCULATE()는
Territories[Country]의 초기 필터 컨텍스트를 새 필터 컨텍스트(Territories 테이블의
필터링되지 않은 복사본)로 교체하고 있다.

Country	Total Sales	Total Global Sales
Australia	$9,061,001	$29,358,677
Canada	$1,977,845	$29,358,677
France	$2,644,018	$29,358,677
Germany	$2,894,312	$29,358,677
NA		$29,358,677
United Kingdom	$3,391,712	$29,358,677
United States	$9,389,790	$29,358,677
합계	**$29,358,677**	**$29,358,677**

2단계: 총 판매액 대비 백분율 생성

측정값 [Total Global Sales]를 작성한 후에는 다음과 같이 글로벌 판매액의 국가별 백분율을 계산할 수 있는 새로운 측정값을 쉽게 만들 수 있다.

```
% of Global Sales = DIVIDE([Total Sales], [Total Global Sales])
```

데이터 형식을 백분율로 설정한 후, 소수점 자릿수가 한 자리가 되도록 이 측정값의 서식을 지정해보자. 이제 다음과 같은 행렬을 얻을 수 있다.

Country	Total Sales	Total Global Sales	% of Global Sales
Australia	$9,061,001	$29,358,677	30.9 %
Canada	$1,977,845	$29,358,677	6.7 %
France	$2,644,018	$29,358,677	9.0 %
Germany	$2,894,312	$29,358,677	9.9 %
NA		$29,358,677	
United Kingdom	$3,391,712	$29,358,677	11.6 %
United States	$9,389,790	$29,358,677	32.0 %
합계	**$29,358,677**	**$29,358,677**	**100.0 %**

마지막으로 행렬에서 측정값 [Total Global Sales]를 제거한다.

> **Note**
>
> [% of Global Sales] 측정값이 작동하기 위해 행렬에서 작성한 임시 측정값은 실제로 필요하지 않다. 그러나 측정값을 작성할 때 어떤 일이 일어나고 있는지를 행렬로 시각화하는 것이 얼마나 쉬운지를 알아야 한다. 임시 측정값을 행렬에 배치하면 행렬의 국가와는 관계없이 [Total Global Sales]의 값이 어떻게 같은지를 쉽게 알 수 있고, 결국 이 Total Global Sales로 국가별 판매액을 나누기만 하면 된다는 것을 알 수 있다.

읽기 쉽도록 최종 행렬에 다음과 같은 일부 조건부 서식을 적용했다.

Country	Total Sales	% of Global Sales	
Australia	$9,061,001		30.9 %
Canada	$1,977,845		6.7 %
France	$2,644,018		9.0 %
Germany	$2,894,312		9.9 %
United Kingdom	$3,391,712		11.6 %
United States	$9,389,790		32.0 %
합계	**$29,358,677**		**100.0 %**

빠른 측정

파워 BI에서 새 빠른 측정 메뉴를 사용할 수 있다는 것을 이미 알고 있을지도 모르겠다. Total Sales 옆에 있는 드롭다운 버튼(❶)을 클릭하면 새 빠른 측정 옵션(❷)이 나타난다.

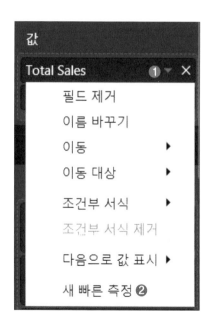

Note

이 글을 쓰는 현재를 기준으로 했을 때, 빠른 측정은 미리보기할 수 있다. 다음 그림과 같이 메뉴에서 새 빠른 측정 옵션을 볼 수 없을 때, 미리보기 기능은 파일 → 옵션 및 설정 → 옵션 → 미리보기 기능 → 빠른 측정에서 설정할 수 있다.

새 빠른 측정 옵션을 선택하면 파워 BI가 측정값을 작성하는 데 도움을 주며, DAX의 지식은 전혀 필요 없다. 새 빠른 측정을 사용하는 것이 13장의 앞부분에서 설명한 것처럼 암묵적 측정값을 생성하는 것보다 훨씬 낫다. 그 이유는 측정값의 이름을 변경하고, 편집해 다른 측정값 내에서 재사용할 수 있기 때문이다. 다음 그림은 새 빠른 측정 창의 계산 영역에 범주 합계(필터적용 안됨)가 선택된 모습을 나타낸다. 오른쪽 필드 목록에서 왼쪽의 관련 자리로 열이나 측정값을 드래그하기만 하면 된다. 다음의 예에서는 `[Total Sales]`를 기준값, `Territories[Country]`를 범주에 추가했다.

Note

`[Total Sales]`는 측정값, `Territories[Country]`는 열 이름이라는 것을 굳이 말할 필요가 없다는 것을 알고 있는가? 이는 현장에서의 모범적인 사례다. 측정값에 테이블 이름을 생략하고 열 앞에 테이블 이름을 포함하면 DAX 작성 커뮤니티의 다른 사용자가 뜻을 이해할 수 있다.

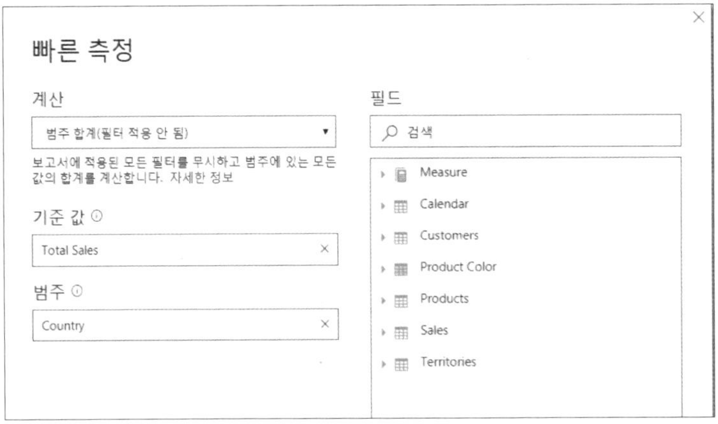

파워 BI가 만든 측정값은 다음과 같다.

```
Total Sales total for Country =
CALCULATE('Sales'[Total Sales], ALL('Territories'[Country]))
```

이는 실제 측정값이며, 위에서 직접 작성한 측정값과 거의 같다는 점에 주목하자. 그러나 이 책을 쓰는 현재, 새 빠른 측정 기능은 모범 사례를 따르지 않는다. 위 측정값에서 무엇이 문제인지 알 수 있는가? CALCULATE()의 첫 번째 매개변수는 측정값이지만, 측정값의 이름 앞에 테이블 이름이 있다. 열 이름 앞에는 항상 테이블 이름을 적어야 하지만, 측정값 이름 앞에 테이블 이름을 쓰면 안 된다. 그러나 좋은 소식은 이것이 실제 측정값이기 때문에 여러분이 간단히 새 빠른 측정 기능으로 만든 식을 편집하고 구문을 직접 수정할 수 있다는 것이다.[1]

> **Note**
>
> 새 빠른 측정 옵션을 사용하는 것은 DAX 함수가 어떻게 작동하는지에 관한 지식 없이 더 복잡한 DAX 함수를 빨리 작성하는 데 큰 도움이 된다. 그러나 이 책은 여러분 자신이 DAX 식을 작성하는 방법을 설명하는 것이므로 더 이상 이 기능을 소개하는 데 시간을 낭비하진 않을 것이다. 새 빠른 측정을 사용하고 싶다면 그렇게 해도 좋다. DAX 언어의 작동 방식을 배우는 대신, 새 빠른 측정을 사용하는 것이 아니라 DAX 언어를 학습하는 데 도움이 되는 도구로 사용하길 권한다.

테이블 또는 열을 ALL()로 전달

ALL()을 끝내기 전에, 다음 측정값은 위의 '1단계: 총 합계 측정값 작성' 절에서 만든 측정값 [Total Global Sales]와 정확히 같은 결과를 반환한다는 사실에 주목하자.

---

1 현재는 모범 사례대로 수정됐음. - 옮긴이

```
Total All Country Sales
   =
   CALCULATE([Total Sales,
     ALL(Territories[Country])
   )
```

이 방법은 전체 테이블 대신, 단일 열을 ALL() 함수에 전달한다. 따라서 이 특정 행렬
(다음 그림 참고)에서 [Total Global Sales]와 [Total All Country Sales]의 값은 같다.

Country	Total Sales	Total Global Sales ▼	Total All Country Sales
Australia	$9,061,001	$29,358,677	$29,358,677
Canada	$1,977,845	$29,358,677	$29,358,677
France	$2,644,018	$29,358,677	$29,358,677
Germany	$2,894,312	$29,358,677	$29,358,677
NA		$29,358,677	$29,358,677
United Kingdom	$3,391,712	$29,358,677	$29,358,677
United States	$9,389,790	$29,358,677	$29,358,677
합계	**$29,358,677**	**$29,358,677**	**$29,358,677**

행렬의 행에 다른 열(즉, Country가 아닌 다른 것)이 있다면 [Total All Country Sales]
는 작동하지 않을 것이다. 이를 확인하기 위해 행렬의 행에서 Territories[Country]
를 제거한 후, Territories[Region]으로 바꿔보자. 다음과 같은 결과가 나타난다.

Region	Total Sales	Total Global Sales ▼	Total All Country Sales
Australia	$9,061,001	$29,358,677	$9,061,001
Canada	$1,977,845	$29,358,677	$1,977,845
Central	$3,001	$29,358,677	$3,001
France	$2,644,018	$29,358,677	$2,644,018
Germany	$2,894,312	$29,358,677	$2,894,312
NA		$29,358,677	
Northeast	$6,532	$29,358,677	$6,532
Northwest	$3,649,867	$29,358,677	$3,649,867
Southeast	$12,239	$29,358,677	$12,239
Southwest	$5,718,151	$29,358,677	$5,718,151
United Kingdom	$3,391,712	$29,358,677	$3,391,712
합계	**$29,358,677**	**$29,358,677**	**$29,358,677**

전체 테이블 이름을 ALL() 함수에 전달하는 것과 단일 열을 전달하는 것의 차이에 주목하자. [Total Global Sales]는 전체 Territories 테이블에서 필터를 제거하지만, [Total All Country Sales]는 테이블의 Territories[Country] 열 필터만 제거한다. 위그림에서는 테이블의 Territories[Country] 열에 필터가 없으므로 All()은 시각적 개체에 영향을 미치지 않는다.

진행에 앞서 행렬에서 [Total All Country Sales]를 제거하자.

새 테이블 옵션 복습

이제는 이 책의 앞부분에서 소개한 새 테이블의 특징을 다시 살펴보기 좋은 시간이다. 새 테이블 버튼(❶)을 사용해 테이블을 데이터 모델로 모습을 드러나게 할 수 있다는 점을 기억하자. 일반적으로 DAX 수식에서는 테이블 함수를 볼 수 없으며, 이때문에 테이블 함수가 어떤 일을 하는지 이해하기 어렵다. 다음과 같이 테이블 함수를 써서 새 테이블을 추가하면 실제로 생성되는 테이블을 볼 수 있다.

위와 같이 테이블을 생성한 후, 데이터 보기로 전환하고 새 테이블을 클릭하면, 이테이블은 6개국과 NA의 목록으로 구성돼 있다는 것을 알 수 있다.

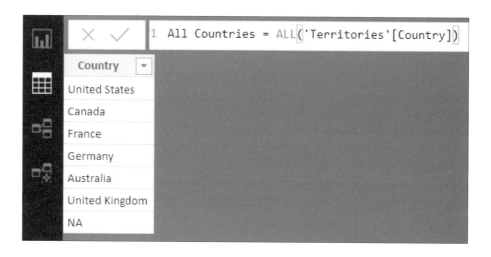

이 테이블은 단지 시험용이다. 데이터 모델에 연결돼 있지 않지만, 연결은 가능하다. 테이블 함수를 시각화하는 것은 도움이 되기 때문에 나는 학습 경험의 일부로 이런 테이블을 구현하는 것을 좋아한다. 구현을 마친 후에는 테스트 테이블을 삭제해 혼동하지 않도록 해야 한다.

ALLEXCEPT() 함수

ALLEXCEPT()를 사용하면 명시적으로 지정한 열을 제외한 테이블의 모든 열에서 필터를 제거할 수 있다. 다음 예를 살펴보자.

```
Total Sales to Region or Country
    = CALCULATE([Total Sales],
      All(Territories[Region],Territories[Country])
    )
```

ALLEXCEPT()는 수식에 한두 열을 제외한 열이 필요한 경우, 여러 열을 일일이 지정해야 하는 문제를 해결할 수 있다. 위 식은 행에 Territories[Country]가 있을 때와 행에 Territories[Region]이 있을 때에는 작동하지만, 행에 Territories[Group]이 있을 때에는 작동하지 않는다. 테이블에 열이 많을 때 수식이 몇 개의 열을 제외하고 모두 작동하게 하려면, DAX 코드를 많이 사용해야 한다. 여기서 ALLEXCEPT()가 시작된다. 위 식은 다음과 같이 재사용할 수 있다.

```
Total Sales to Region or Country 2
    = CALCULATE([Total Sales],
      ALLEXCEPT(Territories, Territories[Group])
    )
```

Note

먼저 포함할 테이블을 지정한 후 제외할 열을 입력해야 한다.

ALLSELECTED() 함수

ALLSELECTED() 함수는 위와 같이 백분율을 계산한 후, 필터를 적용(예: 슬라이서를 사용해)하면 행렬의 백분율 총합계가 100%로 표시되길 원하는 경우에 사용한다.

13장의 앞부분에서 사용한 것과 같은 행렬에 Territories[Group]으로 필터링하는 슬라이서가 있다고 가정해보자. 다음 그림에서 [% of Global Sales]의 합계가 38.7%인 점에 주목하자. 이는 나머지 61.3%를 차지하는 다른 나라가 슬라이서로 걸러졌으므로 정확한 수치라고 할 수 있다.

Group	Region	Total Sales	% of Global Sales
☐ Europe	Canada	$1,977,845	6.7 %
☐ NA	Central	$3,001	0.0 %
■ North America	Northeast	$6,532	0.0 %
☐ Pacific	Northwest	$3,649,867	12.4 %
	Southeast	$12,239	0.0 %
	Southwest	$5,718,151	19.5 %
	합계	**$11,367,634**	**38.7 %**

그러나 행렬의 합계값으로 나눈 각 지역의 백분율을 보고 싶다고 가정해보자(이 예에서는 North America에 해당). 여기에서 ALLSELECTED()가 등장해야 한다. ALLSELECTED()는 행렬에서 비롯된 필터는 제거하지만 슬라이서의 필터는 유지한다.

위의 행렬에 다음 측정값을 추가해보자.

Total Selected Territories
= CALCULATE([Total Sales], ALLSELECTED(Territories))

Group	Region	Total Sales	% of Global Sales	Total Selected Territories ▼
□ Europe	Canada	$1,977,845	6.7 %	$11,367,634
□ NA	Central	$3,001	0.0 %	$11,367,634
■ North America	Northeast	$6,532	0.0 %	$11,367,634
□ Pacific	Northwest	$3,649,867	12.4 %	$11,367,634
	Southeast	$12,239	0.0 %	$11,367,634
	Southwest	$5,718,151	19.5 %	$11,367,634
	합계	$11,367,634	38.7 %	$11,367,634

임시 측정값 [Total Selected Territories]가 어떻게 행렬의 Total Sales 합계와 같은 값을 반환하는지에 주목하자. 이전과 같은 단계를 사용해 이제 새 측정값 [% of Global Sales]를 작성한 후 임시 측정값 [Total Selected Territories]를 행렬에서 제거할 수 있다.

이제 다음과 같이 측정값을 작성해보자.

% of Selected Territories
= DIVIDE([Total Sales] , [Total Selected Territories])

백분율과 소수점 1자리를 사용해 이 새 측정값의 형식을 지정하자.

Group	Region	Total Sales	% of Global Sales	% of Selected Territories
☐ Europe	Canada	$1,977,845	6.7 %	17.4 %
☐ NA	Central	$3,001	0.0 %	0.0 %
■ North America	Northeast	$6,532	0.0 %	0.1 %
☐ Pacific	Northwest	$3,649,867	12.4 %	32.1 %
	Southeast	$12,239	0.0 %	0.1 %
	Southwest	$5,718,151	19.5 %	50.3 %
	합계	$11,367,634	38.7 %	100.0 %

임시 측정값 사용

문제를 조각으로 나눈 후, 한 번에 문제의 일부분을 해결하는 것이 좋은 습관이라는 것을 잊지 않도록 하자. 우선 임시 측정값을 만든 후, 실제로 필요한 최종 측정값을 작성하는 데 익숙해져야 한다. 이렇게 하면 프로세스의 각 단계를 시각화하는 데 도움이 되며, 다음 단계를 진행하기 전에 최종 수식의 각 부분을 더욱 쉽게 수정할 수 있다.

물론 방금 겪었던 모든 단계를 수행하는 단일 측정값을 작성할 수 있다. 측정값은 다음과 같다.

```
% of Selected Territories ONE STEP =
DIVIDE(
  [Total Sales] ,
  CALCULATE([Total Sales], ALLSELECTED(Territories))
)
```

일체형 수식은 특히 DAX 작성을 배우는 단계에서 사용하거나, 읽거나, 디버깅하기가 훨씬 더 어렵다. 일체형 식이 잘못된 것은 아니다. 다만, 좀 더 어려울 뿐이다. 필요한 것보다 더 어려운 일을 하기에는 우리 삶이 너무 짧다.

이제 연습할 시간이다. 새로운 행렬을 만든 후, Customers[Occupation]을 행에 배치하고 측정값 [Total Sales]를 값에 배치한다. 그 결과, 다음과 같은 행렬을 얻을 수 있다.

Occupation	Total Sales
Clerical	$4,684,787
Management	$5,467,862
Manual	$2,857,971
Professional	$9,907,977
Skilled Manual	$6,440,081
합계	**$29,358,677**

13장에서 다룬 원칙을 사용해 먼저 필요한 임시 측정값을 만들고, 최종 측정값을 만드는 방식으로 다음의 측정값을 만들어보자(`부록 A: 연습 정답` 참조).

47 [Total Sales to All Customers]

48 [% of All Customer Sales]

이제 방금 작성한 보고서에 Customers[Gender]의 슬라이서를 추가한 후, 다음과 같이 Gender = "M"으로 필터링하자.

Gender	Occupation	Total Sales	Total Sales to All Customers	% of All Customers Sales
☐ F ■ M			▼	
	Clerical	$2,421,327	$29,358,677	8.2 %
	Management	$2,793,527	$29,358,677	9.5 %
	Manual	$1,463,060	$29,358,677	5.0 %
	Professional	$4,773,493	$29,358,677	16.3 %
	Skilled Manual	$3,093,651	$29,358,677	10.5 %
	합계	**$14,545,059**	**$29,358,677**	**49.5 %**

측정값 [% of All Customer Sales]의 합계가 100%가 되지 않는 이유를 알아보자. 나머지 50.5%의 고객들은 슬라이서로 필터링되기 때문에 정확하다.

행에 Customers[NumberCarsOwned], 슬라이서에 Customers[Occupation], 값에 [Total Sales]를 배치해 행렬을 설정하자. 이제 이 행렬에서 [% of Sales to Selected Customers]라는 다른 측정값을 만들어보자. 결과는 다음과 같아야 하며, 마지막 열에는 고객이 소유한 자동차 수를 기준으로 고객에게 판매되는 비율이 표시돼야 한다.

Occupation	NumberCarsOwned	Total Sales	% of Sales to Selected Customers
■ Clerical			
□ Management	0	$2,660,886	56.8 %
□ Manual	1	$1,204,496	25.7 %
□ Professional	2	$790,154	16.9 %
□ Skilled Manual	3	$28,141	0.6 %
	4	$1,109	0.0 %
	합계	**$4,684,787**	**100.0 %**

이때에는 임시 측정값을 먼저 생성해야 하므로 다음과 같은 두 가지 측정값을 만든 후, 첫 번째 측정값을 행렬에서 제거해야 한다.

49 [Total Sales to Selected Customers]

50 [% of Sales to Selected Customers]
다음 두 가지 측정값을 만들어보자. 첫 번째 식은 임시 수식이며, 두 번째 식을 마치면 행렬에서 제거할 수 있다('부록 A: 연습 정답' 참조).

51 [Total Sales for All Days Selected Dates]

52 [% Sales for All Days Selected Dates]

따라 하기: ALLEXCEPT() 사용

ALLEXCEPT()는 자주 사용하지는 않지만, 어떻게 사용할 수 있는지 예제를 이용해 알아보자. 이 절에서는 사용할 수 있는 사례 1개와 실습을 제공한다.

직업^{Occupation}별 판매 백분율을 비교한 후, 고객 관련 필터가 바뀌면 결과가 어떻게 바뀌는지 확인하고 싶은 상황을 가정해보자. 다음 단계를 따라 진행한다.

1 새 행렬을 설정한 후, 행에 Customers[Occupation]을 배치한다.

2 슬라이서에 Gender와 NumberCarsOwned를 추가한다.

3 [Total Order Quantity]를 값에 넣는다. 다음에 보이는 것과 같이 설정을 마쳐야 한다. 슬라이서를 클릭하면 [Total Order Quantity]가 변경된다는 점에 주목하자.

여기서는 슬라이서를 선택한 후(❶), 서식(❷), 일반(❸)을 선택하고 방향을 가로(❹)로 설정해 NumberCarsOwned 슬라이서를 수평으로 설정했다.

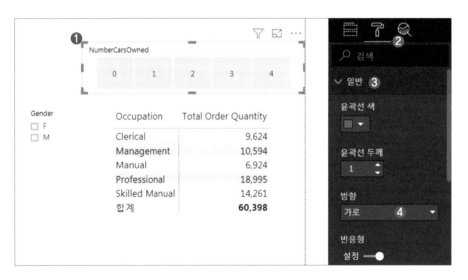

마지막 단계(다음 참조)에 도달하려면 아직 여러 단계가 더 필요하다. 다음 연습에는 최종 상태에 도달하기 위해 적절한 순서에 따라 만들어야 하는 측정값이 있다. 각 측정값을 만들 때 행렬에 표시되는 결과가 맞는지 확인하자. 다시 한번 강조하지만, 행렬에서 DAX를 작성하는 이유는 측정값의 결과를 바로 확인하기 위해서다. 이렇게 하면 무엇을 하고 있는지 쉽게 이해할 수 있다.

다음 행렬은 작성해야 할 모든 측정값을 보여주기 때문에 다음 측정값으로 무엇을 달성할 것인지를 확인할 수 있다. 보고서에 이미 몇 개의 슬라이서가 적용됐다는 점에 주의하자.

Occupation	Total Order Quantity	Total Orders All Customers	Baseline Order for All Customers with This Occupation	Baseline % This Occupation of All Customer Orders	Total Orders Selected Customers	Occupation % of selected Customers	Percentage Point Variation to Baseline
Clerical	7	60,398	9,624	15.9 %	2,199	0.3 %	-15.6 %
Management	872	60,398	10,594	17.5 %	2,199	39.7 %	22.1 %
Manual	1	60,398	6,924	11.5 %	2,199	0.0 %	-11.4 %
Professional	1,263	60,398	18,995	31.4 %	2,199	57.4 %	26.0 %
Skilled Manual	56	60,398	14,261	23.6 %	2,199	2.5 %	-21.1 %
합계	**2,199**	**60,398**	**60,398**	**100.0 %**	**2,199**	**100.0 %**	**0.0 %**

다음 그림은 현재 작업 중인 행렬의 최종 상태로 최종 측정값만 포함돼 있다.

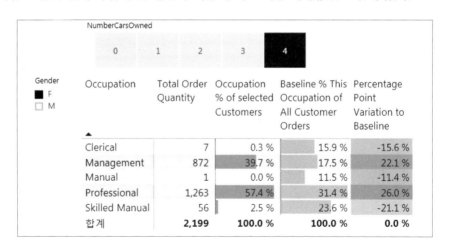

이 행렬을 사용하면 슬라이서에서 성별과 자동차 수의 다른 조합을 선택한 후, 베이스라인 주문량과 필터로 선택된 고객의 주문량 사이의 차이를 비교할 수 있다.

53 [Total Orders All Customers]

이 측정값을 확인하기 위해 슬라이서를 클릭하면 [Total Order Quantity]가 슬라이서에 따라 변경되지만, [Total Orders All Customers]는 변경되지 않아야 한다는 점에 주의하자.

54 [Baseline Orders for All Customers with This Occupation]

이 측정값도 슬라이서를 바꿀 때 변경되지 않아야 한다. 그러나 위의 [Total Orders All Customers]와 달리 각 직업별로 값이 달라야 한다는 점에 주의하자. 이 측정값이 비교 기준이 될 것이다.

55 [Baseline % This Occupation of All Customer Orders]

이 측정값은 위 Baseline 측정값을 모든 주문 대비 Baseline 측정값의 백분율로 변환한다. 이 측정값에 관련된 설명은 DAX 작성 방법을 알아내는 데 도움이 될 것이다. 슬라이서를 다시 테스트한 후, 이 새 기준 백분율이 슬라이서에 따라 변경되지 않는지 확인해야 한다.

56 [Total Order Selected Customers]

이 측정값은 슬라이서에서 항목 선택에 따라 변경돼야 한다(힌트: ALLSELECTED()를 사용).

57 [Occupation % of Selected Customers]

위 임시 측정값을 사용하면 이 측정값을 만들 수 있다. 슬라이서를 몇 번 클릭해 어떤 값이 변경되는지 확인해보자. 이 새로운 측정값은 슬라이서에서 선택한 값에 따라 변경돼야 한다.

58 [Percentage Point Variation to Baseline]

이 측정값은 선택된 고객(연습 57)에서 베이스라인(연습 55)을 뺀 비율이다. 이제 슬라이서에서 고객 속성(성별 및 소유 자동차 수)을 선택하면 직업과 모든 고객의 베이스라인의 조합에 어떤 영향을 미치는지 확인할 수 있는 대화형 보고서가 나타난다.

여기서 짚고 넘어가야 할 점은 행렬에 표현되는 최종 측정값 이름을 바꿀 수도 있다는 것이다. 따라서 [Baseline % This Occupation of All Customer Orders]는 측정값의 의미를 파악할 수 있기 때문에 좋은 이름이지만, 특정한 상황에서는 이름을 변경하는 게 좋을 수 있다. 행렬을 선택한 후, 화면 오른쪽에 있는 값 영역으로 이동해 변경할 측정값의 이름을 두 번 클릭하면 이 작업을 수행할 수 있다. 해당 시각적 개체(여기서는 행렬)의 이름만 변경된다.

측정값에 새로운 이름을 부여하면 다음과 같은 행렬이 나타난다.

NumberCarsOwned					
0	1	2	3	**4**	

Gender	Occupation	Total Order Quantity	Share of Selected Filter	Baseline Share All Customers	Variation to Baseline
■ F ☐ M	Clerical	7	0.3 %	15.9 %	-15.6 %
	Management	872	39.7 %	17.5 %	22.1 %
	Manual	1	0.0 %	11.5 %	-11.4 %
	Professional	1,263	57.4 %	31.4 %	26.0 %
	Skilled Manual	56	2.5 %	23.6 %	-21.1 %
	합계	**2,199**	**100.0 %**	**100.0 %**	**0.0 %**

Note

행렬에서 이름을 변경할 때 원래대로 변경할 수 있는 가장 쉬운 방법은 측정값을 시각적 개체에서 제거한 후에 다시 추가하는 것이다.

14장
DAX 주제: FILTER()

FILTER()는 DAX에서 매우 강력한 함수다. FILTER()와 CALCULATE()를 결합하면 필터 컨텍스트를 원하는 방식으로 변경할 수 있다. 그러나 CALCULATE()와 함께 FILTER()를 사용하기 전에 몇 가지 간단한 예를 들어 FILTER() 함수만 살펴보자.

> **Note**
>
> 이 예는 FILTER() 함수의 작동 방식을 보여주지만, DAX에서는 실제로 이 식을 쓰지 않을 수 있다. 이 식들은 단지 보여줄 목적으로 만들었다.

FILTER()의 구문은 다음과 같다.

```
= FILTER(Table, myFilter)
```

Table은 필터링할 모든 테이블(또는 ALL()과 같이 테이블을 반환하는 함수)이고, myFilter는 TRUE/FALSE 답변으로 평가되는 수식이다.

FILTER() 함수는 원래의 테이블에서 0개 이상의 행을 포함하는 테이블을 반환한다.

다시 말하면, FILTER()가 반환한 테이블은 원래 테이블의 전체 행은 물론, 0개 행, 1개 행, 2개 행 또는 다른 개수의 행을 포함할 수 있다. 따라서 FILTER()의 목적은 myFilter 테스트를 사용한 후 최종 테이블 결과에 반환될 행을 결정하는 것이다.

FILTER()는 반복함수이므로 최종 테이블에 포함할 행을 결정하기 위해 행 단위로 분석할 수 있다. 일반적으로 조회 테이블에 FILTER()를 사용하는 것은 괜찮지만, 데이터 테이블에서 FILTER()를 사용하는 것은 다소 위험하며, 특히 테이블이 매우 클(수백만 개의 행) 때에는 더욱 위험하다. FILTER()를 사용해야 하는지 여부는 데이터와 FILTER() 내의 DAX 식의 품질 및 얻고자 하는 것이 무엇인지에 따라 달라진다.

예를 들어 행에 Customers[Occupation]을 설정한 후, 측정값 [Total Number of Customers]를 값에 배치해 새로운 행렬을 만들어보자. 다음 행렬은 각 직업 유형별로 전체 고객 데이터베이스에 얼마나 많은 고객이 있는지를 나타낸다.

Occupation	Total Number of Customers
Clerical	2,928
Management	3,075
Manual	2,384
Professional	5,520
Skilled Manual	4,577
합계	**18,484**

여기서 연간 8만 달러 이상의 소득이 있는 고객이 얼마나 되는지 알고 싶다면 어떻게 할 것인가? 다음 식을 살펴보자.

```
=FILTER(Customers, Customers[YearlyIncome] >= 80000)
```

이 식의 결과는 고객으로 구성된 테이블인데, 이 새로운 가상의 고객 테이블은 연간 소득이 8만 달러 이상인 모든 고객을 포함한다. 하지만 결과가 테이블이라는 점과 행렬에 값 테이블을 넣을 수 없다는 점에 주목하자. 따라서 행렬 내부의 결과(이 경우에는 행의 총 개수)를 보려면 FILTER()에 따라 반환된 테이블을 값을 반환하는 함수(집계함수 등)로 감싸야 한다.

위의 식을 COUNTROWS() 함수로 감싸면 이 테이블의 행 수를 셀 수 있다.

```
Total Customers with Income of $80,000 or above
    = COUNTROWS (
    FILTER (
        Customers, Customers[YearlyIncome] >= 80000
    )
)
```

이 식을 작성해 행렬에 넣으면 다음과 같이 나타난다. 바로 지금 연습해보자.

Occupation	Total Number of Customers	Total Customers with Income of $80,000 or above
Clerical	2,928	
Management	3,075	1,963
Manual	2,384	
Professional	5,520	1,976
Skilled Manual	4,577	443
합계	**18,484**	**4,382**

위 행렬에서 연간 소득이 8만 달러 이상인 고객이 한 명도 없는 직업도 있다는 것을 알 수 있다.

새 테이블 반복

벌써 두 번 정도 살펴본 멋진 새 테이블 버튼을 잊지 않도록 하자. 앞의 절에서 필터링된 고객 테이블 사본을 보고 내부에서 어떤 일이 발생하는지 파악하기 위해 다음 수식을 사용해 새 테이블을 만들어보자.

```
Customers > 80000 Table = FILTER(Customers, Customers[YearlyIncome]>=80000)
```

데이터 보기에서 이 새 테이블로 전환하면 테이블을 볼 수 있고, 해당 테이블에 행이 몇 개 있는지 확인할 수도 있다. 다음에서 볼 수 있듯이, 이 테이블은 원래의 Customers 테이블에서 필터링된 복사본이다.

이 예에서 얻을 수 있는 핵심은 다음과 같다.

- FILTER()가 테이블을 반환한다. 새 테이블 옵션을 사용해 구체화하지 않는 한, 가상 테이블이다.
- 위 측정값 내에서 사용하는 테이블의 가상 사본(구체화된 사본이 아님)은 원래 테이블에 관련된 링크를 유지하고, 데이터 모델의 다른 테이블에 영향을 미칠 수 있다(이 내용은 14장의 뒷부분에서 자세히 다룬다).
- 테이블을 행렬에 넣을 수 없는 것처럼, FILTER()가 반환한 테이블도 행렬에 넣을 수 없다. 하지만 테이블에 몇 개의 행이 있는지 세어보고 그 답을 행렬에 넣을 수 있다. 이것이 바로 이 측정값으로 할 수 있는 일이다.

FILTER()의 작동 방법

계속하기 전에 FILTER() 함수가 어떻게 작동하는지 이해하는 것이 필수다. 위 식의 FILTER() 부분을 살펴보자.

```
FILTER(Customers, Customers[YearlyIncome]>=80000)
```

FILTER()는 7장, 'DAX 주제: 기본 반복함수 SUMX() 및 AVERAGEX()'에서 다룬 SUMX()와 마찬가지로 반복함수다. 따라서 FILTER()는 먼저 지정한 테이블(첫 번째 매개변수)에 행 컨텍스트를 만든 후, 테이블의 각 행을 반복해 행이 테스트를 통과하는지 여부를 확인해야 한다. 개별 행이 테스트를 통과하면 최종 결과 테이블에 남고, 통과하지 못하면 최종 결과 테이블에서 버려진다.

> **Note**
>
> 7장, 'DAX 주제: 기본 반복함수 SUMX() 및 AVERAGEX()'에서 언급한 바와 같이, 반복함수가 한 번에 한 줄씩 작동한다고 생각하면 편리하며, 이것이 바로 논리적인 실행 접근법이다. 하지만 실제로 파워 BI 엔진은 내부에서 매우 효율적으로 작동하도록 최적화됐다. 파워 BI 엔진은 매우 효율적으로 물리적인 실행을 할 수 있기 때문에 반복함수가 본질적으로 비효율적이라고 생각해서는 안 된다.

간단한 예를 살펴보자. 다음 그림과 같이 고객 테이블의 행이 5개라고 가정해보자.

Row	CustomerKey	YearlyIncome
1	11003	$ 70,000
2	11004	$ 80,000
3	11005	$ 70,000
4	11007	$ 60,000
5	11008	$ 80,000

Note

Row 열은 FILTER()의 작동 방식을 설명하기 위해 여기에 추가했으며, 고객 테이블에는 실제로 존재하지 않는다.

위 식의 FILTER() 부분을 다시 살펴보자.

```
FILTER(Customers, Customers[YearlyIncome]>=80000)
```

FILTER() 함수가 하는 일을 논리적으로 설명하면 다음과 같다.

1. Customers 테이블 위에 새로운 행 컨텍스트를 만든다. 행 컨텍스트를 이용하면 FILTER()가 보고 있는 행을 추적할 수 있고, 단일 행(한 번에 하나씩)을 분리할 수 있는 기능을 제공하며, 단일 행과 테이블의 열 사이의 교차점인 단일 값을 참조할 수 있다.

2. 이제 행 컨텍스트가 있으므로 FILTER()는 1열로 가서(수식 중 myFilter 부분에서) "이 행의 Customer[YearlyIncome] 열의 값이 8만 달러보다 크거나 같은가?"라는 질문을 한다. 정답이 "예"라면, 1열은 필터 테스트에서 살아남고 행은 최종 결과 테이블에 유지된다. 정답이 "아니요"라면, 1열은 최종 결과 테이블에서 버려진다. 따라서 이때에는(1열) 연간 소득이 7만 달러이므로 테스트를 통과하지 못하고 최종 결과 테이블에서 버려진다.

3. FILTER()는 두 번째 행으로 이동한 후(행 컨텍스트를 사용해 위치를 추적), 이 새

로운 행에 다시 똑같은 질문을 한다. "이 행에 있는 고객의 값이 8만 달러보다 크거나 같은가?" 정답이 "예"라면, 행은 필터 테스트에서 살아남고 행은 최종 결과 테이블에서 유지된다. 정답이 "아니요"라면, 테스트에 실패하고 최종 결과 테이블에서 행이 버려진다. 2열은 테스트를 통과하므로 최종 결과 테이블에서 유지된다.

4. FILTER()는 한 번에 한 행씩 아래쪽으로 움직이면서 각 행을 필터 테스트로 평가한다. 각 행을 필터 테스트로 한 번에 하나씩 확인해 보관할 행과 버릴 행을 결정한다.

5. 마지막 행을 평가하면 FILTER()는 다음과 같이 시험을 통과한 행만 포함된 테이블을 반환한다. 테스트에 실패한 모든 행은 버려진다.

Row	CustomerKey	YearlyIncome
2	11004	$ 80,000
5	11008	$ 80,000

위 그림의 왼쪽에 있는 Row(FILTER()의 결과)의 수를 세면 2라는 답이 나온다.

지금 앞의 예를 다시 언급하면, 이 식이 어떻게 결과를 만들었는지가 명백해진다. 편의를 위해 식을 다시 표시하면 다음과 같다.

```
Total Customers with Income of $80,000 or above
    = COUNTROWS (
    FILTER (
        Customers, Customers[YearlyIncome] >= 80000
    )
)
```

측정값 [Total Customers with Income of $80,000 or above]는 FILTER() 함수로 Customer 테이블을 반복해 각 개별 고객의 Customer[YearlyIncome] 열의 값이 8만 달러보다 크거나 같은지 확인한다. FILTER()는 이 테스트를 통과한 모든 고객으로 구성

된 테이블을 반환한 후 COUNTROWS() 함수로 계산한다. 다음 그림처럼, 이 식은 직업이 'Management'인 1,963명의 고객이 이 테스트를 통과하고, 총 4,382명의 고객이 테스트에 합격한 것을 찾아낸다.

Occupation	Total Number of Customers	Total Customers with Income of $80,000 or above
Clerical	2,928	
Management	3,075	1,963
Manual	2,384	
Professional	5,520	1,976
Skilled Manual	4,577	443
합계	**18,484**	**4,382**

앞에서 언급했듯이 FILTER()는 CALCULATE() 안에서 고급 필터로 사용된다. FILTER()는 반복함수이므로 매우 세밀한 수준에서 테이블을 평가할 수 있으며, CALCULATE() 내부에 있는 간단한 필터로는 할 수 없었던 행렬의 필터 컨텍스트를 세부적으로 변경할 수 있는 매우 강력한 도구다.

다음 식을 살펴보자.

```
Total Customers with Income of $80,000 or above 2
    = CALCULATE ( COUNTROWS ( Customers ),
    Customers[YearlyIncome] >= 80000 )
```

이 수식은 위의 FILTER() 버전과 정확히 똑같은 결과를 반환한다. 이 버전에서 수식의 필터 부분은 단순 필터, 즉 있는 그대로의 필터를 사용한다. 단순 필터는 식의 한쪽에 열 이름(이 경우에는 Customer[YearlyIncome])이 있고, 오른쪽에는 값이 있다(이 경우에는 80,000).

CALCULATE()는 FILTER() 함수를 사용하지 않고 이러한 유형의 단순 구문을 받아들일 수 있게 설계됐다. 그러나 실제로는 단지 측정값을 더 쉽게 만들기 위해 개발자들이 만든 '구문 설탕'일 뿐이다. 위 식은 내부적으로 다음과 같이 변환된다.

```
Total Customers with Income of $80,000 Under the Hood
    = CALCULATE (COUNTROWS ( Customers ),
    FILTER ( ALL ( Customers ), Customers[YearlyIncome] >= 80000 )
    )
```

FILTER() 함수의 첫 번째 매개변수로 Customers 대신 ALL(Customers)을 사용했다는 점에 주의하자. 여기서 왜 ALL() 함수가 필요한지는 15장, 'DAX 주제: 시간 인텔리전스'에서 자세히 다룬다.

CALCULATE()가 이러한 단순 필터 중 하나로 할 수 있는 것에는 한계가 있다. 값과 비교할 수 있는 열 이름이 있을 때에만 작동한다. 그러나 다른 측정값이 값보다 큰지 확인하는 것처럼 좀 더 복잡한 일을 하고 싶다면 어떻게 할 것인가? 다른 예를 살펴보자.

예: 고객의 평생 구매 계산

시간이 지남에 따라 얼마나 많은 고객이 5,000달러 이상의 물건을 구입했는지 알고 싶을 때를 가정해보자. 이때 단순 CALCULATE() 필터를 사용할 수 없는 이유는 고객이 여러 번 구매했을 수 있으며, 각 고객의 Total Sales를 나타내는 단 하나의 값이 들어 있는 열이 없기 때문이다. 단순 필터를 사용해 이 수식을 작성하면 다음과 같다.

```
Customers with Sales Greater than $5,000 Doesn't Work
    = CALCULATE ( COUNTROWS ( Customers ), [Total Sales] > 5000 )
```

이 식의 왼쪽에는 단순 필터에는 허용되지 않는 측정값이 있다. 단순 필터에는 값과 비교할 수 있는 열이 있어야 하므로 이 시나리오에서는 단순 필터가 작동하지 않는다.

여기서는 직접 FILTER() 함수를 사용해야 한다. 이제 다음 식을 살펴보자.

```
Customers with Sales Greater Than $5,000
    = CALCULATE (
        COUNTROWS ( Customers ),
        FILTER ( Customers,
        [Total Sales] >= 5000
    )
)
```

이전 예와 약간의 차이가 있으므로 이 예에서 FILTER()가 어떻게 작동하는지를 살펴볼 필요가 있다.

> **Note**
>
> 식의 FILTER() 부분을 먼저 평가한다. CALCULATE()를 사용해 필터 부분을 항상 먼저 평가한다(단순 필터와 고급 필터 모두).

먼저 다음 식의 FILTER() 부분을 살펴보자.

```
FILTER(Customers, [Total Sales] >= 5000)
```

이 부분에서 일어나는 일은 다음과 같다.

1. FILTER()는 Customer 테이블에 행 컨텍스트를 생성한다. 그런 다음, Customer 테이블의 1열로 이동해 해당 단일 고객에게 필터를 적용한다.

2. **매우 중요**: 측정값 [Total Sales] 내부에 내재된 CALCULATE()로 컨텍스트 전환이 발생하고 행 컨텍스트가 동등한 필터 컨텍스트로 변환된다. 컨텍스트 전환으로 필터는 Customer 테이블에서 Sales 테이블로 전달되며, 따라서

Sales 테이블을 필터링해 이 한 고객의 판매액만 남게 된다. 이는 10장, '기본 개념: 평가 컨텍스트와 컨텍스트 전환'에서 다뤘다.

3. 이 단일 고객으로 Sales 테이블을 필터링한 후, [Total Sales]를 평가한다.

4. FILTER()는 "고객 테이블의 첫 번째 행에 있는 이 한 고객의 [Total Sales] 값이 5,000달러보다 크거나 같은가?"라는 질문을 한다. 정답이 "예"이면, 이 고객은 필터 테스트에서 살아남고 행은 최종 결과 테이블에서 유지된다. 정답이 "아니요"이면 고객은 최종 결과 테이블에서 버려진다.

5. FILTER()는 Customer 테이블의 행 컨텍스트에서 두 번째 행으로 이동한다. 행 컨텍스트는 측정값 [Total Sales] 내부의 암묵적 CALCULATE()에서 필터 컨텍스트(컨텍스트 전환)로 변환되고, 필터는 Customer 테이블에서 Sales 테이블로 두 번째 고객 필터를 전달하며, 남아 있는 Sales 테이블의 행에서 [Total Sales]를 평가한다. 이 두 번째 고객의 [Total Sales] 값이 5,000달러보다 큰지 확인한다. 다시 한번 "예"라는 답이 나오면 고객은 필터에서 살아남아 최종 결과 테이블에 유지된다. 테스트에 실패한 고객은 최종 결과 테이블에서 빠지게 된다.

6. FILTER()는 Customer 테이블의 모든 고객을 대상으로 진행되며, 각 고객을 테스트해 Sales 테이블에 있는 특정 고객을 모두 합한 [Total Sales] 값이 5,000달러보다 큰지 여부를 확인한다. 테스트를 통과한 고객은 최종 테이블에 유지되며, 테스트를 통과하지 못한(즉, [Total Sales] 값이 5,000 달러보다 크지 않으면) 고객은 최종 테이블에서 빠진다.

FILTER() 부분이 작업을 마치면 FILTER()는 테스트에 통과한 고객 테이블을 반환한다. 원래 식이 myFilter 부분은 다음과 같다고 상상할 수 있다.

```
Customers with Sales Greater Than $5,000
    = CALCULATE (
        COUNTROWS ( Customers ),
        Only_Use_The_Table_of_Customers_Provided_By_FILTER
    )
```

위의 FILTER() 식은 테스트에 통과한 고객을 결정하고, 이 고객 테이블을 CALCULATE()로 반환한다. 그 결과, 필터링된 Customers 테이블은 CALCULATE()에 따라 필터로 승인되고 적용된다. 마지막으로 CALCULATE()는 식의 COUNTROWS(Customer) 부분을 평가한다. 총 1만 8,484명의 고객 중 FILTER() 테스트에 합격한 고객은 1,732명이다. COUNTROWS()가 실행될 때에는 FILTER() 테스트를 통과한 1,732명의 고객만 남아 있으므로 COUNTROWS()는 1,732명을 반환한다.

연습: FILTER()

행에 Products[Category], 값에 [Total Sales]를 사용해 새 행렬을 설정한 후, 다음 두 가지 측정값을 작성해보자('부록 A: 연습 정답' 참조).

59 [Total Sales of Products That Have Some Sales but Less Than $10,000]
여기서 해야 할 일은 FILTER() 함수가 Products 테이블을 반복해 각 제품이 판매되긴 했지만, 매출 합계가 1만 달러 미만인지 확인하는 것이다. 필터 표현식에 둘 이상의 조건이 필요할 때는 다음과 같이 이중 앰퍼샌드 연산자(&&)를 사용한다.

Condition 1 && Condition2

이와 별도로 2개의 FILTER 함수를 사용할 수도 있다.

60 [Count of Products That Have Some Sales but Less Than $10,000]
행렬의 결과는 다음과 같다.[1]

---

1   다음 페이지의 두 번째 그림은 4장에서 다룬 드릴다운 기능을 적용한 모습이다.

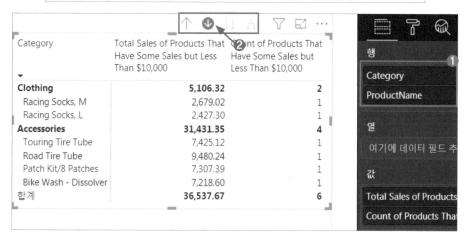

Category	Total Sales	Total Sales of Products That Have Some Sales but Less Than $10,000 ▼	Count of Products That Have Some Sales but Less Than $10,000
Accessories	$700,760	31,431.35	4
Clothing	$339,773	5,106.32	2
Bikes	$28,318,145		
합계	**$29,358,677**	**36,537.67**	**6**

Category	Total Sales of Products That Have Some Sales but Less Than $10,000 ▼	Count of Products That Have Some Sales but Less Than $10,000
Clothing	**5,106.32**	**2**
Racing Socks, M	2,679.02	1
Racing Socks, L	2,427.30	1
Accessories	**31,431.35**	**4**
Touring Tire Tube	7,425.12	1
Road Tire Tube	9,480.24	1
Patch Kit/8 Patches	7,307.39	1
Bike Wash - Dissolver	7,218.60	1
합계	**36,537.67**	**6**

필터 전파 복습

14장의 앞부분에서는 다음과 같이 필터 테스트의 왼쪽에 측정값이 있고, 오른쪽에 값이 있는 FILTER() 예제를 살펴봤다.

```
Customers with Sales Greater Than $5,000
    = CALCULATE( COUNTROWS(Customers),
    FILTER(Customers,
        [Total Sales] >= 5000
    )
)
```

위 수식에서 FILTER()가 어떻게 작동하는지 다시 살펴보자(많이 반복할 수는 없다). FILTER() 부분이 다음과 같이 먼저 평가된다.

1. FILTER()는 Customers 테이블에 행 컨텍스트를 생성한다. FILTER()는 Customers 테이블의 1열로 이동하며, 측정값 [Total Sales]의 내부에 내재된 CALCULATE()로 컨텍스트 전환이 발생해, 행 컨텍스트를 FILTER()에서 동등한 필터 컨텍스트로 변환한다.

2. 컨텍스트 전환으로 Customers 테이블의 첫 번째 줄에 있는 필터는 Customers 테이블과의 관계를 이용해 아래로 전파돼 Sales 테이블을 필터링함으로써 이 고객과 관련된 판매만 필터링되지 않도록 한다.

3. 측정값 [Total Sales]는 단일 고객으로 Sales 테이블을 먼저 필터링한 후에 계산된다(이 경우에는 연습 결과에서 알 수 있듯이 8,249달러를 반환함).

컨텍스트 전환 복습

컨텍스트 전환은 매우 중요하므로 다시 한번 검토해보자. [Total Sales]의 수식은 무엇이었는지 기억하는가? 수식은 다음과 같다.

```
[Total Sales] = SUM(Sales[ExtendedAmount])
```

[Total Sales]가 SUM(Sales[ExtendedAmount])과 정확히 같은 결과로 평가한다고 가정할 때, SUM(Sales[ExtendedAmount])를 다음과 같이 위 식으로 대체하면 어떻게 될까?

```
Customers with sales greater than $5,000 Version2
    = CALCULATE ( COUNTROWS (Customers ),
    FILTER ( Customers,
        SUM ( Sales[ExtendedAmount] ) ) >= 5000
    )
)
```

이 식을 만들면 어떻게 되는지 살펴보자. 이렇게 하면 다음과 같은 행렬이 만들어진다.

Category	Total Sales	Customers That Have Purchased	Customers with Sales Greater Than $5,000	Customers with sales greater than $5,000 Version2
Accessories	$700,760	15,114		18,484
Bikes	$28,318,145	9,132	1,712	18,484
Clothing	$339,773	6,852		18,484
합계	$29,358,677	18,484	1,732	18,484

새로운 식은 구하는 값 대신, 전체 Customer 테이블을 반환한다. 그 이유는 무엇일까? 측정값과 측정값 내부의 식 사이에는 매우 중요한 차이가 있다. 엄밀히 말하면, 다음과 같은 식에서,

```
Total Sales = SUM(Sales[ExtendedAmount])
```

실제로 내부에서는 다음과 같이 처리한다.

```
Total Sales = CALCULATE(SUM(Sales[ExtendedAmount]))
```

파워 BI는 CALCULATE() 함수를 추가해 수식을 감싸준다. 이 CALCULATE()를 눈으로 볼 수는 없지만, 내부에는 존재한다. 이렇게 '보이지 않는' CALCULATE() 함수를 암묵적 Calculate()라고 부른다. 당면한 문제로 돌아가보자. 방금 만든 새 측정값으로 돌아가 다음과 같이 SUM() 함수를 CALCULATE()로 감싸보자.

```
Customers with Sales Greater Than $5,000 Version2 =
CALCULATE (
  COUNTROWS ( Customers ),
  FILTER ( Customers, CALCULATE ( SUM ( Sales[ExtendedAmount] ) ) >= 5000 )
)
```

CALCULATE()를 이렇게 수동으로 배치한 것을 명시적 CALCULATE()라고 한다. 일단 이렇게 변경하면 다음과 같은 결과를 얻는다.

Country	Total Sales	Customers That Have Purchased	Customers with Sales Greater Than $5,000	Customers with sales greater than $5,000 Version2
Australia	$9,061,001	3,591	719	719
Canada	$1,977,845	1,571	42	42
France	$2,644,018	1,810	163	163
Germany	$2,894,312	1,780	158	158
United Kingdom	$3,391,712	1,913	280	280
United States	$9,389,790	7,819	370	370
합계	$29,358,677	18,484	1,732	1,732

> **Note**
>
> Products[Category] 열과 Territories[Country] 열을 바꿔 표시했다. 측정값은 행렬의 행에 있는 열과 관계없이 작동한다.

여기서 요점은 CALCULATE() 함수가 SUM(Sales[ExtendedAmount])를 감싸지 않으면 무엇인가가 작동을 멈추게 한다는 것이다. (다른 측정값 내에서) 볼 수 없는 암묵적 CALCULATE()가 있거나 스스로 추가하는 명시적 CALCULATE()가 있는지는 중요하지 않다. 이 식이 작동하려면 CALCULATE()가 있어야 한다. 그 이유는 무엇일까?

10장, '기본 개념: 평가 컨텍스트와 컨텍스트 전환'에서 "행 컨텍스트가 필터 컨텍스트를 자동으로 생성하지 않는다"라고 말했다. 10장은 계산된 열에서의 행 컨텍스트를 말하고 있지만, 행 컨텍스트가 있는 함수(이때, FILTER() 함수)에서는 정확히 같다. CALCULATE() 함수는 파워 BI에게 "필터 엔진을 다시 작동하라"고 지시한다. 이 추가 CALCULATE()가 없을 때 가장 먼저 Customers 테이블에 적용된 필터는 위에서 설명한 대로 Sales 테이블로 전파되지 않는다. 테이블의 각 행에 관련된 나머지 FILTER() 식이 평가되기 전에 Customer 테이블의 필터가 Sales 테이블과의 관계를 이용해 전파되도록 하는 것은 두 번째 CALCULATE()다.

문제의 버전으로 돌아가 추가 CALCULATE() 없이 발생한 문제를 살펴보자.

```
Customers with sales greater than $5,000 Version2
    = CALCULATE ( COUNTROWS ( Customers ),
    FILTER ( Customers,
        SUM ( Sales[ExtendedAmount] ) >= 5000
    )
)
```

물론 필터 부분은 전과 마찬가지로 먼저 평가된다. 이후에는 다음과 같은 일이 일어난다.

1. FILTER()는 Customers 테이블에 행 컨텍스트를 만든다.
2. 그런 다음, FILTER()는 테이블의 첫 번째 행으로 간다. 행 컨텍스트가 자동으로 필터 컨텍스트를 생성하지 않기 때문에 현재 필터 컨텍스트는 존재하지 않는다.
3. SUM(Sales[ExtendedAmount])를 모든 고객의 전체 Sales 테이블과 비교, 평가한 후 2,935만 8,677달러를 반환한다. 필터 컨텍스트가 없기 때문에 Sales 테이블이 하나도 필터링되지 않았다. 이 고객은 필터 테스트에서 2,900만 달러가 넘는 금액 때문에 살아남는다.
4. FILTER()가 다음 고객으로 이동하고, 똑같은 일이 다시 일어난다. Customers 테이블의 행 컨텍스트에서 어떤 고객이 선택됐는지는 중요하지 않다. Sales 테이블로 필터링이 전파되지 않으므로 모든 반복 단계의 결과는 모든 고객이 테스트를 통과하는 것으로 나타난다. 모두 테스트에 합격했기 때문에 모든 고객은 최종 결과 테이블로 반환된다.

가상 테이블 연결

다음 측정값을 다시 살펴보자.

```
Customers with Sales Greater Than $5,000
    = CALCULATE( COUNTROWS(Customers),
    FILTER(Customers,
        [Total Sales] >= 5000
    )
)
```

위 식에서 FILTER()로 반환된 새 테이블을 독립된 테이블이라고 생각할 수 있지만, 실제로는 그렇지 않다. DAX의 테이블 함수로 반환되는 모든 가상 테이블 개체는 항상 측정값 또는 계산된 열이 평가되는 동안에만 데이터 모델에 관련된 링크를 유지하는데, 이를 계보^{lineage}라고 한다. 다음 그림과 같이 데이터 모델에서 실제 테이블 위에 만들어지는 가상의 임시 테이블을 시각화해보면 도움이 된다.

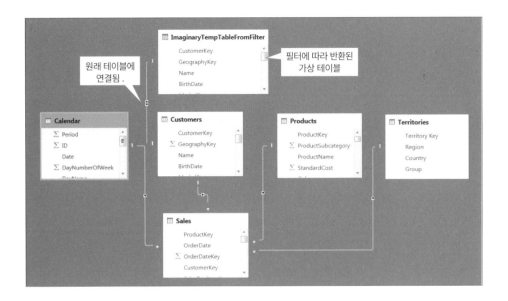

이 새로운 임시 테이블은 FILTER()로 걸러진 행의 부분 집합을 포함하지만, 여기서 중요한 것은 원래 테이블에 연결돼 있다는 점이다. 따라서 이 새로운 임시 테이블을 CALCULATE() 내부에서 사용할 때, CALCULATE()는 파워 BI에게 필터를 다시 전파하도록 지시한다. 따라서 이 새 테이블은 원래 테이블과 그 다음에 연결된 다른 모든 테이블을 필터링한다.

위 그림은 단지 내부적으로 일어나고 있는 일을 보여줄 뿐이다. 가상의 테이블은 실제로 만들어지지 않고 눈으로도 볼 수 없지만, 위 그림처럼 데이터 모델의 일부인 것처럼 동작한다.

> **Note**
>
> 위에서 설명한 바와 같이 계보를 파워 BI의 새 테이블 버튼을 사용할 때 발생하는 것과 혼동하지 말자. 계보는 측정값 및 계산된 열처럼 DAX 수식 안에서 사용하는 가상 테이블에서만 발생한다. DAX 수식의 실행이 끝나면 가상 테이블은 더 이상 존재하지 않으며, 계보는 버려진다. 반면, 새 테이블 버튼은 데이터 모델에 저장된 새로운 (물리적) 테이블을 만든다. 이 새 테이블은 원래의 테이블과 연결되지 않는다. 새 테이블 버튼으로 데이터 모델을 필터링하는 테이블을 만들려면 관계 보기에서 관계를 사용해 새 테이블을 연결해야 한다.

15장
DAX 주제: 시간 인텔리전스

시간 인텔리전스는 DAX에서 매우 중요하고 강력한 기능이다. 시간 인텔리전스를 활용하면 시간 필터를 변경할 필요 없이 시각적 개체 안에서 다른 기간을 가리키는 수식을 작성할 수 있다. 2003년 매출액을 나타내는 다음 행렬을 살펴보자.

전년도 판매액뿐 아니라 전년도 판매액과의 차이까지 알아보는 방법은 2003년과 2002년 사이의 필터를 전환해 이전 해의 결과를 보거나 캘린더 연도를 가져와 열에

놓은 후, 관심이 없는 연도를 다음과 같이 걸러내는 것이다.

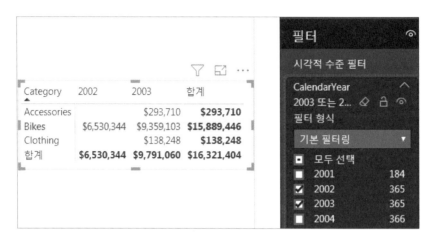

하지만 이런 방식은 해킹이라 할 수 있고, 추가 해킹을 하지 않고서는 다른 행렬에서 재사용할 수 없다. 더욱이 전년도 대비 차이도 계산할 수 없다.

시간 인텔리전스 함수

시간 인텔리전스 함수를 사용하면 지난해를 보기 위해 행렬의 날짜 선택을 변경할 필요 없이 위에서 설명한 [Total Sales Last Year]와 같은 새로운 상대적 측정값을 생성할 수 있다. 이는 모든 것을 좀 더 쉽게 할 수 있게 하고, 다른 방법으로는 불가능한 시각화를 만들 수 있다는 것을 의미한다.

CalendarYear	Total Sales	Change in Sales vs. Prior Year
2001	$3,266,374	3,266,374
2002	$6,530,344	3,263,970
2003	$9,791,060	3,260,717
2004	$9,770,900	-20,161
합계	**$29,358,677**	**9,770,900**

DAX에는 여러 가지 내장형 시간 인텔리전스 함수가 있으며, 필요할 때 사용자 지정 시간 인텔리전스 함수를 직접 작성할 수도 있다. 내장된 시간 인텔리전스 함수에는 약간의 한계가 있으며, 특정 상황에서만 작동한다. 다음은 내장 시간 인텔리전스 기능을 사용하기 위한 두 가지 규칙이다.

- 분석 대상이 되는 모든 날짜 범위를 포함하는 Calendar 테이블이 있어야 한다. 모든 날짜는 Calendar 테이블에 한 번만 존재해야 한다. 어떤 날짜도 빠져서는 안 된다(예: 주말 근무를 하지 않는다고 해서 주말 데이트를 건너뛸 수는 없다).
- 내장된 시간 인텔리전스는 벽에 거는 달력과 같은 표준 캘린더에서만 작동한다. 즉, 연도의 시작은 1월 1일, 연말은 12월 31일, 5월의 마지막 날은 5월 31일 등이다. 표준 달력은 다른 회계 연도에도 맞춤화할 수 있다(예: 달력의 종료일을 12월 31일 대신 6월 30일로 설정하거나 그 밖의 다른 날짜로 설정할 수 있다).

만약 어떤 이유로 이 규칙들이 충족될 수 없다면, 내장된 시간 인텔리전스 함수를 사용할 수 없다. 이때에는 FILTER()를 사용해 사용자 지정 시간 인텔리전스 함수를 처음부터 작성해야 한다. 이와 관련된 DAX는 약간 복잡하지만 걱정할 필요는 없다. 이는 15장의 뒷부분에서 설명한다.

비표준 캘린더

어떤 경우에는 보고서에 비표준 달력을 사용해야 할 수도 있다. 표준 달력을 사용할 수 없는 예는 다음과 같다.

- 일일 캘린더 대신 주간 또는 월별 캘린더를 사용해 데이터 모델을 작성할 때 (주 단위 또는 월 단위 데이터를 로드하더라도 일간 캘린더를 사용할 수 있으며, 다른 모든 기준이 여전히 충족된다면 이 작업은 내장 시간 인텔리전스에서 계속 작동할 수 있음)
- 회계 기간 동안 ISO 또는 445 캘린더를 사용할 때. 이는 정기적인 거래 기

간을 원하는 소매업 분야에서 많이 사용한다. 445 캘린더는 2달이 4주, 5주로 구성된다. 매달은 월요일에 시작해 일요일로 끝나며, 분기는 91일, 1년은 364(91 × 4)일이다.

- 12달 대신 월 4주 1년 13개월을 포함할 때
- 날짜뿐 아니라 시간도 사용할 때(예: 시간 단위 달력)

여기에 모두 언급할 수 없을 정도로 많은 변형이 있고, 파워 BI가 내장 함수를 이용해 모두 만족시키는 것도 불가능하다. 따라서 표준 캘린더의 경우에만 내장 함수를 사용할 수 있다. 표준 캘린더가 없을 때에는 FILTER를 사용해 사용자 지정 시간 인텔리전스를 작성해야 한다.

따라 하기: 자동 날짜/시간 끄기

이 책을 쓰고 있는 현재, 파워 BI에는 Calendar 테이블과 시간 인텔리전스를 배우고 싶지 않은 사람을 위해 자동 시간 인텔리전스 기능처럼 작동하는 자동 날짜/시간 옵션이 있다. 나는 개인적으로 이 기능을 좋아하지 않는다. 날짜 열이 있는 데이터 모델의 모든 테이블에 시간 인텔리전스와 같은 동작을 자동으로 생성하므로 데이터 모델이 매우 빠르게 커질 수 있다. 더욱이 DAX 사용법을 배우고 있으므로 전용 Calendar 테이블로 제대로 실행하는 법을 배우는 것이 좋지 않을까? 자동 날짜/시간 기능을 해제할 것을 권장한다. 다음과 같은 단계를 거쳐 자동 날짜/시간 기능을 해제할 수 있다.

1. 파일 → 옵션 및 설정 → 옵션을 선택한다.
2. 현재 파일 절에서 데이터 로드를 선택한다(❶).
3. 자동 날짜/시간(❷)의 선택을 해제한다.

이 문서를 작성할 때는 디폴트로 자동 날짜/시간 기능을 해제할 수 없다. 각 통합 문서마다 수행해야 한다.

내장 시간 인텔리전스

내장 시간 인텔리전스 기능을 사용하기 전에 전제 조건이 충족됐는지 확인해야
한다.

연속 날짜 범위 사용

우리가 사용하는 샘플 데이터에서, Calendar 테이블에는 Sales 테이블에 있는 모든
날짜가 이미 포함돼 있다. 이를 확인하는 것은 쉽다. 새로운 행렬을 생성한 후, 행에
'Calendar'[CalendarYear]를 입력하고 문자로 된 열(예: MonthName)을 값 영역에 놓는

다. MonthName을 값 영역에 추가한 후, 드롭다운 화살표를 누르고(❶) 값이 개수(❷)를 표시하도록 설정을 변경한다.

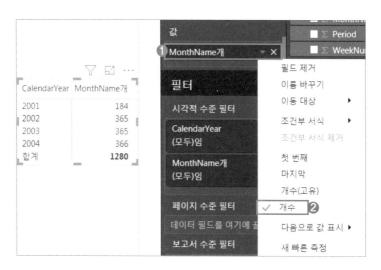

빠른 테스트 목적 이외에는 암묵적 측정값을 만들지 말라고 했다. 하지만 위는 암묵적 측정값을 사용한 좋은 사례 중 하나다. 잘못된 것이 아니라 다만 다른 수식에서 암묵적인 측정값을 재사용할 수 없을 뿐이다. 이때에는 측정값을 재사용할 필요가 없으므로 괜찮다. 위에서 알 수 있듯이, Calendar 테이블은 2001년의 반년 + 다음 3년(2004년의 윤년 포함)의 각 연도를 포함한다. 이제 Calendar 테이블의 데이터를 확인했고, 더 이상 필요하지 않기 때문에 시각화에서 이 암묵적 측정값을 제거할 수 있다.

SAMEPERIODLASTYEAR() 함수

앞에서 설명한 [Total Sales Last Year] 측정값을 쉽게 작성할 수 있는 내장형 시간 인텔리전스 기능을 살펴보자.

행에 'CalendarYear'[CalendarYear]를 배치한 후, [Total Sales]를 사용해 행렬을 다음과 같이 설정하자.

CalendarYear	Total Sales
2001	$3,266,374
2002	$6,530,344
2003	$9,791,060
2004	$9,770,900
합계	**$29,358,677**

Sales 테이블을 마우스 오른쪽 버튼으로 누른 후, 새 측정을 선택하고 다음 측정값을 작성하자.

```
Total Sales LY =
CALCULATE([Total Sales],
    SAMEPERIODLASTYEAR('Calendar'[Date])
)
```

다음 그림과 같이 'SAMEPERIODLASTYEAR('를 입력한 후 일시 중지하면 인텔리센스는 현재 필터 컨텍스트에서 1년 전으로 이동한 날짜 집합을 반환한다는 툴팁이 나타난다.

```
1  Total Sales LY = CALCULATE([Total Sales], SAMEPERIODLASTYEAR(
2
     SAMEPERIODLASTYEAR(Dates)
     이전 연도에서 현재 선택된 날짜 집합을 반환합니다.
```

SAMEPERIODLASTYEAR()는 값 테이블이고, 그 테이블은 CALCULATE() 내에서 고급 필터로 사용하고 있다는 것을 인식해야 한다.

> **Note**
>
> 'Calendar'라는 단어는 파워 BI에서 예약된 단어다. Calendar는 Calendar 테이블을 반환하는 함수다. 나는 Calendar 테이블을 만드는 좀 더 좋은 방법이 있다고 생각하기 때문에 이 함수를 절대 사용하지 않는다. Calendar 테이블을 Calendar라고 부르는 것은 괜찮지만, 위 수식에서처럼 이 수식의 내부에서 테이블을 참조할 때는 항상 작은 따옴표를 추가해야 한다.

또한 인텔리센스에서 SAMEPERIODLASTYEAR()가 단일 날짜 매개변수를 유일한 입력으로 사용한다고 안내하고 있다. 모든 내장 시간 인텔리전스 함수는 이 날짜 매개변수를 요청하고, 항상 Calendar 테이블의 날짜 열을 참조한다.

SAMEPERIODLASTYEAR()의 작동 방식

14장, 'DAX 주제: FILTER()'에서 CALCULATE()가 고급 필터 입력으로 테이블을 취할 수 있으며, 새 테이블이 데이터 모델에 연결된 것처럼 생각할 수 있다고 설명했다. CALCULATE()가 계산을 완료하기 전에 CALCULATE 내부의 테이블(이 경우에는 Calendar 테이블과 Sales 테이블)에 있는 나머지 테이블을 필터링한다. SAMEPERIODLASTYEAR()도 이와 똑같다.

```
Total Sales LY
    = CALCULATE([Total Sales],
        SAMEPERIODLASTYEAR('Calendar'[Date])
    )
```

SAMEPERIODLASTYEAR()는 행렬에서 선택한 연도와 같은 날짜로 구성된 테이블을 반환하지만, 원래 날짜를 1년 뒤로 이동시킨다.

다음 행렬에서 강조 표시된 셀을 살펴보자. SAMEPERIODLASTYEAR() 함수는 먼저 현재 행렬에서 필터 컨텍스트를 읽어 '올해'에 해당하는 날짜를 확인한다. 이때 필터는 CalendarYear에 있고, 이 셀의 필터는 2003년이다(❶). 따라서 '올해'에 해당하는 날짜는 2003년 1월 1일에서 2003년 12월 31일까지다. 그런 다음, SAMEPERIODLASTYEAR() 함수는 행렬의 현재 필터 컨텍스트에서 날짜를 가져와 현재 필터를 제거한 후 시간을 1년 뒤로 돌려 2002년 1월 1일부터 2002년 12월 31일까지의 Date 테이블을 반환한다.

CalendarYear	Total Sales	Total Sales LY
2001	$3,266,374	
2002	$6,530,344	$3,266,374
2003 ❶	$9,791,060	$6,530,344
2004	$9,770,900	$9,791,060
합계	**$29,358,677**	**$19,587,777**

SAMEPERIODLASTYEAR()가 만든 새 테이블을 다음과 같이 캘린더 테이블 위에 있으면
서 원래 캘린더 테이블과 연결된 임시 테이블이라고 가정할 수도 있다. 이는 논리적
으로 그렇다는 의미일 뿐 실제로 이 테이블을 볼 수는 없다.

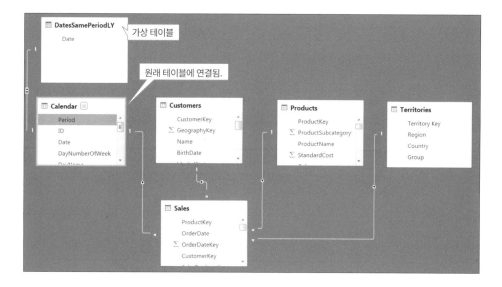

그런 다음, 이 테이블을 CALCULATE()로 전달하고 CALCULATE()는 이 임시 테이블을
사용해 다시 필터를 전파한다. 임시 테이블(SAMEPERIODLASTYEAR()의 날짜 테이블)은
Calendar 테이블을 필터링한 후, [Total Sales LY]의 식을 계산하기 전에 Sales 테이
블을 필터링한다.

> **Tip**
>
> 확실히 이해할 때까지 위 내용을 반복해 읽어야 한다.

YTD 판매액 계산

가장 일반적인 비즈니스 요구 사항은 연간(year-to-date, YTD) 기준으로 수치를 계산하는 것이다. 다행스럽게도 이와 관련된 내장 함수가 있다. YTD 수식을 작성하기 전에 수식이 바라는 대로 실행되고 있는지 확인하기 위해 행렬을 설정하는 것이 좋다. 연속적인 날짜 범위를 갖도록 행렬을 설정하는 것도 중요하다. 계속하기 전에 다음에 나타난 것과 같은 새 행렬을 만들자. 시각적 수준 필터가 'CalendarYear = 2003'으로 적용됐다는 것에 주의하자.

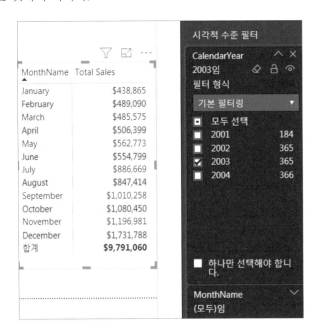

행렬 기간이 어떻게 인접하고 있는지에 주목하자(예를 들면, 2003년 한 달). CalendarYear = 2003에는 필터가 없지만, 그 대신 CalendarYear = ALL일 때 행렬은 모든 연도의 1월 총 판매액, 모든 연도의 2월 총 판매액을 표시한다. 이는 연속적인 범위가 아니므로 수식이 작동하지 않는다. 이제 Sales 테이블을 마우스 오른쪽 버튼으로 클릭한 후, 다음 측정값을 작성해보자.

```
Total Sales YTD = TOTALYTD([Total Sales], 'Calendar'[Date])
```

측정값에 적절한 서식을 적용한 후, 행렬에 추가해보자. 이 작업이 완료되면 수식이
올바르게 작동하는지 쉽게 확인할 수 있다. 다음에서 볼 수 있듯이 새 슬라이서를 추
가하고(❶) 단일 선택을 해제했다. 이렇게 하려면 서식 창으로 이동해 일반(❷)을 선
택한 후, 선택 컨트롤(❸)을 선택하고 단일 선택 옵션(❹)을 해제해야 한다. 그러면
슬라이서에서 여러 항목을 선택할 수 있으며, 3월까지의 YTD 값(❺)과 1월, 2월 및
3월의 합계(❻)를 쉽게 비교할 수 있다.

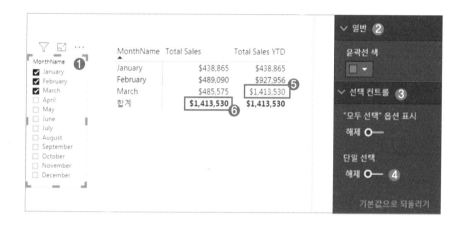

> **Note**
>
> 측정값을 작성한 후에 테스트하는 것은 매우 중요하다. 이제 여러분은 데이터 모델러다. 호칭에
> 는 자신이 작성한 측정값이 예상했던 결과를 반환하는지 확인할 책임이 뒤따른다.

이는 행렬 환경에서 측정값을 작성하는 것의 장점을 느낄 수 있는 정말 좋은 예다.
즉각적인 피드백으로 작성한 수식이 정확한지 그리고 노력을 기울일 가치가 있는지
확인할 수 있다. 수식을 작성하고 나면 다음과 같이 조건부 서식을 행렬에 적용해 모
든 것이 잘 작동하는지를 확인할 수 있는 또 다른 시각적 단서를 얻을 수 있다.

MonthName	Total Sales	Total Sales YTD
January	$438,865	$438,865
February	$489,090	$927,956
March	$485,575	$1,413,530
April	$506,399	$1,919,930
May	$562,773	$2,482,702
June	$554,799	$3,037,501
July	$886,669	$3,924,170
August	$847,414	$4,771,584
September	$1,010,258	$5,781,842
October	$1,080,450	$6,862,291
November	$1,196,981	$8,059,273
December	$1,731,788	$9,791,060
합계	**$9,791,060**	**$9,791,060**

연습: 시간 인텔리전스

이전 수식을 작성할 때 인텔리센스 툴팁을 이용해 TOTALMTD( )와 TOTALQTD( )의 두 가지 다른 함수가 매우 유사하다는 것을 알았을 것이다. 이 절에서는 이 두 가지 함수를 사용해 몇 가지 연습을 할 수 있다. 이 두 가지 연습을 하기 전에, 수식이 잘 작동하는지에 관한 피드백을 받을 수 있도록 행렬을 설정해보자. 행렬은 다음과 같이 설정한다.

1. CalendarYear 및 MonthName을 Filter에 배치
2. 'CalendarYear = 2003' 및 'MonthName = January'로 필터 설정
3. 'Calendar'[DayNumberOfMonth]를 행에 배치

다음 측정값의 수식을 작성해보자('부록 A: 연습 정답' 참조).

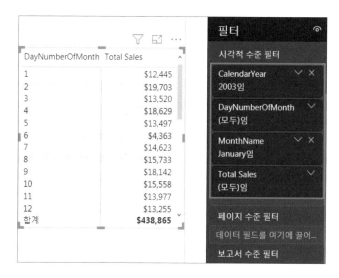

61 [Total Sales Month to Date]

62 [Total Sales Quarter to Date]

Tip

> 15장 앞부분의 [Total Sales YTD]에서 살펴본 것처럼 행에 적절한 값을 가진 행렬을 설정했
> 는가? 연습 61에서 MonthName을 행에 배치하면 작동하지 않는다. 그 대신 수식이 올바르게 작
> 동하고 있다는 것을 확인하려면 **'DayNumberOfMonth'**와 같은 열을 행렬에 포함시켜야 한다.

회계 연도 연말 날짜 변경

내장 시간 인텔리전스 함수 중 여러 함수를 사용해 연말 날짜를 다르게 지정할 수 있
다. 이때에는 연말 날짜를 지정하는 선택적 매개변수가 존재한다.

```
Total Sales FYTD
    = TOTALYTD([Total Sales],
    'Calendar'[Date],"YearEndDateHere"
    )
```

6월 30일로 끝나는 회계연도의 예는 다음과 같다.

```
Total Sales FYTD
    = TOTALYTD([Total Sales],
    'Calendar'[Date],"30/6")
```

이 예제에서는 미국 이외의 날짜 형식을 사용했다. 만약 미국의 날짜 형식을 사용하면 다음과 같다.

```
Total Sales FYTD USA
    = TOTALYTD([Total Sales], 'Calendar'[Date],"6/30")
```

연말연시를 언급할 때는 연도를 지정할 필요가 없다는 점에 주의하자. 단순히 "월/일"이면 된다.

다음 측정값 수식을 작성하자('부록 A: 연습 정답' 참조).

63 [Total Sales FYTD 30 June]

64 [Total Sales FYTD 31 March]
패턴을 쉽게 찾을 수 있도록 **조건부 서식 → 데이터 막대**를 선택해 행렬의 서식을 지정하자.

기타 시간 인텔리전스 함수 연습

내장된 시간 인텔리전스 함수는 많으며, 대부분 무엇을 하는지 쉽게 알 수 있다. 예를 들어, PREVIOUSMONTH(), PREVIOUSQUARTER() 및 PREVIOUSDAY()와 같은 모든 날짜 반환 테이블은 이전 기간을 참조하며, 이는 추가 설명이 없어도 이해할 수 있을 것이다. 이러한 행렬이 어떻게 작동하는지 살펴보려면 다음과 같이 연속된 월을 사용해 행렬을 설정해야 한다.

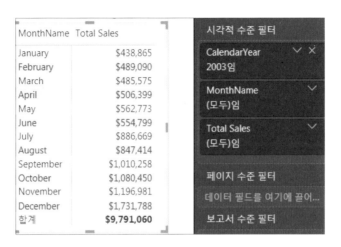

연습: 시간 인텔리전스 계속

다음 수식을 작성해보자('부록 A: 연습 정답' 참조).

> **Tip**
>
> 항상 그렇듯이, 이러한 측정값을 작성하기에 적절한 열을 행, [Total Sales]를 값 영역에 배치해 적합한 행렬을 설정할 것을 권한다. 이렇게 하면 측정값의 작동 여부를 확인하거나 측정값의 작동 방식을 이해하는 데 도움이 된다. 이해되지 않으면 앞으로 돌아가 SAMEPERIODLASTYEAR()에 관련된 절을 다시 읽어보라. 이 연습 절의 함수는 정확히 이와 똑같은 방식으로 직동한다.

65 [Total Sales Previous Month]

PREVIOUSMONTH() 함수가 날짜 테이블을 반환할 때는 CALCULATE() 함수에 시간 인텔리전스 수식을 삽입해야 한다.

66 [Total Sales Previous Day]

수식의 작동 여부에 즉각적인 피드백을 제공하는 적절한 행렬을 설정할 필요가 있다. 'Calendar'[DayNumberOfMonth]를 행에 넣고, 한 달로 필터링해야 한다.

67 [Total Sales Previous Quarter]

연습 66과 마찬가지로 컨텍스트에 적합한 행렬을 설정할 필요가 있다. 이 작업을 어떻게 수행하는지 직접 알아낼 수 있을 것이다.

자신만의 시간 인텔리전스 함수

15장의 앞부분에서 언급한 바와 같이, 자신만의 시간 인텔리전스 함수를 시용하는 것은 내장 함수를 사용하는 것보다 어렵다. 그러나 일단 요령을 터득하고 나면 제법 쉽다는 것을 알게 될 것이고, DAX 학습이 얼마나 많이 발전했는지도 알게 될 것이다. 여러분이 작성하는 수식을 완전히 이해하려면 DAX 구문에서 이해해야만 하는 개념이 있다. 좋은 소식은 여기서 배우고 나면, 여러분만의 인텔리전스 함수를 바로 사용할 수 있다는 점이다. 다음 두 가지 개념을 숙지하자.

- **개념 1**: 필터 컨텍스트를 생각할 때 '테이블 전체'를 고려한다.
- **개념 2**: MIN()과 MAX()를 사용하는 방법을 알자.

예제에 들어가기 전에 이러한 개념을 먼저 다뤄보자. 개념을 먼저 숙지하면 예제를 보다 쉽게 이해할 수 있을 것이다.

개념 1: 필터 컨텍스트를 생각할 때 '테이블 전체'를 고려한다

다음 행렬에서 박스로 강조 표시된 단일 행을 살펴보자(이 행렬은 바로 위에서 살펴본 행렬과 똑같다).

242

이 행렬은 필터에서 `'Calendar'[CalendarYear] = 2003`으로 필터링됐다. 또한 박스 표시된 행[January]도 행렬의 행 드롭 영역에 나타나는 `'Calendar'[MonthName]= "January"`로 필터링됐다. 이 두 가지 필터를 결합하면 [Total Sales]의 단일 셀/값을 2003년 1월로 필터링한다. 따라서 이 셀에 관련된 데이터 모델의 Calendar 테이블에 사용하는 날짜는 31일뿐이다. 이를 염두에 두면, 이 필터가 백엔드에 적용됐다고 상상할 수 있다.

> **Tip**
>
> 이렇게 '필터링'된 테이블이 필터가 적용된 후 어떤 모습일지 상상력을 발휘해보자(예를 들어, 위의 예에서 Calendar 테이블은 31일만 볼 수 있을 것이다). 이는 모두 컴퓨터 메모리에서 일어나고 있다. 백엔드를 살펴보더라도 이 필터링은 볼 수는 없지만, 마음속으로 상상하는 것이 중요하다. 이와 같이 백엔드에서 일어나고 있는 일을 상상하면 시간 인텔리전스 수식을 작성하는 일이 좀 더 쉬워질 것이다.

적용된 필터링을 생각할 때는 필터가 적용된 2개의 열뿐 아니라 테이블 전체를 생각해야 한다. 1개월(January)과 1년(2003년)밖에 보이지 않는 것은 분명하지만, DayNumberOfMonth 값이 31개(1~31)이고, WeekNumberOfYear 값(1~4)이 4개인 것도 사실이다. 초기 필터 컨텍스트를 적용한 후, DAX 수식에서 이 모든 다른 열과 값을 참조할 수 있으며, 이는 실제로 매우 강력하다.

이는 사용자 지정 시간 인텔리전스 함수를 작성할 때 Calendar 테이블에 ID 열을 포함해야 하는 이유 중 하나다. 다음 그림에서 볼 수 있듯이, 1월과 2003년을 기준으로 Calendar 테이블을 필터링하면, 실제로 테이블에 31개의 행이 있으며, 해당 행의 ID 번호는 550에서 580까지라는 것을 알 수 있다. DAX 수식에서 필터링된 테이블에 남아 있는 이러한 ID 값을 참조하면 매우 강력한 DAX를 작성할 수 있다. 그러나 이를 어떻게 하는지 이해할 수 있으려면 '테이블 전체'를 고려해야 한다.

ID	Date	DayNumberOfWeek	DayName	DayNumberOfMonth	DayNumberOfYear	WeekNumberOfYear	MonthName
549	2002-12-31 오전 12:00:00	3	Tuesday	31	365	53	December
550	2003-01-01 오전 12:00:00	4	Wednesday	1	1	1	January
551	2003-01-02 오전 12:00:00	5	Thursday	2	2	1	January
552	2003-01-03 오전 12:00:00	6	Friday	3	3	1	January
553	2003-01-04 오전 12:00:00	7	Saturday	4	4	1	January
554	2003-01-05 오전 12:00:00	1	Sunday	5	5	2	January
555	2003-01-06 오전 12:00:00	2	Monday	6	6	2	January
556	2003-01-07 오전 12:00:00	3	Tuesday	7	7	2	January
557	2003-01-08 오전 12:00:00	4	Wednesday	8	8	2	January
558	2003-01-09 오전 12:00:00	5	Thursday	9	9	2	January
559	2003-01-10 오전 12:00:00	6	Friday	10	10	2	January
560	2003-01-11 오전 12:00:00	7	Saturday	11	11	2	January
561	2003-01-12 오전 12:00:00	1	Sunday	12	12	3	January
562	2003-01-13 오전 12:00:00	2	Monday	13	13	3	January
563	2003-01-14 오전 12:00:00	3	Tuesday	14	14	3	January
564	2003-01-15 오전 12:00:00	4	Wednesday	15	15	3	January
565	2003-01-16 오전 12:00:00	5	Thursday	16	16	3	January
566	2003-01-17 오전 12:00:00	6	Friday	17	17	3	January
567	2003-01-18 오전 12:00:00	7	Saturday	18	18	3	January
568	2003-01-19 오전 12:00:00	1	Sunday	19	19	4	January
569	2003-01-20 오전 12:00:00	2	Monday	20	20	4	January
570	2003-01-21 오전 12:00:00	3	Tuesday	21	21	4	January
571	2003-01-22 오전 12:00:00	4	Wednesday	22	22	4	January
572	2003-01-23 오전 12:00:00	5	Thursday	23	23	4	January
573	2003-01-24 오전 12:00:00	6	Friday	24	24	4	January
574	2003-01-25 오전 12:00:00	7	Saturday	25	25	4	January
575	2003-01-26 오전 12:00:00	1	Sunday	26	26	5	January
576	2003-01-27 오전 12:00:00	2	Monday	27	27	5	January
577	2003-01-28 오전 12:00:00	3	Tuesday	28	28	5	January
578	2003-01-29 오전 12:00:00	4	Wednesday	29	29	5	January
579	2003-01-30 오전 12:00:00	5	Thursday	30	30	5	January
580	2003-01-31 오전 12:00:00	6	Friday	31	31	5	January

개념 2: MIN()과 MAX()를 사용하는 방법을 알자

사용자 지정 시간 인텔리전스 함수를 작성할 때는 FILTER() 내에서 MIN()과 MAX() 함수를 사용하는 경우가 많다(FIRSTDATE()와 LASTDATE()를 사용할 수 도 있다). 다음 예에서 자세히 알아보겠지만, 지금은 MIN()과 MAX()의 핵심 개념만 이해하고 넘어가자. 즉, DAX 수식에서 열에 집계함수를 사용할 때마다 시각적 개체에서 비롯된 초기 필터 컨텍스트는 유지된다.

편의를 위해 앞의 행렬을 다시 나타내면 다음과 같다.

MonthName	Total Sales		시각적 수준 필터
January	$438,865		CalendarYear ∨ × 2003임
February	$489,090		
March	$485,575		MonthName ∨ (모두)임
April	$506,399		
May	$562,773		Total Sales ∨ (모두)임
June	$554,799		
July	$886,669		
August	$847,414		
September	$1,010,258		페이지 수준 필터
October	$1,080,450		
November	$1,196,981		데이터 필드를 여기에 끌어...
December	$1,731,788		
합계	**$9,791,060**		보고서 수준 필터

행렬이 Calendar 테이블을 필터링해 31일만 남았다는 것을 알고 있다. MIN()과 MAX()가 항상 현재 필터 컨텍스트를 유지한다는 것을 감안할 때, 위 행렬에서 강조 표시된 행에서 다음 DAX 수식의 결과는 무엇일까? 계속하기 전에 머릿속으로 대답하라. 만약 여러분의 머릿속에 필터링된 테이블의 사본을 상상할 수 있다면 도움이 될 것이다.

1. = MIN('Calendar'[Date])
2. = MAX('Calendar'[Date])
3. = MIN('Calendar'[ID])

4. = MAX('Calendar'[ID])

질문 1의 대답은 필터 컨텍스트의 첫 번째 날짜인 2003년 1월 1일이다. Calendar 테이블의 첫 번째 날짜가 아니라 현재 필터 컨텍스트의 첫 번째 날짜다. 질문 2의 대답은 필터 컨텍스트의 마지막 날짜인 2003년 1월 31일이다. 여기서 중요한 점은 이 ID 열이 필터의 일부가 아니었는데도 질문 3과 4의 대답은 각각 550과 580이라는 점이다.

따라서 MIN() 및 MAX()는 현재 필터 컨텍스트에서 테이블의 열에 있는 값을 '수집'하는 도구라고 생각할 수 있으며, 이 수집된 값을 DAX 수식에도 사용할 수 있다. 다음 예제를 살펴보면서 이와 같은 사실을 떠올려보자.

> **Note**
>
> 위의 답인 550 및 580의 유효성을 점검하고 싶다면, Calendar 테이블에서 2003년 1월 1일 및 2003년 1월 31일 행을 찾은 후, 각 행의 'Calendar' ID를 확인해보자.

사용자 지정 시간 인텔리전스 함수

이제 CALCULATE() 및 FILTER()를 사용해 사용자 정의 버전의 [Total Sales YTD]를 작성해야 한다. 이 수식은 직접 연습해보길 바란다. 시간 인텔리전스 함수를 타이핑할 때 잘못될 수 있는 것이 많고, 제대로 하기 위해서는 많은 연습이 필요하다. 대괄호 세트, 괄호 세트, 읽기에 편리한 새 라인 간격, 올바른 위치에 추가된 쉼표 등 여러 가지를 고려해야 한다. 따라서 자신의 컴퓨터에 다음과 같은 수식을 실제 사용해봐야 한다. 설명으로 넘어가기 전에 지금 바로 작성해보기 바란다.

```
Total Sales YTD Manual = CALCULATE([Total Sales],
    FILTER(ALL('Calendar'),
        'Calendar'[CalendarYear] = MAX('Calendar'[CalendarYear])
        && 'Calendar'[Date] <= MAX('Calendar'[Date]))
```

```
    )
)
```

또한 앞에서 사용한 것과 똑같은 행렬을 설정해 수식이 정확한지 바로 피드백을 받을 수 있도록 하자.

이 수식은 약간의 설명이 필요하다. 수식에 있는 행을 언급하기 위해 http://daxformatter.com을 사용했다. 9장, 'DAX 주제: CALCULATE()'에서 DAX 포매터를 언급했는데, DAX 수식을 읽는 데 도움이 되는 훌륭한 도구라는 것을 여기서 알 수 있을 것이다. 다음 그림에서는 8행의 ')'가 4행의 FILTER()에 정렬돼 있기 때문에 4행에서 8행은 모두 FILTER() 함수의 일부라는 것을 알 수 있다.

```
     1  Total Sales YTD Manual =
     2  CALCULATE (
     3      [Total Sales],
     4      FILTER (
     5          ALL ( 'Calendar' ),
     6          'Calendar'[CalendarYear] = MAX ( 'Calendar'[CalendarYear] )
     7              && 'Calendar'[Date] <= MAX ( 'Calendar'[Date] )
     8      )
     9  )
```

FILTER() 함수는 테이블을 CALCULATE() 함수로 반환한다. 그런 다음, CALCULATE() 함수는 [Total Sales]를 평가하기 전에 이 Calendar 테이블에 필터를 적용하고, 이 필터를 Sales 테이블로 전파한다. FILTER() 함수의 6, 7행을 좀 더 자세히 살펴보자. 6행은 다음과 같다.

```
'Calendar'[CalendarYear] = MAX('Calendar'[CalendarYear])
```

여러분이 "달력 연도가 어떻게 달력 연도의 MAX()와 같을 수 있는가?"라는 의문을 품을 수 있다. 실제로 일어나고 있는 것은 등호 왼쪽에 열 이름이 있고, 오른쪽에는 MAX() 함수가 있다는 것이다. 15장의 앞부분에서 MIN()과 MAX()는 항상 현재 필터 컨텍스트를 유지한다고 말했다. 따라서 이 수식의 라인 6행을 읽는 방법은 다음과 같다.

"Calendar[CalendarYear] 열이 행렬의 현재 필터 컨텍스트의 최댓값과 같아지도록 필터를 테이블에 추가하라."

예를 들어, 다음의 행렬에서 강조 표시된 행의 최댓값은 2003년 3월 31일이며, 따라서 MAX('Calendar'[CalendarYear]) = 2003이다.

MonthName	Total Sales	Total Sales YTD Manual
January	$438,865	$438,865
February	$489,090	$927,956
March	$485,575	$1,413,530
April	$506,399	$1,919,930
May	$562,773	$2,482,702
June	$554,799	$3,037,501
July	$886,669	$3,924,170
August	$847,414	$4,771,584
September	$1,010,258	$5,781,842
October	$1,080,450	$6,862,291
November	$1,196,981	$8,059,273
December	$1,731,788	$9,791,060
합계	**$9,791,060**	**$9,791,060**

'테이블 전체'를 어떻게 생각해야 하는지 알아보자. 초기 필터 컨텍스트는 2003년 3월에 적용되지만, MAX() 수식은 연도 열에 걸쳐 적용되고 있다. 필터를 머릿속으로 적용해 데이터 모델의 테이블에 작용하는 이 필터 컨텍스트를 상상해보자. Calendar 테이블에는 31개의 행이 남아 있으며, 이 각 행의 'Calendar'[CalendarYear] 값은 '2003'이었다. 결과적으로 'Calendar'[CalendarYear]의 MIN()도 해당 문제의 SUM() 및 AVERAGE() 함수와 같이 2003을 반환한다. 따라서 6행은 "Calendar[CalendarYear] = '현재 필터 컨텍스트 연도(여기서는 2003)'로 내 테이블을 필터링하라"고 말하고 있다. 다음으로 넘어가자. 7행은 이중 앰퍼샌드 연산자(즉, 6, 7행을 모두 수행)로 시작해 다음과 같이 말한다.

```
'Calendar'[Date] <= MAX ('Calendar'[Date])
```

6행에서와 같은 사항이 이에 적용된다. MAX('Calendar'[Date])는 행렬에서 초기 필터 컨텍스트를 읽고, 그 결과 행렬에서 강조 표시된 행에 2003년 3월 31일 값을 반환한다. 따라서 이 부분은 AND 조건을 추가해 기본 테이블을 'Calendar'[CalendarYear] = 2003 및 'Calendar'[Date] 조건에 2003년 3월 31일 또는 그 이전 날짜로 필터링한다. 추론해볼 수 있듯이, 이것이 해당 연도의 모든 날짜다.

행렬의 다음 행으로 갈수록 연도는 그대로 유지되지만, 월말 날짜는 다음 달의 말로 이동한다. 따라서 행렬의 행을 따라 작업할수록 포함되는 일수가 증가한다.

7행에서는 6행에서와 달리, MIN()을 사용할 수 없다. 이번에는 MAX()여야 한다. MIN()을 사용하면 2003년 3월 1일을 마지막 날짜로 받게 되며, 연도별 판매 실적에서 거의 한 달의 매출 누락이 발생한다. 수식에 무엇이 필요한지 생각하고 그 결과를 얻기 위해 올바른 수식을 만들었는지 확인하는 것이 중요하다.

이제 다시 ALL('Calendar')로 돌아가보자. 수식의 5행은 Calendar 테이블(이전에 사용한 것) 대신, 'ALL('Calendar')'을 사용했다. 13장, 'DAX 주제: ALL(), ALLEXCEPT(), ALLSELECTED()'에서 논의한 바와 같이, ALL()은 '필터 제거' 함수다(잘 이해되지 않으면, 앞으로 돌아가 ALL()에 관련된 내용을 살펴본 후에 다음 단계로 넘어가자).

계산을 수행하기 전에 행렬이 현재 필터 컨텍스트를 읽는다는 것을 알기 때문에 여기서는 ALL() 함수를 사용하는 것이 중요하다. 왜 ALL() 함수가 필요한지를 설명하는 가장 쉬운 방법은 ALL()을 사용하지 않으면 어떻게 되는지 알아보는 것이다. 위의 행렬에서 강조 표시된 행을 다시 한번 살펴보자. 행렬의 이 행의 초기 필터 컨텍스트는 2003년 3월에 해당하는 31일까지의 모든 날짜다. 2003년 3월의 31일만 볼 수 있도록 Calendar 테이블이 화면 뒤에서 필터링되는 '상상'을 할 수 있어야 한다.

이제 [Total Sales YTD] 수식이 ALL() 함수 없이 작동하지 않는 이유를 살펴보자. 다음과 같은 수식을 사용해 행렬에 추가해보자(지금 연습할 기회를 놓치지 말자!).

```
Total Sales YTD Doesn't Work =
CALCULATE (
    [Total Sales],
    FILTER (
        'Calendar',
        'Calendar'[CalendarYear] = MAX ( 'Calendar'[CalendarYear] )
            && 'Calendar'[Date] <= MAX ( 'Calendar'[Date] )
    )
)
```

MonthName	Total Sales	Total Sales YTD Doesn't Work
January	$438,865	$438,865
February	$489,090	$489,090
March	$485,575	$485,575
April	$506,399	$506,399
May	$562,773	$562,773
June	$554,799	$554,799
July	$886,669	$886,669
합계	**$9,791,060**	**$9,791,060**

위의 행렬(과 여러분이 직접 만든 행렬)에서 이 수식은 행렬의 각 행에서 YTD가 아닌 현재 달의 판매액을 제공하고 있다는 것을 알 수 있다. 이 식이 작동하지 않는 이유는 앞에서 설명한 초기 필터 컨텍스트와 관련이 있다. 2003년 3월 행의 경우, 초기 필터 컨텍스트는 필터를 적용해 2003년 3월 31일까지만 캘린더 테이블(화면 뒤)에 '보이는' 상태가 되도록 했다. 그렇다면 이 수식이 어떻게 1월과 2월의 판매액을 포함해 '연간' 모든 기간의 판매액을 반환할 수 있을까? 1월과 2월의 날짜는 이미 초기 필터 컨텍스트에서 행렬로 걸러졌기 때문에 이 몇 달 동안의 판매액이 새로운 수식을 위해 다시 나타나게 할 수는 없다. 1월과 2월의 판매액을 3월의 실제 판매액 옆 줄에 포함하려면 행렬이 만든 필터를 먼저 제거해야 한다. 5행에서 Calendar 테이블을 감쌀 경우, ALL()이 하는 일은 다음과 같다. All()은 Calendar 테이블에 자동으로 적용된 행렬에서 비롯된 필터 컨텍스트를 제거한다. 그런 다음, 6행과 7행에 사용하려는 필터를 다시 적용하면 모든 날짜를 포함된 YTD를 만들 수 있다.

> **Note**
>
> 사용자 지정 시간 인텔리전스는 항상 초기 필터 컨텍스트를 제거하기 위해 어떤 형태로든 ALL('Calendar')을 사용한다. 그러면 FILTER() 함수는 필터링되지 않은 Calendar 테이블 사본을 반복한다. 그러나 MIN() 및 MAX() 함수는 ALL() 함수가 제거되기 이전의 초기 필터 컨텍스트에서 작동한다.

이제 이전에 언급한 ID 열로 돌아가보자. Calendar 테이블에서 좋은 ID 열은 1에서 시작해 테이블의 각 행마다 1씩 증가한다. 따라서 이 Calendar 테이블의 경우, 1년 중 각 날짜는 1씩 증가하는 ID 값을 가진다. 445 달력과 주간 달력도 이와 마찬가지다. 테이블의 각 행마다 1씩 증가하는 ID 열이 항상 있어야 한다(물론 시간 순서대로). 이는 수식 안에서 앞뒤로 움직일 수 있는 멋지고 흠집 없는 숫자 열을 제공한다. 이를 설명하기 위해 YTD에 다음 수식을 적용해보자.

```
Total Sales YTD Manual ID = CALCULATE([Total Sales],
    FILTER(ALL('Calendar'),
        'Calendar'[CalendarYear] = MAX('Calendar'[CalendarYear])
        && 'Calendar'[ID] <= MAX('Calendar'[ID])
    )
)
```

위 식에서 Date 열을 ID 열로 대체한 것에 주목하자. 이와 같이 ID 열을 사용하는 것은 매우 강력하며 테이블 구조에 관련된 지식을 활용해 ID 열에 숫자 덧셈과 뺄셈을 하면 Calendar의 시간을 앞뒤로 뛰어넘을 수 있다.

ID 열을 활용하는 추가 예로, 지난해와 같은 기간의 총 판매액을 반환하는 측정값을 작성해보자. 앞서 SAMEPERIODLASTYEAR() 함수를 사용해 이 작업을 수행했지만, 이 내장 시간 인텔리전스 함수는 표준 Calendar 테이블에서만 작동한다는 사실을 떠올려보자. FILTER()를 사용하면 사용자 지정 Calendar에서도 작동하는 사용자 지정 시간 인텔리전스 함수를 작성할 수도 있다. 다음 행렬에서 [Total Sales LY]는 월 수준과 연도 수준 모두에서 작동한다는 점에 주목하자.

CalendarYear	Total Sales	Total Sales LY ID
2002	**$6,530,344**	**$3,266,374**
January	$596,747	
February	$550,817	
March	$644,135	
April	$663,692	
May	$673,556	
June	$676,764	
July	$500,365	$473,388
August	$546,001	$506,192
September	$350,467	$473,943
October	$415,390	$513,329
November	$335,095	$543,993
December	$577,314	$755,528
2003	**$9,791,060**	**$6,530,344**
January	$438,865	$596,747
February	$489,090	$550,817
March	$485,575	$644,135
합계	**$29,358,677**	**$19,614,172**

이를 위해 작성해야 하는 수식은 다음과 같다.

```
Total Sales LY = CALCULATE([Total Sales],
    FILTER(ALL('Calendar'),
        'Calendar'[ID] >=MIN('Calendar'[ID]) - 365 &&
        'Calendar'[ID] <=MAX('Calendar'[ID]) - 365
    )
)
```

여기서 ID 열을 사용해 365일 이전까지 시간을 되돌릴 수 있다는 점에 주목하자. 또한 FILTER() 내부의 첫 번째 참조는 MIN('Calendar'[ID]), 두 번째 참조는 MAX('Calendar'[ID])이다. 이제 '테이블 전체'를 다시 생각해볼 때다. 다음 행렬의 두 가지 다른 영역을 살펴보자.

위에서 ❶로 나타난 행렬의 셀(2003년 10월)에서는 현재 필터링된 Calendar 테이블을 머릿속으로 그려볼 수 있어야 한다. 2003년 10월의 경우, 31개의 행이 필터링되지 않고 남아 있다. 이 행 중에서 첫 번째(가장 빠른) 행은 2003년 10월 1일, ID는 823이고, 마지막 행은 2003년 10월 31일, ID는 853이다. 따라서 '올해 10월'은 다음과 같이 생각할 수 있다.

CalendarYear	Total Sales	Total Sales LY ID
2003	**$9,791,060**	❷ **$6,530,344**
January	$438,865	$596,747
February	$489,090	$550,817
March	$485,575	$644,135
April	$506,399	$663,692
May	$562,773	$673,556
June	$554,799	$676,764
July	$886,669	$500,365
August	$847,414	$546,001
September	$1,010,258	$350,467
October	$1,080,450	❶ $415,390
November	$1,196,981	$335,095
December	$1,731,788	$577,314
2004	**$9,770,900**	**$9,817,454**
January	$1,340,245	$438,865
February	$1,462,480	$499,127
March	$1,480,905	$494,572
합계	**$29,358,677**	**$19,614,172**

```
'Calendar'[ID] >=823 && 'Calendar'[ID] <=853
```

그리고 작년 10월은 다음과 같이 생각할 수 있다.

```
'Calendar'[ID] >=823 - 365 && 'Calendar'[ID] <=853 - 365
```

이렇게 쓰면 첫 번째 필터 줄에 '>= MIN', 두 번째 필터 줄에 '<= MAX'를 사용하는 이유가 명백해진다. 그리고 정말 중요한 점은 여러분이 어떤 시점을 보고 있는지와 상관없이 이 식이 작동한다는 것이다. 이 첫 번째 예에서는 한 달을 보고 있지만, 위의 행렬에서 ❷를 보면 이번에는 필터 컨텍스트는 전체 연도다. 따라서 이 수식은 전

체 연도의 첫 번째 날짜(2003년 1월 1일: 'Calendar']ID] = 550) 이후 마지막 달력 날짜
(2003년 12월 31일: 'Calendar'[Calendar]ID] = 914)까지의 모든 기간을 필터링한다. 또
한 일단 여러분이 이 '테이블 전체'의 행동을 신뢰한다면, ID 열을 참조함으로써 매
우 빨리 사용자 지정 시간 인텔리전스 수식을 작성할 수 있다.

윤년 처리

통찰력 있는 독자들은 지금쯤 윤년이라는 것에 불평을 하고 있을 것이다. 실제로
[Total Sales LY ID] 측정값과 [Total Sales LY] 측정값을 비교해보면, 윤년의 정답
이 다르다는 것을 알 수 있다. 앞서 언급한 바와 같이, 산업에 따라서도 차이가 있고
회사마다 이러한 문제를 처리하는 방식도 다르다. 이 문제의 해결책을 제공하는 것
은 이 책의 범위를 벗어나지만, http://www.daxpatterns.com/time-patterns/에서
몇 가지 가능한 접근법을 참고할 수 있다.

ID 열 마무리

위의 예에서는 Calendar 테이블과 같은 수준으로 세분화된 날짜 수준에서 ID 열을
사용했다. 나는 Calendar 테이블에서 다른 중요한 데이터 열에 정수로 된 ID 열을 추
가하는 것을 좋아한다. 그 예로는 MonthID 열을 들 수 있다. MonthID 열의 경우, 달
력의 첫 1월은 1, 첫 2월은 2, 첫 12월은 12로 시작한다. 이어서 두 번째 1월은 13,
두 번째 2월은 14가 된다. 이와 같이 MonthID 열을 사용하면 과거의 어느 시점으로라
도 되돌아가 언제라도 쉽게 같은 월간 기간을 확보할 수 있다.

연습: 시간 인텔리전스 계속

연습을 좀 더 해야 할 시간이다. 다음 수식을 작성해보자. 먼저 적절한 행렬을 설정
해 수식이 정확한지 확인하자('부록 A: 연습 정답' 참조).

68 [Total Sales Moving Annual Total]

이 DAX 수식을 이용해 12개월의 판매액을 만들자. 수식은 항상 이번 달을 포함한 12개월의 매출액을 나타낸다. 먼저 영어 단어를 사용해 문제를 생각해보고 여기서 배운 기술을 사용해 DAX로 바꿔보자. 15장의 뒷부분에서 이 방법을 사용할 수 있는 팁을 보여주긴 하지만, 일단 스스로 해보자.

69 [Total Sales Rolling 90 Days]

이는 연습 68의 수식과 같지만, 12개월 합계 대신, 90일 합계를 전달할 것이다. 연습 68을 참조하지 않고 처음부터 작성해보자. 이는 DAX 엔진처럼 생각하도록 도와주는 좋은 습관이다.

연간 이동 합계 작성 팁

이 절에서는 연습 68에서 수식을 만드는 방법을 살펴본다. 다음 그림처럼 행에 연도 및 월, 값에 [Total Sales]를 배치한 후, 새로운 행렬을 설정한다.

CalendarYear	Total Sales
2001	**$3,266,374**
July	$473,388
August	$506,192
September	$473,943
October	$513,329
November	$543,993
December	$755,528
2002	**$6,530,344**
January	$596,747
February	$550,817
March	$644,135
April	$663,692
May	$673,556
June	$676,764
July	$500,365
August	$546,001
September	$350,467
합계	**$29,358,677**

그런 다음, 다음과 같은 수식을 입력해보자.

```
Total Sales Moving Annual Total
    = CALCULATE([Total Sales],
        FILTER(ALL('Calendar'),
        'Calendar'[ID] > MAX('Calendar'[ID]) - 365
            && 'Calendar'[ID] <= MAX('Calendar'[ID])
    )
)
```

> **Note**
>
> 이것이 수식을 작성하는 유일한 방법은 아니다. 파워 BI에서도 엑셀에서처럼 수식을 여러 가지 방법으로 쓸 수 있다. 다른 방법으로 작성했는데 똑같은 결과가 나온다면 문제가 없다. 또한 이 수식은 추가된 하루를 처리하는 방식에 따라 윤년에는 작동하지 않을 수 있다는 점에 주의하자(일부 기업은 추가 날짜를 무시하고 실제로 1년을 371일로 계산한 후, 이후 6년은 364일로 계산하기도 함).

이제 다음 그림에 나타난 것처럼 행렬과 비교해 수식을 확인해보자. 2002년 12월 말의 연간 이동 합계(❶)를 계산된 합계(❷)와 비교하면 수식의 유효성을 확인할 수 있다.

CalendarYear	Total Sales	Total Sales Moving Annual Total
2002	**$6,530,344**	**$6,530,344**
January	$596,747	$3,863,120
February	$550,817	$4,413,937
March	$644,135	$5,058,072
April	$663,692	$5,721,764
May	$673,556	$6,395,321
June	$676,764	$7,072,084
July	$500,365	$7,099,061
August	$546,001	$7,138,871
September	$350,467	$7,015,395
October	$415,390	$6,917,456
November	$335,095	$6,708,557
December	$577,314	$6,530,344
2003	**$9,791,060**	**$9,791,060**
January	$438,865	$6,372,462
February	$489,090	$6,310,736
합계	**$29,358,677**	**$9,744,506**

수식의 첫 번째 FILTER() 줄이 보다 큼(>)을 나타내고 마지막 FILTER() 줄이 작거나 같다(<=)를 나타낸다는 점에 주목하자. 수식을 작성할 때는 이 부분에 오류가 생기기 쉽지만, 확인하기 쉽기 때문에 걱정할 필요 없다. 작성 중인 수식을 테스트할 수 있도록 행렬을 설정하면 필요할 때마다 잘못된 수식을 변경할 수 있다. 이 예에서 '크거나 같다'로 작성하면 366일이 된다.

처음 12달 데이터 처리

[TotalSalesMovingAnnualTotal]의 결과는 2002년 6월 말까지 1년간의 판매 데이터가 없기 때문에 첫 11개월 동안의 측정값은 실제로 의미가 없다. IF() 함수를 사용하면 이 문제를 여러 가지 방법으로 해결할 수 있다. 이 중 한 가지 해결책은 다음과 같다.

```
Total Sales MAT Improved = IF(MAX('Calendar'[ID])>=365,
    CALCULATE([Total Sales],
        FILTER(ALL('Calendar'),
        'Calendar'[ID] > MAX('Calendar'[ID]) - 365
        && 'Calendar'[ID] <= MAX('Calendar'[ID])
        )
    )
)
```

> **Tip**
>
> 지금쯤이면 하나의 수식을 복사한 후 복사된 버전을 편집하는 것이 새 수식을 작성할 때 가장 쉽다는 것을 깨달았을지도 모른다. 사실, 이는 좋은 생각이지만 여러분이 배우는 동안에는 복사해 편집하는 것을 최소화하길 바란다. 가능한 한 DAX 사용하기 연습을 많이 하는 것이 좋기 때문이다. DAX를 잘 사용할 수 있으면 복사하고 붙여넣는 것이 목적지에 더 빨리 도착하는 지름길이다.

DAX 함수 탐색

시간 기반 DAX 수식을 작성하는 데 사용할 수 있는 시간 인텔리전스 함수는 많다. 다른 시간 인텔리전스 함수(실제로 다른 모든 DAX 함수)를 사용하는 방법을 배우는 좋은 방법은 온라인 검색을 수행해 관련 정보를 읽는 것이다. 웹에서 '함수 이름'과 'DAX' 단어를 검색해보자. 다음 예에서는 'DATEADD'와 'DAX'를 검색했다.

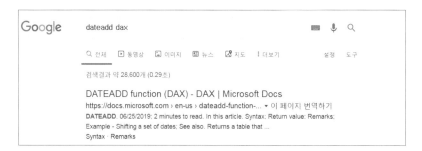

첫 번째 결과는 일반적으로 마이크로소프트 공식 문서 사이트다. 이 링크를 클릭하면 다음과 같은 내용을 볼 수 있다.

공식 문서는 다른 웹 사이트만큼 유용하지는 않다. 그러나 위 사이트에서 얻을 수 있는 중요한 정보가 있다. 그것은 바로 구문, 매개변수 및 반환값이다. 수식 표시줄에 수식을 직접 입력하면 구문과 매개변수를 찾을 수 있지만, 인텔리센스 도움말에서 반환값을 명확하게 알려주지 않을 때도 있다. 이것이 웹 검색을 하는 것이 도움이 될 수 있는 이유다. 반환값은 함수 사용 방법을 이해하는 데 도움이 되는 핵심 정보다. 위의 DATEADD()의 경우, 반환값은 테이블이므로 CALCULATE() 안에서 DATEADD()를 사용하면 시간 이동을 할 수 있다. 따라서 다음과 같이 식을 작성할 수 있다.

```
Total Sales LY DATEADD = CALCULATE ( [Total Sales],
    DATEADD ( 'Calendar'[Date], -1, YEAR )
)
```

이 수식은 다음 그림과 같이 분기, 연도 등과 같은 다양한 시간적 범위에 작용한다 (15장 앞부분의 SAMEPERIODLASTYEAR() 예와 기본적으로 같다는 것을 알 수 있다).

CalendarYear	Total Sales	Total Sales LY DATEADD
2001	**$3,266,374**	
3	$1,453,523	
4	$1,812,851	
2002	**$6,530,344**	**$3,266,374**
1	$1,791,698	
2	$2,014,012	
3	$1,396,834	$1,453,523
4	$1,327,799	$1,812,851
2003	**$9,791,060**	**$6,530,344**
1	$1,413,530	$1,791,698
2	$1,623,971	$2,014,012
3	$2,744,340	$1,396,834
4	$4,009,218	$1,327,799
2004	**$9,770,900**	**$9,791,060**
1	$4,283,630	$1,413,530
2	$5,436,429	$1,623,971
합계	**$29,358,677**	**$19,587,777**

또 다른 예로, FIRSTDATE를 검색해 공식 문서 사이트를 다시 찾아보자.

링크를 클릭하면 반환하는 값이 1개의 열과 행을 가진 특수 테이블이라는 것을 알
수 있다.

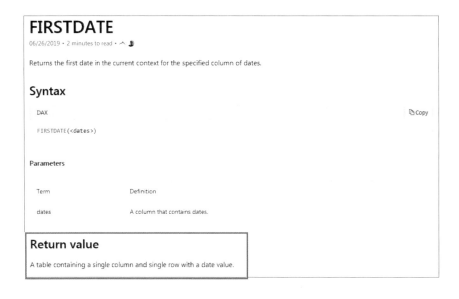

FIRSTDATE()는 단일 값 테이블을 반환한다. 이는 행렬의 셀에 직접 놓을 수 있는 특
별한 형태의 테이블이다(일반적으로 이렇게 할 수 없다). 따라서 다음과 같이 수식을 작
성할 수 있다.

```
First Date = FIRSTDATE('Calendar'[Date])
```

CalendarYear	Total Sales	Total Sales LY DATEADD	First Date
2001	**$3,266,374**		**2001-07-01**
3	$1,453,523		2001-07-01
4	$1,812,851		2001-10-01
2002	**$6,530,344**	**$3,266,374**	**2002-01-01**
1	$1,791,698		2002-01-01
2	$2,014,012		2002-04-01
3	$1,396,834	$1,453,523	2002-07-01
4	$1,327,799	$1,812,851	2002-10-01
2003	**$9,791,060**	**$6,530,344**	**2003-01-01**
1	$1,413,530	$1,791,698	2003-01-01
2	$1,623,971	$2,014,012	2003-04-01
3	$2,744,340	$1,396,834	2003-07-01
4	$4,009,218	$1,327,799	2003-10-01
2004	**$9,770,900**	**$9,791,060**	**2004-01-01**
1	$4,283,630	$1,413,530	2004-01-01
2	$5,436,429	$1,623,971	2004-04-01
합계	**$29,358,677**	**$19,587,777**	**2001-07-01**

기타 시간 인텔리전스 함수

다음은 탐색할 수 있는 기타 시간 인텔리전스 함수의 목록이다.

DATESINPERIOD(date_column, start_date, number_of_intervals, intervals)

DATESBETWEEN(column, start_date, end_date)

DATEADD(date_column, number_of_intervals, interval)

FIRSTDATE (datecolumn)

LASTDATE (datecolumn)

LASTNONBLANKDATE (datecolumn, [expression])

STARTOFMONTH (date_column)

STARTOFQUARTER (date_column)

STARTOFYEAR(date_column [,YE_date])

ENDOFMONTH(date_column)

ENDOFQUARTER(date_column)

ENDOFYEAR(date_column)

PARALLELPERIOD(date_column)

PREVIOUSDAY(date_column)

PREVIOUSMONTH(date_column)

```
PREVIOUSQUARTER(date_column)
PREVIOUSYEAR(date_column)
NEXTDAY(date_column)
NEXTMONTH(date_column)
NEXTQUARTER (date_column)
NEXTYEAR(date_column [,YE_date])
DATESMTD(date_column)
DATESQTD (date_column)
DATESYTD (date_column [,YE_date])
TOTALMTD(expression, dates, filter)
TOTALQTD(expression, dates, filter)
```

무료 참고 자료 안내

여러분이 다운로드해 사용하기 쉽도록 DAX 함수에 관한 참고자료를 PDF 형식으로 만들었다. DAX Reference Guide PDF는 온라인 문서를 대체하기 위한 것이 아니라 보완하기 위한 것이다. 다음 그림과 같이 PDF는 완전히 색인화돼 있으며 목차에서 하이퍼링크를 클릭하면 관련 절로 이동할 수도 있다. http://xbi.com.au/shop에 있는 온라인 쇼핑몰을 방문한 후, 도서 섹션으로 이동하면 관련 자료를 무료로 다운로드할 수 있다.

DAX Functions List

This DAX functions quick reference guide has been prepared by Matt Allington from http://exceleratorbi.com.au and contains a list of all the current DAX functions in a summarised and easy to use format. You can print the document and/or use the search features for PDF documents to search for the function you are looking for.

This document is a supplement and is not intended to replace the more detailed documentation that is available online.

When looking for online documentation it is best to do a web search from your favourite search engine by specifying the function name followed by the word DAX i.e. "**FunctionName DAX**".

Tip: If you are going to search this document for a function name using search, then type the function name followed by an open bracket. E.g. instead of searching for VALUES you should search **VALUES(**.

Contents

16장
DAX 주제: RELATED(), RELATEDTABLE()

RELATED() 및 RELATEDTABLE() 함수는 측정값에서도 사용할 수 있지만, 계산된 열에서 다른 테이블의 관련 레코드를 참조하기 위해서도 사용할 수 있다. 관계가 있는 테이블에서는 VLOOKUP()과 유사한 역할을 한다. 10장, '기본 개념: 평가 컨텍스트와 컨텍스트 전환'에서 간단히 언급했듯이, 행 컨텍스트는 관계를 따르지 않는다. 따라서 두 테이블 사이에 관계가 있더라도 이 두 함수 중 하나를 사용하지 않으면, 행 컨텍스트에서는 이 관계를 사용할 수 없다. 기본적으로 행 컨텍스트에서 RELATED()와 RELATEDTABLE()을 사용하면 관련된 테이블의 열에 액세스할 수 있다.

RELATED()와 RELATEDTABLE() 사용 시기

RELATED() 및 RELATEDTABLE() 함수의 사용 시기를 이해하려면 각 함수가 무엇을 반환하는지 이해해야 한다. 주지하는 바와 같이 이 함수가 무엇을 반환하는지 알아보려면 수식 입력줄에서 인텔리센스를 사용해야 한다.

다음 그림에서, RELATED()는 다른 테이블로부터 관련된 단일 값을 반환하는 것을 확인할 수 있다.

다음 그림에서 보듯이, RELATEDTABLE()은 테이블을 반환한다.

2장, '기본 개념: 데이터 로딩'에서 테이블 사이의 관계는 일반적으로 일대다 유형이라는 것을 배웠다. 또한 (특히 IT 전문가가 아닐 때) 관계 보기에서는 조회 테이블(관계에서 '1쪽')은 위쪽, 데이터 테이블(관계에서 'M쪽')은 아래쪽에 배치한다고 했다.

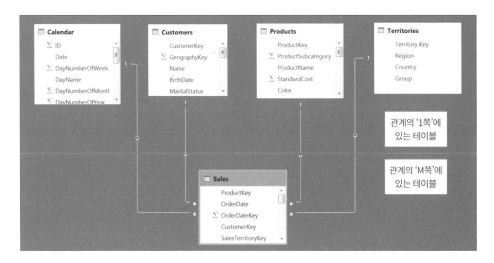

16장에서 다루는 2개의 RELATED 함수를 사용하면 연결된 다른 테이블의 열을 참조할 수 있다. 관계의 '1쪽'에 있는 테이블에 사용자 정의 열을 추가하고 싶을 때, 즉 조회 테이블(위 그림의 선 위에 있는 테이블)에 새 열을 추가하려면 관계의 'M쪽'에 여러 개의 행이 있을 가능성이 높다. 따라서 조회 테이블의 계산된 열에 수식을 사용할 때는 데이터 테이블에서 일치되는 값을 포함하는 테이블을 가져오기 때문에 RELATEDTABLE()

함수를 사용해야 한다. 관계의 'M쪽'에 있는 테이블(즉, 데이터 테이블)에 계산된 열을 만들 때, 조회 테이블에는 일치하는 행이 하나만 있으므로 RELATED()를 사용해 해당 단일 값을 반환할 수 있다.

RELATED() 함수

이 절에서는 조회 테이블의 열에서 관계의 'M쪽'에 있는 데이터 테이블로 값을 가져오는 사례를 살펴보자. 여러분의 회사에 새로운 관리 계층이 생겼고, 이 새로운 관리 계층을 포함하기 위해 보고 수준을 추가하는 상황을 가정해보자. 좀 더 구체적으로는 Territories 테이블을 보완해, 새로운 지리적 영역을 추가하려고 한다. 이를 위해서는 다음과 같은 절차를 거쳐야 한다.

1. 새로운 관리 계층의 체계를 포함하는 새 테이블을 만든다.
2. 데이터 모델로 새 테이블을 가져온다.
3. 새 테이블을 기존 Territories 테이블에 추가한다.
4. Territories 테이블로 새롭게 추가한 테이블에서 새로운 관리 계층을 불러온다.

다음 따라 하기 예제를 이용해 파워 BI에서 수동으로 새롭게 데이터 테이블을 추가하는 방법도 살펴보자.

따라 하기: 수동으로 파워 BI에 데이터 추가

엑셀과 같은 다른 도구를 사용하지 않고도 파워 BI에서 직접 데이터를 추가할 수 있다.

1 파워 BI 데스크톱의 홈 탭에서 **데이터 입력**을 누른다.

2 다음 그림과 같이 *를 클릭해 새 열을 추가한다.

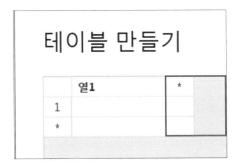

3 열 이름을 변경(두 번 클릭하고 새 이름을 입력)한 후, 다음과 같이 데이터를 입력한다. 테이블 이름을 'Hemisphere'로 변경한 후 로드를 클릭한다.

4 관계 보기로 전환한 후, 새 테이블이 현재 Territories 테이블 위에 오도록 새 테이블을 재정렬한다. 이 새로운 조회 테이블은 다른 조회 테이블의 조회 테이블로 새로운 관계의 '1쪽'에 놓이게 된다. 파워 BI는 테이블을 자동으로 연결한다.

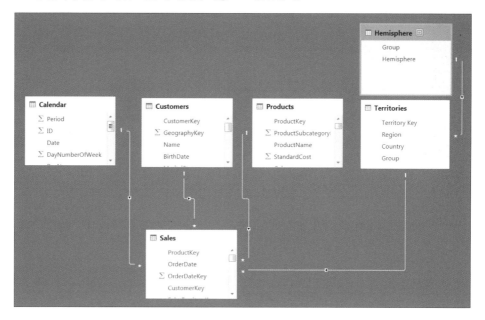

Note

Territories 테이블은 두 가지 역할을 한다. 첫 번째는 Sales 테이블의 조회 테이블이고, 두 번째는 새로운 Hemisphere 테이블의 데이터 테이블이다.

5 Hemisphere[Hemisphere] 열에 있는 데이터를 Territories 테이블의 새로운 열로 가져온다. 데이터 보기로 전환한 후, Territories 테이블을 마우스 오른쪽 버튼으로 누르고 새 열을 선택한 다음 수식을 입력한다. Enter를 누르면 모든 값이 새로 계산된 열에 나타나는 것을 볼 수 있다. VLOOKUP()과 많이 유사하다!

	Territory Key	Region	Country	Group	Hemisphere
	1	Northwest	United States	North America	Northern
	2	Northeast	United States	North America	Northern
	3	Central	United States	North America	Northern
	4	Southwest	United States	North America	Northern
	5	Southeast	United States	North America	Northern
	6	Canada	Canada	North America	Northern
	7	France	France	Europe	Northern
	8	Germany	Germany	Europe	Northern
	9	Australia	Australia	Pacific	Southern
	10	United Kingdom	United Kingdom	Europe	Northern
	11	NA	NA	NA	NA

1 `Hemisphere = RELATED('Hemisphere'[Hemisphere])`

6 마지막으로 파워 BI의 필드 영역에서 Hemisphere 테이블을 숨기려면 데이터 보기에서 테이블을 마우스 오른쪽 버튼으로 누른 후(❶), 보고서 뷰에서 **숨기기(❷)**를 선택한다.

이 Hemisphere 테이블을 조회 테이블로 추가하는 것보다 Territories 테이블에 열을 추가해 Hemisphere 테이블로부터 필요한 열을 가져오는 것이 좋다. Territories 테이블에 열을 추가하지 않고 행렬에서 Hemisphere 테이블에 있는 열을 사용해도 된다. 하지만 이렇게 하면 사용자에게 혼란을 줄 수 있다. Hemisphere 테이블에 있는 Hemisphere 정보를 제외한 모든 지리 정보를 Territories 테이블에 가져올 필요가 없기 때문이다. 사용자가 일관성 있고 복잡하지 않게 보고서를 활용하려면 '유사한 데이터'를 같은 테이블에 통합하는 것이 좋다.

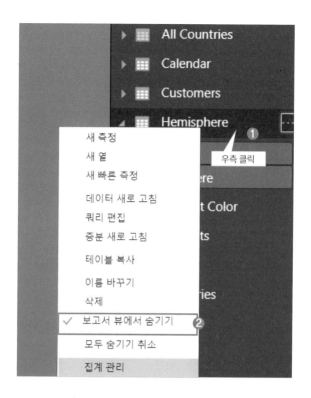

데이터를 로드할 때는 파워 쿼리를 사용해 이 작업을 수행하는 것이 더 좋지만, 여기에 나타난 것처럼 해도 상관 없다. 가장 좋은 방법은 새로운 Hemisphere 열이 Territories 테이블에 포함되도록 소스에서 Territories 테이블을 변경하는 것이지만, 이 작업은 시간이 많이 걸릴 수 있다.

RELATEDTABLE() 함수

앞에서 설명한 것처럼, RELATEDTABLE()는 관계의 'M쪽'에 있는 테이블을 참조하기 위해 사용한다. 간단한 예로, 계산된 열을 추가해 각 제품이 얼마나 많이 판매됐는지 계산할 수 있다. 일반적으로 (측정값으로 계산할 수 있기 때문에) 이 방식을 추천하지는 않지만, 경우에 따라서는 이 방식이 더 적합할 수 있다.

Products 테이블에 다음과 같이 계산된 열을 추가해보자.

```
= COUNTROWS (RELATEDTABLE(Sales))
```

여기에서 RELATEDTABLE()은 테이블을 반환하고, COUNTROWS()는 해당 테이블의 행을 계산한다. 따라서 Products 테이블에 추가한 이 계산된 열은 행 컨텍스트를 사용하고 Sales 테이블과의 관계를 활용해 개별 제품의 Sales 테이블 행 수를 센다. 그 결과, Products 테이블에 각 제품이 판매된 횟수를 나타내는 새로운 열이 생긴다(Sales 테이블의 각 행의 수는 이 샘플 데이터에서 항상 1이다).

> **Note**
>
> 컨텍스트 전환, 즉 행 컨텍스트를 필터 컨텍스트로 변환하기 위해 CALCULATE()를 사용할 필요는 없다. RELATEDTABLE()이 자체적으로 작동한다.

RELATEDTABLE()은 슬라이서를 적용해 느리게 판매되거나, 보통 속도로 판매되거나, 빠르게 판매되는 제품으로 필터링하고자 할 때 유용하게 사용할 수 있다. 이를 슬라이서에 사용하려면 DAX를 계산된 열로 작성해야 한다(슬라이서에는 측정값을 배치할 수 없다). 먼저 계산된 열을 만들고 17장, '기본 개념: 분리된 테이블'에서 다룰 밴딩 기법을 사용해 제품을 느리게 판매되거나, 보통 속도로 판매되거나, 빠르게 판매되는 제품으로 그룹화할 수 있다(이 생각은 여기서 잠시 접어두자. 이 방법을 시험해보고 싶다면 17장, '기본 개념: 분리된 테이블'을 읽은 후 다시 돌아오기 바란다).

17장
기본 개념: 분리된 테이블

이 책으로 공부하는 동안, 테이블은 항상 데이터 모델에 불러와 다른 테이블과 연결했다. 이는 파워 BI에서 VLOOKUP()을 사용하지 않고도 여러 테이블에서 작업할 수 있게 해주는 기반 기술이다. 그러나 데이터 모델에서 테이블을 꼭 연결할 필요는 없다. 17장에서는 테이블을 연결하지 않는 다음과 같은 두 가지 기법을 설명한다.

- What-If 분석
- 밴딩

What-If 분석

기존에는 수동으로 값 테이블을 만든 후, 사용자가 선택한 값을 '수집'해서 수식에서 사용하도록 측정값을 작성해 What-If 분석을 수행했다. 2017년 8월 마이크로소프트는 수작업 프로세스를 대체하는 기술인 What-If를 공개했다. 이 새로운 기능 덕분에 What-If를 좀 더 쉽게 분석할 수 있게 됐다. 다음의 예를 이용해 What-If 기능을 사용하는 방법을 살펴보자.

여러분의 데이터에서 마진이 판매액에 정비례한다고 가정해보자. 여러분은 판매 증가가 마진에 어떤 영향을 미칠지 알고 싶어한다. 10% 증가한 마진의 측정값은 다음과 같이 작성할 수 있다.

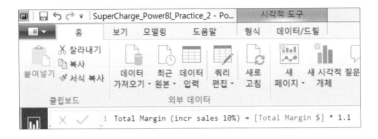

그 결과는 다음 행렬과 같다.

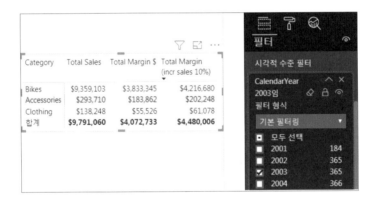

만약 여러분이 판매가 5%, 15% 또는 다른 비율로 증가한 결과를 보고 싶을 때 각 값에 여러 측정값을 만드는 것은 효율적이지 않다. 좀 더 나은 방법은 파워 BI가 제공하는 What-If 분석을 사용하는 것이다.

1 파워 BI 통합 문서에 새로운 빈 페이지를 만든다.

2 모델링 탭으로 이동해 다음과 같이 새 매개변수를 클릭한다.

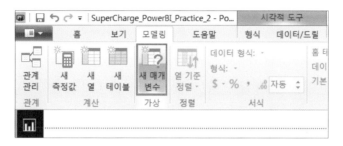

3 What-If 분석에서 사용할 최솟값과 최댓값을 증가치와 함께 입력한다. 다음과 같이 0에서 15 까지의 정수 범위를 입력하자. 또한 매개변수에 'Increase'라는 이름을 부여한다.

4 확인을 클릭한다.

5 필드 목록에 새 테이블(❶, 새 측정값 [Increase 값] 포함)과 보고서에 새로운 슬라이서(❷) 가 나타난다.

6 위에서 본 [Increase 값]을 사용해 다음과 같은 새로운 측정값을 작성한다.

```
Total Margin with Selected Increase =
    [Total Margin $] * (100 + [Increase 값])/100
```

7 위 측정값을 앞의 행렬에 추가한다.

여전히 CalendarYear = 2003으로 시각적 수준 필터가 유지되고 있다. 이제 슬라이서(❶)를 사용해 판매 증가율을 변경하고, 그 증가가 [Total Margin with Selected Increase]에 미치는 영향을 확인할 수 있다.

Category	Total Sales	Total Margin $	Total Margin with Selected Increase
Accessories	$293,710	$183,862	$191,216
Bikes	$9,359,103	$3,833,345	$3,986,679
Clothing	$138,248	$55,526	$57,747
합계	**$9,791,060**	**$4,072,733**	**$4,235,642**

작동 방식

파워 BI에서 새 매개변수 버튼을 클릭하면 파워 BI는 값이 포함된 새 테이블, 새 측정값 및 새 슬라이서(옵션이지만, 기본적으로 생성됨)를 자동으로 생성한다.

새 테이블

오른쪽의 필드 목록에서 새 매개변수 버튼으로 작성한 새 테이블(❶)을 선택하자. 이 새로운 Increase 테이블은 ❷에 나타난 수식으로 계산된 테이블이라는 것을 알 수 있다.

GENERATESERIES() 함수의 수식을 보고 구문을 이해하는 것은 어렵지 않다. GENERATESERIES()는 파워 BI 데스크톱에서 일정하게 값이 증가하는 값을 가진 테이블을 만들고 싶을 때 사용할 수 있는 새로운 함수다.

관계 보기로 전환하면 새 테이블이 나타난다(화면을 보려면 화면에 맞추기를 선택해야 할 수도 있다). 이번에는 테이블이 다른 테이블과 결합되지 않고 분리돼 있다. 다음 그림과 같이 화면에서 쉽게 볼 수 있도록 위치를 지정해보자.

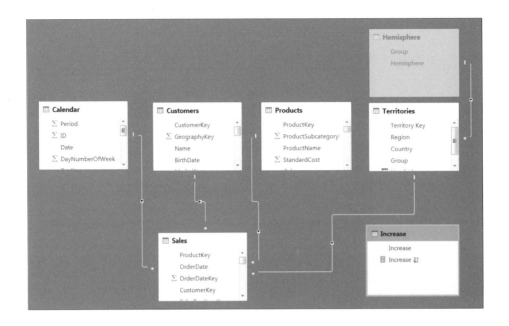

새로운 슬라이서

보고서 보기로 다시 전환해보자. 자동으로 만들어진 새 슬라이서는 테이블에서 유일한 열인 Increase[Increase]를 입력 필드로 사용한다. 슬라이서에서 사용자는 분석에 필요한 판매 성장값을 선택할 수 있다.

새 측정값

[Increase 값]을 클릭했을 때 측정값의 수식은 다음과 같다.

```
Increase 값 = SELECTEDVALUE(Increase[Increase])
```

이 측정값은 새로운 함수인 SELECTEDVALUE()를 사용한다. 12장, 'DAX 주제:

VALUES(), HASONEVALUE(), SELECTEDVALUE(), CONCANTENATEX()'에서 이 함수는 필터 컨텍스트에서 선택한 단일 값을 반환하거나 1개 이상의 값을 선택했을 때 공백으로 반환할 수 있다고 배웠다. 이것이 What-If 매개 변수의 비밀 소스다. SELECTEDVALUE() 함수는 슬라이서에서 사용자가 선택한 값을 '수집'한 후 수집된 값을 수식에 전달한다. 기본적으로 사용자가 단일 값을 선택하지 않으면 BLANK()를 반환한다(단, 매개변수 옵션을 이용해 변경할 수 있다).

> **Note**
>
> 마이크로소프트가 파워 BI를 계속 개선하고 있으므로 슬라이서의 동작도 바뀌는 경향이 있다. 이 글을 쓰는 현재, 슬라이서에서 다양한 선택을 할 수 있다. 슬라이서의 오른쪽 상단에 있는 드롭다운 화살표를 클릭하면 슬라이서의 표시 방법을 변경할 수 있다.

모든 What-If 값을 한 번에 보기

슬라이서를 사용해 한 번에 What-If 숫자 중 하나를 볼 수도 있지만, Increase[Increase]를 행렬의 행에 배치해 모든 단일 값을 한 번에 볼 수도 있다. 앞의 행렬을 다음과 같이 변경했다. 우선 행렬의 행 영역에서 Products[Category]를 제거하고 그 자리에 Increase[Increase]를 추가했다(❶). 또한 전체 값 목록을 보기 위해 페이지의 슬라이서에서 선택을 취소했다. 마지막으로 측정값의 변화를 좀 더 명확하게 하기 위해 조건부 서식을 추가했다.

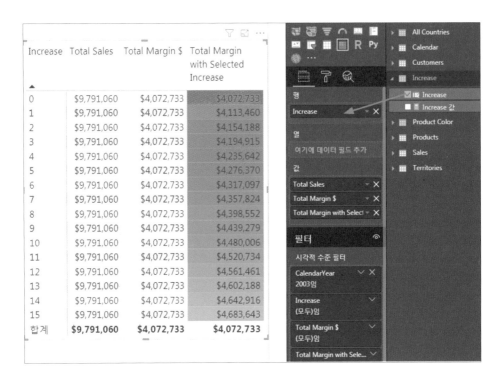

9장, 'DAX 주제: CALCULATE()'에서 다음과 같은 DAX 수식을 작성했다.

```
Total Customers Born Before 1950 =
CALCULATE([Total number of Customers],
  Customers[BirthDate] < DATE(1950,1,1)
)
```

다음 연습에서는 What-If 기능을 사용해 연도를 변경할 수 있는 측정값을 만든다.

다음 DAX 수식을 작성해보자('부록 A: 연습 정답' 참조).

70 [Total Customers Born Before Selected Year]
위에서 설명한 방법으로 사용자가 새 What-If 매개변수를 사용해 슬라이서의 연도 목록에서 연도를 선택할 수 있도록 새 페이지에 새 행렬을 만든다. 측정값을 하드 코딩된 1950으로부터 슬라이서에서 연도를 가져올 수 있도록 변경한다.

이는 쉽지 않은 문제이므로 16장, 'DAX 주제: RELATED(), RELATEDTABLE()'에서 배운 것을 다시 한번 살펴봐야 할 것이다. 다음의 따라 하기에서 작업 시작 부분을 읽은 후에 문제를 해결해보자.

따라 하기: 연습 70 풀기

이 연습에는 트릭이 있다. 여러분이 만든 원래 측정값은 CALCULATE()에서 '단순 필터'를 사용했다. 첫 번째 수식에서 1950을 What-If 측정값 [Year 값]으로 바꾸면 다음과 같은 오류 메시지가 나타난다.

```
1 Total Customers Born Before Selected Year Error = CALCULATE([Total Number of Customers],Customers[BirthDate] < DATE([Year 값],1,1))
```
⚠ 함수 'CALCULATE'이(가) 테이블 필터 식으로 사용되는 True/False 식에 사용되었습니다. 이는 허용되지 않습니다.

문제는 측정값을 단순한 CALCULATE() 수식에 사용할 수 없다는 것이다(이 경우와 같이). 측정값을 사용하려면 CALCULATE() 내부에 FILTER() 함수를 사용해야 한다. 따라서 다음 식을 수정해야 한다.

Customers[BirthDate] < DATE([Year 값], 1, 1)

위의 라인을 교체하려면 Customers 테이블을 필터링하는 FILTER() 함수를 작성해야 한다.

다음과 같이 진행해보자. FILTER() 함수를 사용해 올바른 수식을 만든다. 도움이 더 필요할 때 계속 읽으면 제대로 된 수식을 확인할 수 있다.

연습 70을 해결하기 위한 방법은 다음과 같다.

1 값을 사용해 새로운 What-If 매개변수를 작성한다(예: 1900~2000). 'Year'라는 이름을 부여한다. [Year 값]이라는 새로운 측정값이 생긴다.

2 다음과 같은 측정값을 작성한 후 행렬에 추가한다.

```
Total Customers Born Before Selected Year
    = CALCULATE (
    [Total number of Customers],
    FILTER
        (Customers,
        Customers[BirthDate] < DATE ( [Year 값], 1, 1 )
    )
)
```

다음과 같은 결과를 도출해야 한다.

Selected Value Year	Occupation	Total Customers Born Before Selected Year
☐ 1959		
☐ 1960	Clerical	1,567
☐ 1961	Management	2,229
☐ 1962	Manual	860
☐ 1963	Professional	3,382
☐ 1964	Skilled Manual	2,071
■ 1965	합계	**10,109**
☐ 1966		
☐ 1967		
☐ 1968		
☐ 1969		

> **Note**
>
> 슬라이서 레이아웃을 값 목록으로 변경했다. 슬라이서의 오른쪽 상단 모서리에 있는 드롭다운 화
> 살표에서 슬라이서를 변경할 수 있다.

슬라이서에서 연도를 선택하면 측정값 [Year 값]이 업데이트되고, [Total Customers Born Before Selected Year]의 결과가 업데이트돼 슬라이서에서 선택한 연도에 해당하는 값이 나타난다.

SWITCH() 함수 복습

11장, 'DAX 주제: IF(), SWITCH(), FIND()'에서 SWITCH() 함수를 소개했다. SWITCH() 의 매력적인 기능 중 하나는 다른 여러 측정값 간에 전환할 수 있는 스위치 측정값을 만들 수 있다는 것이다. 다음 그림을 살펴보자.

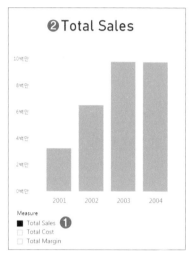 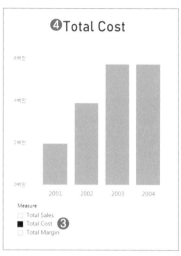

왼쪽 그림에서는 슬라이서(❶)에서 Total Sales를 선택했다. Total Sales를 선택하면 차트가 업데이트돼 Total Sales(❷)를 표시한다. 사용자가 슬라이서에서 Total Cost(❸)로 변경하면 차트도 변경돼 Total Cost(❹)가 나타난다. 이 토글 효과는 대화형 보고서를 만드는 데 사용할 수 있다.

따라 하기: 모핑 스위치 측정값 만들기

이 방법을 완성하려면 연결되지 않은 테이블과 슬라이서에서 값을 불러오는 측정값을 만들어야 한다.

1 홈 메뉴에서 데이터 입력을 누른다.

2 다음과 같이 3줄의 데이터를 입력한다. 테이블에 DisplayMeasure라는 이름을 붙인 후, 로드를 누른다.

	Measure ID	Measure	*
1	1	Total Sales	
2	2	Total Cost	
3	3	Total Margin	
*			

3 데이터 보기로 이동해 새 DisplayMeasure 테이블을 클릭한 후, 모델링 메뉴로 이동하고 측정값 열의 정렬 순서를 변경해 Measure ID 열을 기준으로 정렬한다. 어떻게 했는지 기억이 나는가?(12장, 'DAX 주제: VALUES(), HASONEVALUE(), SELECTEDVALUE(), CONCANTENATEX()' 참조)

4 DisplayMeasure 테이블을 마우스 오른쪽 버튼으로 클릭한 후, 다음과 같이 새 측정값을 추가한다.

Selected Measure = SELECTEDVALUE(DisplayMeasure[Measure ID])

5 이를 하베스터 측정값이라고 하며, 이 측정값은 17장 앞부분의 What-If 분석에 사용한 것과 똑같은 방법을 사용한다. DisplayMeasure[Measure ID]에 선택된 단일 값이 있는지 확인한 후, 단일 값이 있을 때는 해당 값, 그렇지 않을 때에는 BLANK를 반환한다. 슬라이서와 함께 사용할 때 사용자의 선택을 '수집'한다.

6 보고서 보기로 돌아가 새 페이지를 만든다. 보고서에 카드(❶)를 배치한 후, 카드 필드에 DisplayMeasure[Measure] 열을 추가한다. 그런 다음, 보고서에 슬라이서(❷)를 배치하고 슬라이서에도 DisplayMeasure[Measure]를 배치한다.

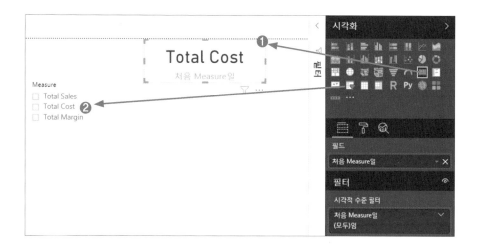

7 슬라이서를 클릭하면 카드가 업데이트돼 선택한 측정값이 나타난다. 이 카드는 다음에 추가할 차트의 제목으로 사용한다.

8 카드를 클릭한 후, 서식 창으로 이동해 범주 레이블을 해제한다.

9 Sales 테이블을 마우스 오른쪽 버튼으로 클릭한 후, 다음과 같은 측정값을 작성한다.

```
Measure to Display = SWITCH ([Selected Measure],
1, [Total Sales],
2, [Total Cost],
3, [Total Margin $]
)
```

10 보고서에 세로 막대형 차트를 추가한다(묶은 막대형 차트와 누적 막대형 차트 모두 가능하다). 다음 그림과 같이 축에 Calendar[Year]를 배치한 후, 측정값 [Measure to Display]를 값에 배치한다.

11 차트의 서식 창으로 이동해 제목을 해제한다. 또한 X축 영역을 확장해 형식을 범주별로 바꾼다.

완료하면, 슬라이서에서 사용자가 선택한 측정값을 표시하는 대화형 차트가 생긴다.

밴딩 사용

또 다른 테이블 기술은 밴딩이다. 이 기술은 http://sqlbi.com에서 마르코 루소와 알베르토 페라리한테 배웠다.

밴딩을 이해하기 위해, 고객이 태어난 연도를 기준으로 슬라이서를 만들었던 이전의 사례를 떠올려보자. 일반적으로는 다음과 같이 실제 연령이 아닌 연령 그룹으로 고객을 분류하는 경우가 많다.

- 20세 미만
- 20세 이상 30세 미만

- 30~40세 미만
- 40~50세 미만
- 50~60세 미만
- 60세 이상

Customers 테이블에서 이러한 연령 그룹 대역으로 고객을 분류하는 계산된 열을 작성할 수 있다. 그러나 이는 매우 복잡하고 편집하기도 어렵다.

Note

연습을 하기 위해 2003년 1월 1일을 각 고객의 나이를 계산하는 '기준 날짜'로 사용한다. 물론 현실적으로 각 고객의 연령대는 시간이 지남에 따라 달라지겠지만, 이 예제에서는 그 사실을 무시했으므로 여러분의 화면에서도 다음과 같은 결과가 나타난다. 만약 기준 날짜 대신 TODAY()를 사용했다면, 결과가 달라질 것이다.

연령 그룹에 하드코딩 방식으로 계산된 열을 만들었을 때 나타나는 열의 수식은 다음과 같다.

```
=IF(((date(2003,1,1) - Customers[BirthDate])/365)<20,"Less than 20",IF (((date(2003,1,1)
- Customers[BirthDate])/365)<30,"20 to less than 30",IF(((date(2003,1,1) - Customers[Birt
hDate])/365)<40,"30 to less than 40",IF(((date(2003,1,1) - Customers[BirthDa
te])/365)<50,"40 to less than 50",IF(((date(2003,1,1) - Customers[BirthDate])/365)<60,"50
to less than 60","Greater than 60")))))
```

이 DAX는 잘 작동하지만 사용자 친화적이지도 않고 사용하기도 어려우며, 읽고 유지하는 것은 더욱 어렵다. 밴딩을 사용하는 것이 더 좋은 방법이다.

밴딩의 첫 번째 단계는 텍스트 설명과 함께 각 밴드의 상한값과 하한값을 포함하는 데이터 테이블을 만드는 것이다. 이 값은 파워 BI에서 직접 입력할 수 있다. 다음 단계를 따라 해보자.

1 파워 BI에서 **데이터 입력**을 누른다.

2 다음과 같이 양식에 데이터를 입력한다. 테이블 이름을 지정한 후, **로드**를 클릭한다.

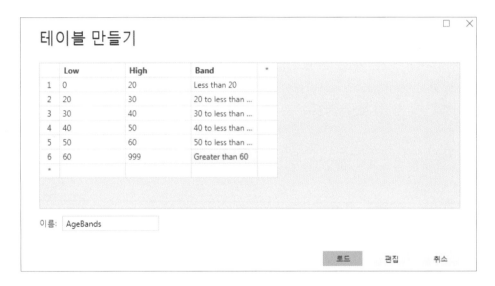

> **Note**
>
> 하한값과 상한값이 겹치지 않도록 밴딩 테이블을 설정하는 것이 중요하다. 위 테이블은 중복 없이 0에서 999세 사이의 모든 연령을 포함한다. 물론 999는 모든 사람을 포함하기 위해 임의로 설정한 큰 값이다.

> **Note**
>
> 이 테이블을 데이터 모델의 다른 테이블에 결합할 필요는 없다. 사실, 이렇게 할 수 있는 방법도 없다. Customers 테이블에 나이 열이 있더라도 이 테이블을 결합할 수는 없다. 이 밴딩 테이블에는 고객이 사용할 수 있는 모든 연령이 표시돼 있지 않다. 단지 연령대만 있을 뿐이다. 따라서 먼저 Customers 테이블에 나이 열을 만든 후, 이 새 열에 Low를 결합하면 데이터는 20, 30, 40, 기타 고객만 일치한다. 0으로 끝나지 않는 연령의 고객(예: 21, 22, 23 등)은 비교가 되지 않기 때문에 연결할 수 없다. 이 테이블은 연결할 수 없기 때문에 분리된 테이블이라고 부른다.

3 데이터 보기에서 Customers 테이블을 마우스 오른쪽 버튼으로 누른 후, 새 열을 선택하고 다음과 같은 수식을 입력한다.

```
Age =(DATE(2003,1,1) - Customers[BirthDate] )/ 365
```

> **Note**
>
> 이 밴딩 기술에 꼭 사용할 필요는 없지만, 다음과 같이 ROUNDDWON( ) 함수로 이 수식을 좀 더 개선할 수 있다.
>
> ```
> = ROUNDDOWN((date(2003,1,1) - Customers[BirthDate])/365,0)
> ```

4 이제 위와 같이 새롭게 계산된 열이 생겼으므로 DAX를 작성해 밴딩 열을 만들 수 있다.

5 Customers 테이블을 마우스 오른쪽 버튼으로 누른 후, 새 열을 선택하고 다음과 같은 수식
을 입력한다.

```
Age Group = CALCULATE(VALUES(AgeBands[Band]),
    FILTER(AgeBands,
        Customers[Age] >= AgeBands[Low]
      && Customers[Age]
        < AgeBands[High]
    )
)
```

6 이 수식의 핵심은 FILTER() 함수에 있다. 이 함수는 AgeBands 테이블에서 반복해 각 고
객의 나이를 각 밴드의 하한값 및 상한값과 비교한다. AgeBands 테이블에는 고객의 나이
와 일치하는 1개의 행만 있다. CALCULATE() 내부의 FILTER() 함수는 먼저 AgeBands 테
이블을 필터링해 연령대와 일치하는 1개의 행만 보이게 한다. 그런 다음, CALCULATE()는
VALUES(AgeBands[Band])라는 수식을 평가하는데, 이때 한 줄만 표시되기 때문에 VALUES()
는 해당 밴드의 이름을 텍스트 값의 열로 반환한다.

> **Note**
>
> 위와 같이 밴딩을 사용하면 다음과 같은 이점이 있다.
> - DAX 수식을 읽고 이해하기 더 쉽다. 일단 그 개념에 익숙해지면, 사용하기 쉬워진다.
> - 나중에 변경하기가 더 쉽다. 예를 들어 분석에 다른 연령대(예: '70세 이상' 연령대)를 추가하려
>   면 AgeBands 테이블에 행을 추가한 후, 새로 고침을 누르기만 하면 된다.

따라 하기: 테이블 편집

테이블에 다음과 같이 새로운 행을 추가한다.

1 필드 목록에서 AgeBands 테이블을 마우스 오른쪽 버튼으로 누른 후, **쿼리 편집**을 선택
한다.

2 쿼리 편집기에서 Source 단계 옆의 톱니바퀴를 클릭한다.

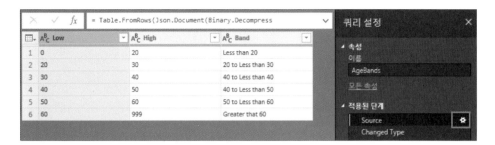

3 대화 상자의 데이터를 편집해 새 데이터 밴드를 추가한다. 이제 테이블이 다음 그림과 같이 변경된다.

테이블 만들기

	Low	High	Band
1	0	20	Less than 20
2	20	30	20 to Less than...
3	30	40	40 to Less than...
4	40	50	40 to Less than...
5	50	60	50 to Less than...
6	60	70	60 to Less than...
7	70	999	Greater than 70
*			

4 확인을 클릭한다.

5 쿼리 편집기 리본에서 **닫기 및 적용**을 누른 후, pbix 통합 문서를 저장한다. 밴딩 테이블을 유지하는 것이 복잡한 중첩된 IF문을 편집하는 것보다 훨씬 쉽다.

이제 이렇게 계산된 열을 시각화에 사용해보자. 새 시트에 새 행렬을 만든다. Customers[Age Group]을 행에 배치한 후, 4장, 'DAX 주제: SUM(), COUNT(), COUNTROWS(), MIN(), MAX(), COUNTBLANK(), DIVIDE() 함수'에서 만든 다음과 같은 측정값을 값 영역에 추가한다.

```
[Total Customers That Have Purchased] [Total Sales]
```

행렬을 읽기 쉽게 조건부 서식을 추가할 수도 있다. 이제 다음과 같은 행렬을 얻을 수 있다.

Age Group	Customers That Have Purchased	Total Sales
20 to Less than 30	3,319	$4,356,580
40 to Less than 40	6,301	$11,537,347
40 to Less than 50	4,937	$8,585,476
50 to Less than 60	2,727	$3,685,270
60 to Less than 70	1,076	$1,117,530
Greater than 70	124	$76,475
합계	**18,484**	**$29,358,677**

밴딩의 힘을 쉽게 확인할 수 있다. 20, 21, 22세 고객을 대상으로 분석하는 경우는 거의 없다. 고객을 연령대로 그룹화하는 것이 더 실용적이고, 분리된 밴딩 기술을 이용하면 이를 쉽게 수행할 수 있다.

중간 계산된 열

밴딩 예제에서는 Age라는 계산된 열을 생성한 후, Age Group이라는 계산된 열을 만들었다. 문제를 이와 같은 부분으로 나누면 DAX는 읽고 사용하기와 디버깅이 더 쉬워진다. 그러나 임시로 중간 계산된 열이 여분의 공간을 차지하기 때문에 데이터 모델에 임시로 계산된 열을 두는 것은 일반적으로 좋은 관행으로 간주되지 않는다 (물론 데이터 모델에서도 임시로 계산된 열을 사용하려는 경우는 제외). 최종 계산된 열이 예상대로 작동한 후에 해야 할 일은 원하지 않는 모든 임시 열을 하나의 최종 계산된 열로 결합한 후, 원하지 않는 임시 열을 삭제하는 것이다. 이렇게 하면 통합 문서의 공간이 절약돼 효율을 높일 수 있다. 이렇게 변경하면 오히려 수식을 읽는 것이 더 어려워질 수 있다. 이 문제를 해결하기 위해 DAX의 변수 개념을 소개하고자 한다. 먼저 변수 구문을 설명한 후, 중간 열을 제거하는 방법을 소개한다.

변수 구문

두 가지 키워드를 사용해 DAX 수식에 변수를 생성하고 참조할 수 있다. 첫 번째 키워드는 VAR(Variable을 의미)이다.

> **Note**
>
> VAR은 평가 도중에 값이 변할 수 없으므로 변수라기보다는 상수에 가깝다.

VAR에는 항상 두 번째 키워드인 RETURN이 따라온다. VAR의 구문은 다음과 같다.

```
My Column (or Measure) =
VAR FirstVariableName = <valid DAX expression>
VAR SecondVariableName = <other DAX expression>
Return
<another DAX expression that can reference the variables>
```

위와 같은 일반적인 구문은 약간 혼란스러울 수 있으므로 위와 같은 구문을 사용한 실제 예를 살펴보자.

```
 1  Age Group =
 2  VAR Age =
 3      ROUNDDOWN ( ( DATE ( 2003, 1, 1 ) - Customers[Birthdate] ) / 365, 0 )
 4  RETURN
 5      CALCULATE (
 6          VALUES ( AgeBands[Band] ),
 7          FILTER ( 'AgeBands', Age >= AgeBands[Low] && Age < AgeBands[High] )
 8      )
```

위 수식에 있는 2행과 3행이 계산된 열인 Age 열에 저장됐던 값을 Age 변수로 설정한다. 설정된 Age 변수는 7행에서 두 번 참조된다.

주목해야 할 사항

변수는 다음 4행에 나타난 것처럼 다른 변수를 참조할 수 있다.

```
1   Age Group =
2   VAR AgeInDays =
3       ROUNDDOWN ( ( DATE ( 2003, 1, 1 ) - Customers[Birthdate] ), 0 )
4   VAR Age = AgeInDays / 365
5   RETURN
6       CALCULATE (
7           VALUES ( AgeBands[Band] ),
8           FILTER ( 'AgeBands', Age >= AgeBands[Low] && Age < AgeBands[High] )
9       )
```

변수는 다음 5행에 나타난 것처럼 값뿐 아니라 테이블을 포함할 수도 있다.

```
1   Age Group =
2   VAR AgeInDays =
3       ROUNDDOWN ( ( DATE ( 2003, 1, 1 ) - Customers[Birthdate] ), 0 )
4   VAR Age = AgeInDays / 365
5   VAR BandsTable =
6       FILTER ( 'AgeBands', Age >= AgeBands[Low] && Age < AgeBands[High] )
7   RETURN
8       CALCULATE ( VALUES ( AgeBands[Band] ), BandsTable )
```

변수는 초기 필터와 행 컨텍스트에서 설정된다. RETURN 키워드 이후에 필터 및/또는
행 컨텍스트가 변경되더라도 변수는 이미 할당됐으므로 변경되지 않는다. 이제 VAR
구문이 어떻게 작동하는지 알게 됐으므로 중간 계산된 열을 제거하고 모든 것을 최
종 밴딩 열로 이동하는 방법을 알아보자.

따라 하기: 중간 계산된 열 삭제

다음 단계에 따라 중간 계산 열을 최종 밴딩 계산 열로 통합한 후에 중간 계산 열을
삭제해보자.

1 테이블에서 중간 계산 열(이 예에서는 Age 열)로 이동한다.

2 중간 열에서 수식을 강조 표시한 후, Ctrl + C를 눌러 다음과 같이 전체 수식을 복사한다.

```
1   Age = ROUNDDOWN((DATE(2003,1,1) - Customers[BirthDate])/365,0)
```

3 최종 밴딩 계산 열(이 예에서는 Age Group)로 이동한다. 필요한 경우 오른쪽 상단의 드롭다운 화살표를 눌러 수식 입력 줄을 확장할 수 있다.

4 수식의 '='뒤에 2개의 빈 줄을 새로 만든다(Shift + Enter를 누른다). 이제 다음 그림과 같이 나타난다.

```
1  Age Group =
2
3  CALCULATE(VALUES(AgeBands[Band]),
4    FILTER(AgeBands,
5      Customers[Age] >= AgeBands[Low] &&
6      Customers[Age] < AgeBands[High]
7    )
8  )
```

5 키워드 VAR(❶)을 입력한 후, 복사한 Age 열의 수식(❷)을 붙여넣기하고 다음과 같이 키워드인 RETURN(❸)을 입력한다.

```
1  Age Group = VAR Age = ROUNDDOWN((DATE(2003,1,1) - Customers[BirthDate])/365,0)  ❷
2              Return
3  CALCULATE(VALUES(AgeBands[Band]),
4    FILTER(AgeBands,                    ❸
5      Age >= AgeBands[Low] &&
6      Age < AgeBands[High]
7    )❶
8  )
```

6 원래 열 이름이 Customers[Age]인 두 인스턴스를 다음과 같이 변수 Age의 참조로 바꾼다.

```
1  Age Group = VAR Age = ROUNDDOWN((DATE(2003,1,1) - Customers[BirthDate])/365,0)
2              Return
3  CALCULATE(VALUES(AgeBands[Band]),
4    FILTER(AgeBands,
5      Age >= AgeBands[Low] &&
6      Age < AgeBands[High]
7    )
8  )
```

7 중간 계산 열인 Customers[Age]를 삭제한다.

> **Note**
>
> 물론 테이블 속에 중간 열이 필요하다면 유지해야 한다. 그러나 필요하지 않다면 위와 같이 제거해야 한다. 변수 사용에 관련된 자세한 내용은 나의 블로그(https://exceleratorbi.com.au/using-variables-dax/)를 참고하기 바란다.

18장
기본 개념: 다중 데이터 테이블

지금까지는 단 하나의 데이터 테이블, 즉 Sales 테이블만을 사용했다. 실제의 데이터 모델에서는 여러 데이터 테이블을 사용하고자 하거나 사용해야만 하는 경우가 많다. 두 번째 데이터 테이블을 파워 BI에 가져올 때, 사람들은 새 데이터 테이블을 원래 데이터 테이블에 결합해야 한다고 생각하는 것이 일반적이지만, 이는 잘못된 생각이다. 두 번째 데이터 테이블을 데이터 모델에 결합하는 올바른 방법은 새 데이터 테이블을 첫 번째 데이터 테이블과 동일하게 처리하는 것이다.

이 방법을 이해하는 데 도움이 되도록 기업에서 Sales 테이블과 Budget 테이블을 로딩하는 일반적인 비즈니스 시나리오를 살펴보자. 이 시나리오에서 어려운 부분 중 하나는 Budget 테이블이 Sales 테이블과 세분화 수준이 다른 경우가 많다는 것이다. 예를 들면, Sales는 각 개별 제품의 결과를 집계해 보고할 수 있지만, Budget은 월간 단위별, 제품 카테고리별로 설정할 수 있다.

따라 하기: Budget 테이블 추가

다음 단계에 따라 Budget 테이블을 가져온 후, 새 BudgetPeriod 테이블을 만들고,

Budget에 관련된 측정값을 생성하는 과정을 진행해보자.

1 파워 BI에서 데이터 가져오기 → 추가 → 데이터베이스 → Access 데이터베이스를 누른 후, 2장, '기본 개념: 데이터 로딩'에서 사용한 Access 데이터베이스로 이동한다.

2 다음 그림과 같이 목록에서 Budget 및 BudgetPeriod 테이블을 선택한다.

3 로드를 클릭한다. Budget 테이블에 각 카테고리별, 월별 판매 예산이 있는지 확인한다. Period 열은 다음과 같이 연도 및 월의 YYYYMM 형식으로 돼 있다.

Category	Budget	Period
Accessories	16000	200307
Accessories	53000	200308
Accessories	56000	200309
Accessories	56000	200310
Accessories	54000	200311
Accessories	72000	200312
Accessories	61000	200401
Accessories	63000	200402
Accessories	63000	200403
Accessories	68000	200404
Accessories	78000	200405
Accessories	63000	200406
Accessories	36000	200407

4 BudgetPeriod 테이블은 Calendar 테이블의 한 종류이지만, 지금까지 사용한 것과 다르다는 것도 알 수 있다. Budget 테이블과 마찬가지로 다음과 같이 YYYYMM 형식의 Period 열을 포함하고 있다.

CalendarYear	MonthName	Month Number	Period
2003	July	7	200307
2003	August	8	200308
2003	September	9	200309
2003	October	10	200310
2003	November	11	200311
2003	December	12	200312
2004	January	1	200401
2004	February	2	200402

5 ProductCategory 테이블이 필요하므로 새 테이블 버튼을 클릭한 후, 다음에 나타난 수식을 입력한다.

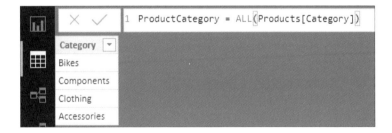

6 새로운 ProductCategory 테이블에는 모든 Product Category의 목록이 있다.

> **Note**
>
> 이 모든 새 테이블이 필요한 이유는 곧 알게 될 것이다.

7 관계 보기로 전환한다.

8 다음 그림과 같이 테이블을 다시 정렬한다. BudgetPeriod 테이블(❶)을 캘린더 테이블 위에 놓고 Budget 테이블(❷)을 Sales 테이블 옆에 놓는다. 그림과 같이 ProductCategory 테이블

(❸)을 Product 테이블 위에 위치시킨다.

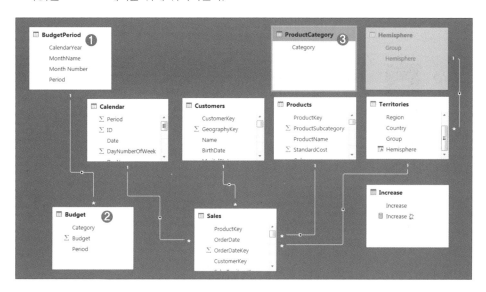

> **Note**
>
> BudgetPeriod와 Budget의 관계는 새로운 BudgetPeriod 테이블을 만들 때 파워 BI에 따라
> 자동으로 만들어진 실질적인 관계다. 수식 평가 중에만 존재하는 가상 테이블의 상속된 관계인
> 계보와 혼동하지 않도록 하자.

9 이제 왜 BudgetPeriod 테이블이 필요한지 설명할 차례다. Budget 테이블을 Calendar 테이
블에 연결해보자. Period 열을 드래그하기가 어려우므로 대신 홈 탭으로 이동해 관계 관리
를 누른 후, 다음과 같이 Budget 테이블과 Calendar 테이블 사이에 새 관계를 만들어보자.
오류 메시지를 기억해두자.

10 취소를 누른 후, 관계 만들기 창을 닫는다. 무엇이 문제일까? Calendar 테이블은 일일 캘린
더지만 Budget 테이블은 월별 예산이다(매우 일반적인 경우임). Calendar 테이블의 Period
열에는 Budget 테이블의 각 월에 28~31개의 항목이 있다. 그러나 파워 BI는 일대다 관계
만을 지원한다. 연결하려면 맨 위에 있는 조회 테이블(Calendar)의 Period에 단일 값만 가
져야 하므로 작동하지 않는다. 따라서 BudgetPeriod 테이블이 필요하다. BudgetPeriod 테
이블에는 각 기간의 값이 하나만 있으므로 Budget 테이블을 BudgetPeriod 테이블에 연결
할 수 있다. 실제로 이 관계(❶)는 데이터를 로드할 때 자동으로 생성됐다.

11 Calendar 테이블의 Period 열을 BudgetPeriod 테이블의 Period 열로 드래그해 캘린더 테
이블을 BudgetPeriod 테이블에 연결한다(❷).

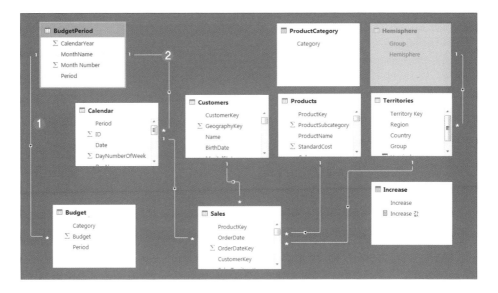

12 이제 ProductCategory 테이블을 Budget 테이블에 연결해야 한다. Budget[Category] 열
을 Products 테이블에 연결하려고 하면 이전과 같은 오류가 발생한다.

13 Budget 테이블을 ProductCategory 테이블에 연결하려면 Budget[Category] 열을 클릭해
ProductCategory[Category] 열로 드래그한다.

14 Products 테이블을 ProductCategory 테이블에 연결하려면 Products[Category] 열을 클
릭한 후, ProductCategory[Category] 열로 드래그한다.

완료되면 다음과 같은 레이아웃이 있어야 한다. 데이터 모델에 테이블이 많을 때는 모든 관계를 추적하기 어려워진다. 이것이 바로 다음 그림과 같이 **콜리 레이아웃** 방법을 사용해 테이블을 정렬하도록 권장하는 이유다.

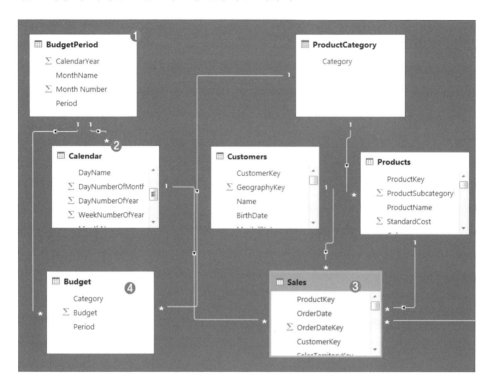

위 그림에서 볼 수 있듯이 관계의 'M쪽' 테이블은 아래쪽, '1쪽' 테이블은 위쪽에 있어야 한다. 필터는 항상 내리막길을 따라 흐르며, 이 레이아웃은 필터의 흐름을 훨씬 쉽게 이해할 수 있게 해준다. 따라서 BudgetPeriod 테이블을 필터링하면(❶), 이 테이블은 직접적인 관계를 이용해 Budget 테이블(❹)을 직접 필터링한다. 또한 BudgetPeriod 테이블(❶)은 Calendar 테이블(❷), Sales 테이블(❸)을 직접 필터링한다. 따라서 최종 결과는 BudgetPeriod 테이블(❶)에 적용되는 필터가 Sales 테이블(❸)과 Budget 테이블(❹)을 모두 필터링하는 것이다. ProductCategory 테이블에도 같은 개념이 적용된다.

이 경우처럼 세분화의 정도가 서로 다른 데이터 테이블을 사용할 때는 행렬의 필터에 올바른 테이블과 열을 사용하는 것이 중요하다. 따라서 Sales 테이블과 Budget 테이블을 모두 사용할 때는 행렬에 BudgetPeriod 열을 사용해야 한다. Calendar 테이블의 열은 작동하지 않는다.

연습: 다중 데이터 테이블

이제 두 Budget 및 Sales 테이블에 새로운 DAX 수식을 작성하는 연습을 할 시간이다. 새로운 행렬을 만든 후, 행에 ProductCategory[Category]와 BudgmentPeriod[Period]를 넣고 값에 [Total Sales]를 넣는다. 이때에는 두 새로운 테이블(ProductCategory 및 BudgetPeriod)에서 올바른 열을 선택해야 한다.

행렬이 설정되면 다음 그림과 같이 한 수준 아래의 확장 아이콘을 모두 클릭해 행렬의 모든 레벨을 확장한다.

위 그림의 행에 나타난 Periods 열은 올바르게 나타나지 않았다. YYYYMM 형식이어야 하지만 쉼표와 소수점으로 표시됐다. 이를 해결하기는 쉽다. 필드 목록에서 BudgetPeriod[Period] 열을 선택한 후, 데이터 유형을 정수로 변경하기만 하면된다.

이제 몇 가지 측정값을 만들어야 할 시간이다. Budget 테이블을 마우스 오른쪽 버튼으로 누른 후, 새 측정을 선택한 다음과 같은 새 측정값을 작성한다('부록 A: 연습 정답' 참조).

71 Total Budget]

72 [Change in Sales vs. Budget]

73 [% Change in Sales vs. Budget]

다음 그림은 위 수식과 조건부 서식을 추가해 얻을 수 있는 행렬의 모습이다.

Category	Total Sales	Total Budget	Change in Sales vs Budget	% Change in Sales vs Budget
Accessories	**$700,760**	**$739,000**	**-38,240**	**-5.2 %**
200307	$14,468	$16,000	-1,532	-9.6 %
200308	$52,057	$53,000	-943	-1.8 %
200309	$52,150	$56,000	-3,850	-6.9 %
200310	$54,595	$56,000	-1,405	-2.5 %
200311	$54,832	$54,000	832	1.5 %
200312	$65,608	$72,000	-6,392	-8.9 %
200401	$56,457	$61,000	-4,543	-7.4 %
200402	$56,996	$63,000	-6,004	-9.5 %
200403	$60,098	$63,000	-2,902	-4.6 %
200404	$62,674	$68,000	-5,326	-7.8 %
200405	$71,880	$78,000	-6,120	-7.8 %
200406	$65,201	$63,000	2,201	3.5 %
200407	$33,745	$36,000	-2,255	-6.3 %
Bikes	**$28,318,145**	**$28,750,000**	**-431,855**	**-1.5 %**
200107	$473,388	$483,000	-9,612	-2.0 %
200108	$506,192	$516,000	-9,808	-1.9 %
200109	$473,943	$502,000	28,057	-5.6 %
합계	**$29,358,677**	**$29,841,000**	**-482,323**	**-1.6 %**

19장
기본 개념: 엑셀 및 큐브 수식에서 분석 사용

지금까지 파워 BI 보고서에서 데이터 모델의 정보를 사용하고 시각화했다. 많은 시간과 노력을 투자해 파워 BI에 데이터 모델을 구축하고 나면, 엑셀을 사용해 데이터에 접근할 수도 있다. 다행스럽게도 파워 BI 프로 라이선스가 있으면 PowerBI.com에서 'Excel에서 분석'을 이용해 이 작업을 쉽게 할 수 있다. 'Excel에서 분석'을 사용하려면 먼저 파워 BI 데스크톱 파일을 PowerBI.com에 게시해야 한다.

> **Note**
>
> 어떤 이유에서든 PowerBI.com에 게시할 수 없는 경우에도 19장의 뒷부분에 있는 큐브 수식 연습을 완료할 수 있다. 저자의 웹 사이트인 http://xbi.com.au/localhost로 이동하면 PC에서 실행 중인 파워 BI 데스크톱의 로컬 인스턴스에 엑셀을 연결하는 방법에 관한 안내를 참고할 수 있다.

따라 하기: PowerBI.com에 보고서 게시

보고서를 PowerBI.com에 게시하기 위해 다음 단계를 따라 해보자.

1 파워 BI 통합 문서를 저장한다.

2 홈 탭(❶)에서 게시 버튼(❷)을 누른다.

3 PowerBI.com을 처음 사용하는 경우라면 계정을 생성하라는 메시지가 나타날 것이다. 안내에 따라 새로운 계정을 만들면 된다. 계정이 이미 있는 경우에는 자격 증명으로 로그인할 수 있다. 파일이 PowerBI.com에 게시되면 성공 메시지가 나타난다. 처음 계정을 만드는 경우에 엑셀에서 분석을 사용하려면 60일 평가판을 활성화해야 한다.

Note

> PowerBI.com에 접속하는 것이 여러분 회사의 IT 부서에서 통제할 수 있다. 위에서 설명한 대로 계정을 생성할 수 없는 경우, IT 부서에 문의해 지원을 받도록 한다. 또한 이 글을 쓰는 지금은 @gmail.com 또는 @hotmail.com과 같은 일반 이메일 주소를 사용해 PowerBI.com에 가입할 수 없다.

4 웹 브라우저에서 http://powerbi.com으로 이동한 후, 위의 3단계에서 지정한 것과 같은 자격 증명을 사용해 웹 사이트의 오른쪽 상단 모서리에 있는 로그인 링크를 클릭한다.

5 로그인한 후, 왼쪽의 메뉴를 확장하고(❶) 통합 문서를 업로드한 작업 영역(❷)을 연다.

6 데이터 세트(❸) 다음에서 데이터 모델, 보고서 영역(❹)에서 모든 보고서를 찾아본다.

'Excel에서 분석'을 처음 사용하려면, 먼저 'Excel에서 분석' 업데이트를 설치해야한다. 다음 단계를 따라 진행해보자.

1. 웹 브라우저의 오른쪽 상단 모서리에 있는 다운로드 화살표(❶)를 클릭한후, 'Excel에서 분석' 업데이트(❷)를 선택한다.
2. 업데이트를 다운로드한 후, PC에서 다운로드한 파일을 실행한다. 설치를 완료하려면 컴퓨터 관리 권한이 있어야 한다.

따라 하기: Excel에서 분석 사용

Excel에서 분석을 사용하는 것은 무척이나 쉽다. 다음 설명을 따라 하기 바란다.

1 화면 왼쪽의 보고서(❶) 또는 데이터 세트(❷)로 이동해 줄임표를 마우스 오른쪽 버튼으로 누른 후, 메뉴를 열고 Excel에서 분석(❸)을 선택한다. 이제 ODC 파일이 PC로 다운로드된다.

ODC 파일은 엑셀이 파워 BI에 직접 연결하는 방법을 알려주는 일련의 지시사항이 담긴 작은 텍스트 파일이다. 관심이 있으면 텍스트 편집기로 ODC 파일을 열어 내용을 볼 수 있다.

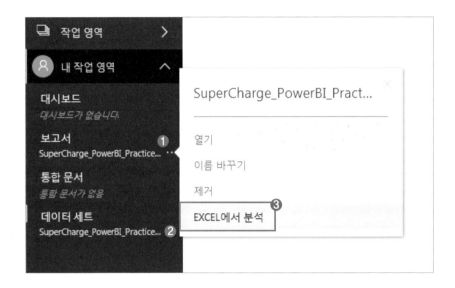

2 다운로드한 폴더에서 ODC 파일을 찾아 클릭해 연다. 다음 그림은 구글 크롬을 사용할 때의 모습(Chrome 화면의 왼쪽 하단)이다.

3 엑셀을 시작할 때 보안 경고 메시지가 나타나면 사용을 누른다.

만약 모든 것이 잘 진행되면, 이제 새로운 엑셀 통합 문서에 다음과 같은 새로운 피벗 테이블이 나타난다. 메시지가 나타나면 PowerBI.com 계정에 다시 로그인해야 한다.

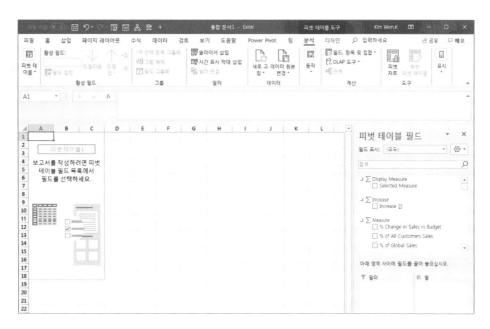

이 엑셀 통합 문서/피벗 테이블의 가장 멋진 점은 PowerBI.com에 직접 연결돼 있

다는 것이다. 데이터 모델은 PowerBI.com에 남아 있고 피벗 테이블을 표시하는 데 필요한 데이터만 엑셀 통합 문서에 저장된다. PowerBI.com에서 데이터 모델의 크기는 10GB에 이를 수 있지만, 엑셀 통합 문서는 불과 20KB 정도에 불과하다. 이를 '얇은(thin) 통합 문서'라고 부른다.

엑셀 오른쪽의 피벗 테이블 필드 목록은 일반 피벗 테이블의 목록과 약간 다르다. 다음 표와 같이 2개의 다른 아이콘으로 구분되는 측정값 테이블과 열 테이블이 있다.

파워 BI 데스크톱에 이미 만든 행렬 중 하나와 유사한 피벗 테이블을 만들 수 있어야 한다(다음 그림 참고).

큐브 수식 사용

이 책의 기본 개념의 마지막 주제는 큐브 수식이다. 큐브 수식은 몇 년 동안 사용돼왔다. 그러나 파워 BI가 공개되기 전에 큐브 수식을 사용할 수 있는 방법은 SSAS^{SQL}

Server Analysis Services 다차원 큐브에 연결하는 것이었다. 일부 대기업에는 SSAS가 설치돼 있다. 이러한 회사 중 일부는 엑셀에서 SSAS에 직접 연결하고, 일부는 큐브 수식을 사용했을지도 모른다. 그러나 이 시나리오가 매우 드물기 때문에 대부분은 파워 BI를 만나기 전에는 큐브 수식을 경험하지 못했을 것이다.

엑셀의 피벗 테이블은 매우 훌륭하고 자주 사용되지만 몇 가지 한계가 있다. 가장 큰 한계는 피벗 테이블이 특정 형식에 사용자를 가둔다는 것이다. 통합 문서의 단일 셀에 단일 값을 넣으려면 어떻게 해야 할까? 이 경우에는 피벗 테이블을 만든 후, 해당 셀을 피벗 테이블로 지정할 수 있지만 여기에는 많은 오버헤드가 발생한다. 또한 피벗 테이블이 언제든지 모양을 변경하면(예: 새로 고침 시) 셀의 위치가 변경될 가능성이 있으므로 수식이 잘못된 셀을 가리킬 수 있다. 이때, 가장 좋은 시나리오는 문제가 있다는 것을 알아채는 것이다. 최악의 시나리오는 수식이 피벗 테이블의 다른 유사한 셀을 가리키는데도 눈치채지 못하는 경우다.

"GETPIVOTDATA()는 어떻습니까?"라고 질문할 수도 있다. GETPIVOTDATA()를 사용할수 있지만, 여전히 피벗 테이블에 오버헤드가 있으며 결론은 큐브 수식이 훨씬 낫다는 것이다. 큐브 수식을 시작하는 가장 쉬운 방법은 만들어놓은 피벗 테이블을 큐브 수식으로 변환하는 것이다.

따라 하기: 피벗 테이블을 큐브 수식으로 변환

피벗 테이블을 큐브 수식으로 변환하려면 다음 단계를 따라 진행해야 한다.

1 엑셀 통합 문서에서 새롭게 빈 시트를 만든 후, 다음과 같은 피벗 테이블을 추가한다. 이 테이블은 18장, '기본 개념: 다중 데이터 테이블'에서 만든 것과 같다.

2 Calendar[CalendarYear]를 행에 배치한 후, Products[Category]는 열, [Total Sales]는 값에 배치한다. 또한 Customers[Occupation]을 슬라이서에 추가한다. 계속 진행하기 전에 슬라이서를 클릭해 잘 작동하는지 확인한다.

3 피벗 테이블을 큐브 수식으로 변환하려면 피벗 테이블 내부를 클릭한 후 분석 탭(❶)을 선택한 후, OLAP 도구(❷)를 클릭하고 **수식으로 변환(❸)**을 선택한다.

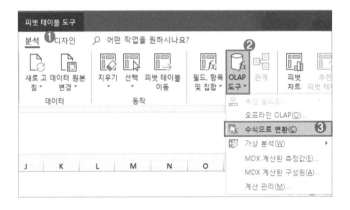

이제 피벗 테이블은 스프레드 시트에서 원하는 대로 이동할 수 있는 독립된 수식 스택으로 변환된다.

여기에서 슬라이서는 여전히 작동한다. 수식을 스프레드 시트의 다른 위치로 드래그한 후 슬라이서를 클릭해 잘 작동하는지 확인해보자.

스스로 큐브 수식 작성하기

큐브 관련 함수는 7개가 있으며, 모두 Cube라는 단어로 시작한다. 다음과 같이 통합문서의 셀에 = CUBE를 입력해 목록을 볼 수 있다.

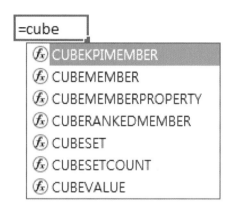

이 책은 가장 많이 사용하는 두 가지 수식인 CUBEVALUE()와 CUBEMEMBER()를 다룬다. 이 두 수식을 모두 익히면 다른 다섯 가지를 알아볼 수 있는 연구를 진행할 수 있다.

CUBEVALUE() 대 CUBEMEMBER()

방금 변환한 피벗 테이블로 돌아가 엑셀이 편집 모드에 있도록 총 합계 셀(❶) 내부를 두 번 클릭한다. 수식 입력 줄(❷)에서 이 총합계 셀이 CUBEVALUE() 수식이며, 다른 여러 셀(❸)을 참조하고 있다는 점에 주목하자. 다른 셀들(❸)의 내부 수식은 CUBEMEMBER()다.

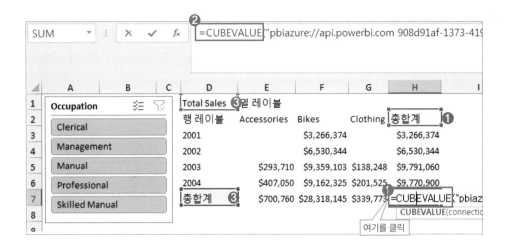

CUBEVALUE()는 데이터 모델의 측정값으로부터 값을 추출하는 데 사용하고, CUBEMEMBER()는 열/조회 테이블에서 값을 추출하는 데 사용된다. 함께 사용하면, CUBEMEMBER()가 데이터 모델을 필터링한 후에 CUBEVALUE()가 식을 계산한다.

이제 큐브 수식을 알게 됐으므로 스프레드시트에 원하는 큐브 수식이 들어 있는 피벗 테이블을 작성한 후, **분석 → OLAP 도구 → 수식으로 변환**을 선택한다. 이 작업을 완료하면 결과로 도출된 수식을 원하는 곳에 복사해 붙여넣기할 수 있다. 하지만 처음부터 큐브 수식을 사용하는 것도 그렇게 어렵지 않으므로 좀 더 배워보자.

따라 하기: 처음부터 CUBEVALUE() 작성하기

큐브 수식을 작성할 때 중요한 키보드 키는 큰따옴표, 대괄호 및 마침표다. 이 정보는 이 단계를 수행하는 동안 이해하게 될 것이다. 다음 단계대로 정확하게 따라 해보자.

1 통합 문서에서 빈 셀을 클릭한 후 =CUBEVALUE(를 입력한다. 연결 및 하나 이상의 멤버 표현식을 요청하는 툴팁이 나타난다. 멤버 표현식은 데이터 모델의 측정값 또는 테이블 열일 수 있다.

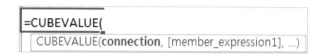

2 "(큰따옴표)를 입력한다. 통합 문서에 사용할 수 있는 연결 목록이 나타난다. 엑셀에서 분석을 사용해 만든 얇은 통합 문서(thin workbook)이므로 다음에 나타난 것과 같은 연결 문자열이 있어야 한다. 긴 숫자(GUID)는 파워 BI 인스턴스마다 고유하다. 이 통합 문서가 완료되면 파워 BI 데이터 세트에 접근할 수 있는 다른 사람(예: 조직 내 다른 사람)도 이 문서와 상호 작용할 수 있다.

> **Note**
> 저자의 로컬 호스트 통합 문서인 http://xbi.com.au/localhost를 사용해 큐브 수식을 작성하는 경우, 위와 다른 연결 문자열 환경을 제공한다.

3 Tab을 눌러 연결을 선택한 후 "(큰따옴표)를 다시 입력한다.

4 ,(쉼표)를 입력한다.

5 "(큰따옴표)를 다시 입력해 다음 매개변수를 시작한다. 이번에는 툴팁에 데이터 모델의 모든 테이블 목록(다음 그림 참조)이 나타난다. 목록에 추가 항목인 [Measures]가 하나 더 있다. 모든 DAX 수식은 [Measures]에 저장된다.

6 [(대괄호)를 입력한 후 M을 입력하고 Tab을 눌러 [Measures]를 선택한다.

7 .(마침표)를 입력한다. 데이터 모델에 존재하는 모든 측정값 목록이 나타난다. 여기에서 [를 입력한 후, 측정값의 이름을 계속 입력하거나 키보드의 위쪽 및 아래쪽 화살표 키를 사용해 선택하려는 측정값을 탐색할 수 있다.

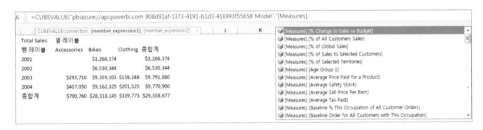

8 [를 입력한 후 Total S를 입력한다. 그러면 [Total Sales] 측정값이 맨 위에 나타난다.

9 Tab을 누른 후, ")를 입력하고 Enter를 누른다.

설명대로 정확하게 따라 하면 다음에 나타난 대로 셀에 값이 나타난다. 다음은 여러분이 직접 작성한 첫 큐브 수식이다.

= CUBEVALUE (<연결 문자열>, "[Measures]. [Total Sales]")

> **Note**
>
> 위 수식에서 실제 연결 문자열 대신 〈연결 문자열〉을 사용했다. 이는 사용자마다 화면에 보이는 내용이 다르기 때문이다.

f_x	=CUBEVALUE("pbiazure://api.powerbi.com 908d91af-1373-4191-b1d3-416993f55658 Model","[Measures].[Total Sales]")									
B	**C**	**D**	**E**	**F**	**G**	**H**	**I**	**J**	**K**	
$29,358,677										

이 큐브 수식을 완료하면 결괏값이 데이터 모델의 데이터를 전부 더한 값이라는 것을 알 수 있을 것이다. 이로써 데이터 모델이 필터링되지 않았다는 것을 분명히 알 수 있다. 일부 CUBEMEMBER() 함수를 수식에 추가해 (피벗 테이블의 행에 열을 추가하는 것처럼) 피벗 테이블처럼 이 수식을 필터링할 수 있다.

> **Note**
>
> 다음으로 넘어가기 전에 연습을 위해 위 수식을 몇 번 다시 작성해야 한다. 이 과정에서 키보드의 가장 중요한 키는 큰따옴표, 대괄호 및 마침표와 함께 강조 표시된 선택 항목을 선택하는 Tab이라는 것을 기억하자. 키보드에서 위의 키를 사용해 수식을 작성하는 리듬도 익혀두자.

따라 하기: 큐브 수식에 필터 적용

기존 수식을 필터링하려면, 다음 단계대로 따라 해보자.

1 이미 작성한 수식 중 하나를 선택하고 편집을 시작한다.

2 마지막)을 삭제하고, ,(쉼표)를 입력한다. 툴팁은 ⟨member_expression2⟩를 요청한다.

3 "[를 입력한다.

4 아래쪽 화살표 키를 사용해 [Calendar]를 선택한 후 Tab을 누른다.

5 .(마침표)를 입력하고 다음 화살표 키를 사용해 [CalendarYear]를 선택한다. 그런 다음, Tab을 누른다.

6 .(마침표)를 입력하면 툴팁에 [All]만 표시된다. [All]을 선택한 후 **Tab**을 누른다.

7 .(마침표)를 다시 입력하면 선택할 수 있는 연도 목록이 나타난다. [2003]을 선택한다.

8 ")를 입력하고 **Enter**를 눌러 수식을 완료한다.
최종 수식은 다음과 같다.

```
= CUBEVALUE(<연결 문자열>,"[Measures].[Total Sales]",
  "[Calendar].[CalendarYear].[All].[2003]")
```

위 수식으로 다시 돌아가)(닫는 괄호)를 삭제하고 다른 ,(쉼표)를 추가한 후 다른 큐브
멤버인 Products[Category] = "Clothing"를 추가하기 위해 위와 같은 절차를 수행한
다. 필요한 수식은 다음과 같다.

```
= CUBEVALUE(<연결 문자열>,
  "[Measures].[Total Sales]",
  "[Calendar].[CalendarYear].[All].[2003]",
  "[Products].[Category].[All].[Clothing]"
    )
```

위와 같이 큐브 수식을 작성해 데이터 모델의 모든 측정값을 스프레드 시트에 추가
할 수 있다. 작성중인 큐브 수식 안에 CUBEMEMBER() 표현식을 추가해 큐브 수식에서
측정값을 추가로 필터링할 수 있다.

따라 하기: 피벗 테이블 없이 슬라이서 추가

수식을 슬라이서에 연결하는 것은 쉽다. 시트에 Customers[Occupation]에 슬라이서가 있어야 한다. 이 슬라이서가 없다면 지금 바로 추가해보자. 피벗 테이블이 없을 때 슬라이서를 추가하는 단계는 다음과 같다.

1 삽입 → 슬라이서를 선택한다.

> **Note**
>
> 이 경우에는 피벗 테이블이 없으므로 피벗 테이블 필드 목록에서 열을 마우스 오른쪽 버튼으로 클릭할 수 없다.

2 기존 연결 대화 상자에서 연결 탭(❶)을 선택한 후, 이 통합 문서의 연결(❷)을 선택하고 **열기**를 클릭한다.

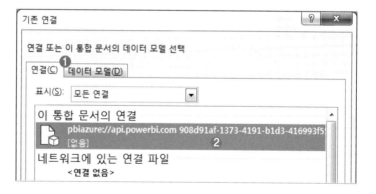

3 목록에서 Products[color] 슬라이서를 찾아 선택한 후 확인을 누른다. 이제 시트에 슬라이서가 만들어지지만, 아직 수식에는 연결되지 않았다.

따라 하기: 슬라이서를 큐브 수식에 연결

슬라이서를 큐브 수식에 연결하려면 다음 단계대로 따라 해보자.

1 슬라이서를 마우스 오른쪽 버튼으로 클릭한 후, 슬라이서 설정을 선택하고 연결하려는 슬라이서의 고유 이름을 확인한다.

2 슬라이서 설정 대화 상자가 나타나면 대화 상자의 두 번째 줄에 나타나는 수식에 사용할 이름을 기록한 후 기억해두자. 다음 단계에서는 슬라이서 이름이 필요하다. 여기에 나타난 예에서는 '슬라이서_Products'다. 독자의 경우에는 다르게 나타날 수 있다. 슬라이서 이름을 확인한 후 **취소**를 클릭한다.

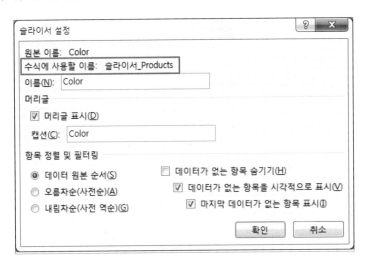

3 Total Sales 큐브 수식의 새 버전을 작성하고 이번에는 슬라이서를 이 수식에 추가한다. [Total Sales] 뒤에 쉼표를 추가하고 2단계에서 확인한 슬라이서 이름을 입력한 후)을 입력한다. 이제 수식은 다음과 같다(슬라이서의 이름이 약간 다를 수 있음).

```
= CUBEVALUE(<연결 문자열>,
    "[Measures].[Total Sales]",
    슬라이서_Products
)
```

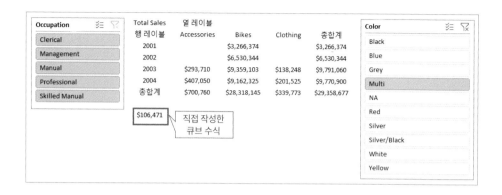

Occupation	Total Sales 행 레이블	열 레이블 Accessories	Bikes	Clothing	총합계
Clerical	2001		$3,266,374		$3,266,374
Management	2002		$6,530,344		$6,530,344
Manual	2003	$293,710	$9,359,103	$138,248	$9,791,060
Professional	2004	$407,050	$9,162,325	$201,525	$9,770,900
Skilled Manual	총합계	$700,760	$28,318,145	$339,773	$29,358,677

$106,471 → 직접 작성한 큐브 수식

Color
Black
Blue
Grey
Multi
NA
Red
Silver
Silver/Black
White
Yellow

Note

슬라이서 이름에는 큰따옴표를 사용하지 않아야 한다. 이는 아쉽게도 다른 규칙과 일치하지 않지만 그렇게 작동하도록 돼 있다.

4 이제 다음과 같이 테스트해보자. 슬라이서를 클릭하고 큐브 수식이 업데이트되는 것을 확인한다. 깊이 숨을 들이쉰 다음에 놀라도 좋다.

CUBEMEMBER() 수식 작성

CUBEVALUE() 수식 내에서 열 이름을 참조하는 것 외에도 CUBEMEMBER() 수식을 통합 문서의 셀에 직접 작성할 수 있다. CUBEMEMBER() 수식의 예는 다음과 같다.

```
= CUBEMEMBER (<연결 문자열>,
    "[Customers].[Occupation].[All].[Manual]"
)
```

원래 피벗 테이블로 돌아가 열 및 행 제목을 클릭하면 이러한 수식을 훨씬 더 많이 볼 수 있다. 셀에 CUBEMEMBER() 수식을 독립된 수식으로 작성하면 셀 참조를 사용해 CUBEVALUE() 수식 내에서 해당 셀을 참조할 수 있다. 다시 한번 변환된 피벗 테이블에서 수식을 검사하면 이를 확인할 수 있다.

20장
엑셀로 기술 이전

파워 BI는 마이크로소프트의 비교적 새로운 제품이다. 2015년 7월에 처음으로 공개됐으며, 출시 이후 몇 년 동안의 변화 속도는 놀랍다. 이 책을 구입해 지금 여기에 도달했다는 사실은 이미 이를 알고 있다는 것을 의미한다. 그러나 사실은 파워 피벗과 파워 쿼리는 모두 마이크로소프트 엑셀용으로 처음 개발된 기술이다. 마이크로소프트는 엑셀에서 활용할 수 있는 이러한 제품의 존재를 마케팅하는 데 큰 노력을 기울이지 않았으며, 결과적으로 엑셀 내부의 기술을 활용할 수 있는 많은 (대부분의) 사람이 그 존재조차 알지 못했다. 하지만 좋은 소식은 이 책에서 배운 기술이 마이크로소프트 엑셀용 파워 피벗으로 완전히 이전될 수 있다는 점이다. 20장은 약간의 노력만으로도 파워 BI로 배운 기술을 엑셀로 이전하는 데 도움을 줄 것이다.

파워 BI와 엑셀의 파워 피벗과의 차이점

파워 BI와 다양한 버전의 파워 피벗 사이에는 다음과 같은 몇 가지 차이점이 있다.

모든 버전의 엑셀

- 각 버전의 엑셀에는 고유한 버전의 파워 피벗이 있으며, 모든 버전에서 모든 기능을 사용할 수 있는 것은 아니다. 파워 BI에는 최신 버전의 파워 피벗이 포함돼 있다. http://xbi.com.au/quickguide에서 파워 피벗의 모든 기능에 관련된 최신 안내서를 다운로드할 수 있다.

- 파워 피벗은 모든 버전에서 일대다 유형의 관계를 지원한다. 파워 BI처럼 일대일을 지원하지는 않는다. 이는 일반적인 관계가 아니기 때문에 중요한 문제는 아니다.

- 엑셀의 파워 피벗에서는 양방향 교차 필터링을 사용할 수 없다.

- 엑셀 2010에서 만든 데이터 모델을 엑셀 2013 또는 2016 데이터 모델로 변환(업그레이드)할 수 있지만, 거꾸로 되돌릴 수(다운 그레이드) 없다.

- 엑셀 2013/2016 데이터 모델은 엑셀 2013과 2016 모두에서 열 수 있다.

- 엑셀 2010 및 2013은 엑셀 2016 및 파워 BI 데스크톱과 비교했을 때 다이어그램 보기의 화면 구성이 다르다. 다음 그림에서 UI의 차이점을 확인할 수 있다. 이전 버전의 엑셀(❶)에는 관계의 '1쪽'(❸)에는 화살표, 'M쪽'(❺)에는 검은색 점이 있다. 엑셀 2016과 파워 BI에는 새롭게 개선된 UI(❷)가 적용됐으며, 관계의 '1쪽'에 1(❹)이 있고, 'M쪽'에 *(❻)가 있다.

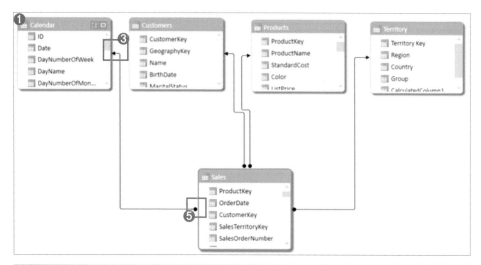

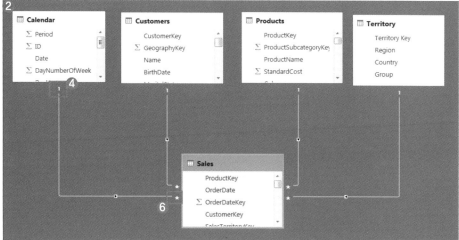

엑셀 2013

엑셀 2013에서는 측정값이라는 용어 대신, 계산된 필드라는 용어가 사용된다. 이는 엑셀 2013에서 이뤄진 불행한 변화였는데, 다행스럽게도 이 한 버전의 엑셀에서만 이 용어가 사용됐다.

엑셀 2010

엑셀 2010의 리본 메뉴에는 이후 버전의 '관리' 대신, 'PowerPivot 창'(다음 그림 참고)이 있다는 점에서 약간 다르다. 파워 피벗 아이콘은 모든 엑셀 버전이 같다.

엑셀 2010은 파워 피벗을 배포하기 위해 완전히 별도의 추가 기능을 사용하는 유일한 버전이므로 피벗 테이블을 작성하기 위한 필드 목록이 별도로 있다. 처음 기존의 피벗 테이블 필드 목록을 보면 무슨 일이 일어나고 있는지 헷갈릴 수 있기 때문에 미리 경고하는 것이 필요하다. 다음 그림에서는 2개의 필드 목록의 제목이 다르다. 왼쪽에 있는 것(❶)은 최신 파워 피벗 필드 목록이다. 파워 피벗으로 작업할 때 사용해야 한다. 오른쪽에 있는 것(❷)은 원래 필드 목록이며 파워 피벗의 피벗 테이블에는 사용하지 않는다. 그러나 동시에 둘 다 열 수 있으며, 더 혼란스러운 점은 잘못을 깨닫지 못하고 실수로 열 수 있다는 것이다. 열려 있는 항목의 시각적인 힌트는 쉽게 찾을 수 있다. 제목이 다르고, 피벗 테이블 필드 목록에 특수 아이콘(❸)이 있으며, PowerPivot 필드 목록에 슬라이서 드롭 영역(❹)이 있다.

엑셀 업그레이드

모든 버전의 엑셀이 제품의 일부로 파워 피벗을 함께 제공하는 것은 아니다. 만약 홈 에디션이나 다른 저렴한 버전 중 하나를 갖고 있다면, 운이 좋지 않을 수 있다. 엑셀 버전에 파워 피벗이 없어도 업그레이드할 수 없다. 다른 버전의 엑셀을 구입해야 한다. 오피스 365를 구독하고 있다면 큰 문제가 아니지만, 일회성 구매 제품인 경우 파워 피벗을 사용하려면 비용이 발생한다.

엑셀 2010

엑셀 2010의 경우, 마이크로소프트 웹 사이트에서 무료로 파워 피벗 추가 기능을 다운로드할 수 있다. 웹 브라우저에서 서비스 팩 2를 다운로드해 설치하면 된다. 이때에는 'Power Pivot for Excel 2010 SP2'로 검색해야 한다.

엑셀 2013/2016

최신 버전의 엑셀에서 파워 피벗 추가 기능을 사용하려면 마이크로소프트 오피스 ProPlus를 구입해야 한다. ProPlus는 E3 라이선스를 구매하는 대부분의 대규모 조직에서 사용한다. http://xbi.com.au/versions에서 파워 피벗이 포함된 버전과 그렇지 않은 버전의 전체 목록을 볼 수 있다.

파워 쿼리

엑셀 2010/2013

파워 쿼리는 마이크로소프트에서 무료로 다운로드할 수 있는 기능이다. 웹 브라우저에서 파워 쿼리를 검색해보자. 설치하면 파워 쿼리라는 새 탭이 생긴다.

엑셀 2016

파워 쿼리는 엑셀 2016과 함께 제공된다. 데이터 탭의 가져오기 및 변환에서 찾을 수 있다.

파워 BI에서 엑셀로 데이터 이동

이 제목을 읽고 흥분했다면, 유감이다. 파워 BI 데스크톱 데이터 모델을 엑셀의 파워 피벗으로 이동할 수는 없다. 다음과 같이 다른 방법으로 (엑셀에서 파워 BI로) 이동할 수 있다.

PowerBI.com에 로드된 파워 BI 통합 문서를 참조하는 새 엑셀 통합 문서를 만들기 위해 'Excel에서 분석'을 사용할 수 있다. 그러나 이 기능에는 파워 BI 프로 라이선스가 필요하다.

따라 하기: 엑셀 파워 피벗 통합 문서를 파워 BI로 가져오기

엑셀 통합 문서에서 파워 피벗 데이터 모델을 모든 데이터 연결, 관계 및 측정값과 함께 파워 BI 데스크톱으로 가져올 수 있다. 불행히도 엑셀에서 만든 보고서는 이동할 수 없으며, 파워 BI에서 다시 만들어야 한다.

엑셀의 파워 피벗 통합 문서를 파워 BI 데스크톱으로 가져오기 위해 다음 단계대로 따라 해보자.

1 파워 BI 데스크톱에서 **파일 → 새로 만들기**를 선택한다. 이제 새로운 빈 파워 BI 데스크톱 파일이 열린다.

2 **파일 → 가져오기 → Excel 통합 문서 콘텐츠**를 선택한다.

3 가져오려는 엑셀 통합 문서로 이동해 선택하고 확인을 클릭한 후 **가져오기**를 선택한다.

4 엑셀 통합 문서 콘텐츠 가져오기 창이 나타나면 **시작**을 누른다.

파워 BI 데스크톱에는 연결된 테이블(linked tables)이라는 개념이 포함돼 있지 않다. 연결된 테이블이 포함된 엑셀 통합 문서를 파워 BI 데스크톱으로 가져오는 경우, 데이터를 일회성 마이그레이션으로 가져오거나 원래의 엑셀 통합 문서의 원래 연결된 테이블에 관한 연결을 유지할 수 있다.

위와 같이 수행하면 엑셀 통합 문서 데이터 모델을 파워 BI 데스크톱으로 가져온다. 이제 엑셀 대신 파워 BI 데스크톱을 사용해 파워 피벗 데이터 모델에 기반을 두고 자신만의 시각화를 만들 수 있다.

엑셀에서 DAX 측정값 작성

엑셀에서 DAX 측정값을 작성할 수 있는 위치는 세 곳이다.

- 다음과 같이 파워 피벗 창에서 수식 입력줄에 측정값을 작성할 수 있다. 이 방법을 사용하는 경우, 측정값 이름 뒤에 콜론과 수식을 지정해야 한다.

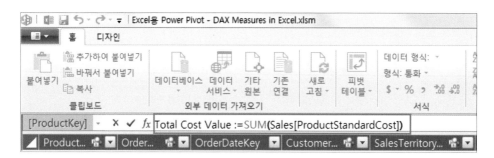

- 다음 그림과 같이 파워 피벗 창의 아래쪽에 있는 계산 영역의 빈 셀에서 측정값을 작성하고 편집할 수 있다. 여기에서도 측정값을 작성할 때 콜론을 추가해야 한다.

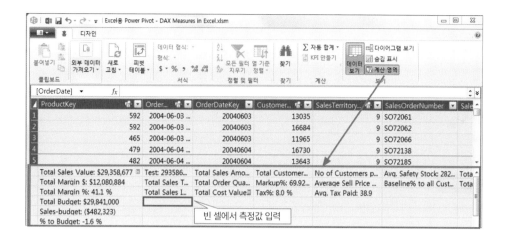

- 다음과 같이 엑셀의 측정값 대화 상자에서 측정값을 작성할 수 있다.

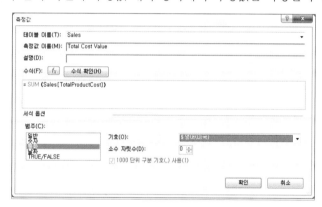

파워 피벗 탭으로 이동해(❶) 측정값(❷), 새 측정값(❸)을 선택하거나 피벗 테이블 필드 목록에서 테이블 이름을 마우스 오른쪽 버튼으로 클릭하고 **측정값 추가**를 선택 한다.

일반적으로 엑셀 사용자에게는 엑셀의 측정값 대화 상자에서 DAX를 작성하기를 권한다. 또한 작성하려는 측정값에 컨텍스트를 제공하는 피벗 테이블을 먼저 만드는 것이 좋다. 이렇게 해서 확인을 클릭하면 피벗 테이블에 측정값이 즉시 표시되고 수식이 맞는지 여부에 관한 즉각적인 피드백을 얻을 수 있다.

이 문서를 작성하는 현재, 일부 엑셀 2016 버전에서는 위의 팁에 설명한 대로 피벗 테이블에 새 측정값을 자동으로 추가하지 않는다. 하지만 마이크로소프트는 향후 업데이트에서 이 변경사항을 되돌릴 계획이다. 일부 이전 버전의 엑셀 2016에서는 그런 이유로 측정값이 자동으로 추가되지 않을 수 있다.

따라 하기: 측정값 작성

엑셀에서 새 측정값을 만들기 위해 다음 단계대로 따라 해보자.

1 데이터 모델에 연결된 새 빈 피벗 테이블을 만든다(또는 이미 적절한 것이 있으면 기존 테이블을 사용).

2 피벗 테이블의 행에 관련 데이터를 추가한다(❶).

3 피벗 테이블 내부를 클릭한 후, 파워 피벗 탭으로 이동하고 측정값 드롭다운 화살표(❷)를 클릭한 다음 새 측정값(❸)을 선택한다. 이제 측정값 대화 상자가 나타난다.

다음에 나타난 측정 대화 상자를 프로세스 가이드로 사용해야 한다. 이렇게 하지 않으면 한 두 단계를 놓칠 위험이 있다. 단계가 누락되면 시간이 많이 걸리고 재작업이 발생할 수도 있다. 대화 상자를 사용해 이 책에서 설명하는 프로세스 단계를 따르는 습관을 들이고 모든 단계를 상기하도록 하자. 여기에서 설명한 순서를 반드시 지켜야 한다.

4 테이블 이름 드롭다운(❶)에서 측정값이 저장될 테이블을 선택한다.

5 측정값 이름 텍스트 상자(❷)에 새 측정값의 이름을 지정한다.

6 수식 상자(❸)에 DAX 수식을 작성한다.

7 수식 확인(❹)을 클릭해 작성한 수식이 구문상 맞는지 확인한다. 필요한 경우 오류를 고친다.

8 범주 목록 오른쪽 영역의 적절한 기호와 소수점을 포함해 범주 목록(❺)에서 적절한 서식 옵션을 선택한다.

9 확인(❻)을 클릭해 측정값을 저장한다.

일반적으로 설명 상자에는 아무것도 입력하지 않지만, 원하는 경우에는 사용할 수 있다. 이는 단지 참고용이며 수식의 작동에는 영향을 미치지 않는다.

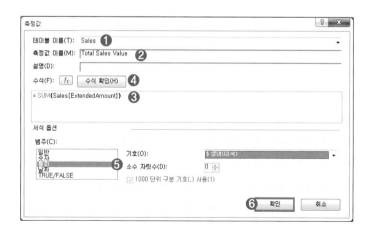

21장
DAX 여정의 다음 단계

이 책의 모든 장을 거의 끝마쳤다. 그럼 이제는 무엇을 해야 할까? 우선, 이것이 끝이 아니라 DAX 작성법을 배워 파워 BI(및 이제는 Excel)를 최대치로 활용하는 방법을 배우는 여정의 시작이라는 것을 분명히 해두자. 이 책에서 여러 번 얘기한 바와 같이 가장 중요한 것은 연습, 연습, 또 연습이다. 깊이 있는 기술과 지식을 쌓을 수 있도록 일과 놀이에서 새로운 기술을 사용하기 바란다. 새로운 기술을 사용해 전문가가 되기까지는 몇 개월이 걸리겠지만, 이미 여러분은 잘하고 있다. 파워 BI 및 DAX에 관한 기본 지식을 갖췄으므로 시간이 지남에 따라 점진적으로 학습하고 개선할 수 있다. 마지막으로, 더 많이 더 빨리 배우는 데 도움이 될 만한 몇 가지를 소개하고자 한다.

3인 교육/학습

나는 '3인 교육/학습' 이론의 맹신자다. 이 개념은 스티븐 코비의 세미나에서 처음 들었다. 기본 아이디어는 다른 사람을 가르치려는 의도로 배울 때 더 많이 배우고, 다른 사람을 가르치는 과정에서 더 많은 것을 배운다는 것이다. 이러한 이유로 사용자 포럼에 참여함으로써 얻을 수 있는 이점이 많다고 확신한다. 이 책의 시작 부분에서 언급했듯이 http://powerpivotforum.com.au에 포럼을 만들었으며, 누구나 자유롭게 질문하고 다른 사람들을 도울 수 있다. 새로운 기술과 지식을 쌓으려면 회원 가입을 한 후에 도움을 요청하자. 이보다 중요한 것은 포럼에서 질문에 대답하고 다른 사람들을 가르치는 것이다. 여러분이 다른 사람들을 가르칠 때, 여러분의 지식이 더욱 단단해지고, DAX 실력도 더 나아질 것이다. http://community.powerbi.com에는 뛰어난 파워 BI 커뮤니티 및 포럼도 있다. 포럼과 각 지역의 파워 BI 사용자 그룹에도 참여할 수 있다.

블로그

추천할 만한 파워 피벗 블로그가 많다. 블로그를 읽는 것은, 파워 피벗과 함께 평생을 보내고 있는 사람들의 생각을 접할 수 있는 좋은 방법이다. 특별하게 유용하다고 생각되는 블로그는 다음과 같다.

- **저자의 블로그**: http://xbi.com.au/blog
- **롭 콜리의 블로그**: http://powerpivotpro.com
- **마르코 루소와 알베르토 페라리의 블로그**: http://sqlbi.com
- **레자 래드의 블로그**: http://radacad.com/blog
- **길버트 케보빌리어의 블로그**: https://www.fourmoo.com

서적

추천할 만한 정말 좋은 DAX 서적이 몇 권 있다. 저자의 웹 사이트에 추천 도서 목록을 보관하고 업데이트하고 있다. http://xbi.com.au/books에서 항상 업데이트된 목록을 볼 수 있다.

온라인 교육

파워 피벗 및 파워 쿼리에 관련된 온라인 교육 과정도 있다. 다음 링크에서 자세한 내용을 확인할 수 있다.

- **슈퍼차지 파워 BI**: http://xbi.com.au/scpbitraining
- **파워 쿼리**: http://xbi.com.au/powerquerytraining

라이브 트레이닝

교실과 같은 환경에서 학습 능률이 오르는 사람도 있다. 여러분이 그들 중 하나라면 여러분에게 적합한 장소에서 실습 행사에 참석할 수 있다. 저자는 호주에서 라이브 교육 과정을 운영하고 있다. 자세한 교육 일정은 http://xbi.com.au/training에서 확인할 수 있다. 또한 사용자 그룹이 많고, 더욱 맞춤화된 교육을 원하는 회사를 위해 맞춤형 사내 교육도 제공한다.

미국에 거주하고 있다면 롭 콜리의 실시간 서비스를 살펴보는 것도 좋을 것이다. 좀 더 자세한 내용은 http://powerpivotpro.com을 참고하기 바란다.

위 교육 과정에는 많은 장점이 있지만, 콜리와 저자는 책에서 사용한 것과 같은 기술을 사용해 파워 피벗을 가르친다. 라이브 교육 과정 중 하나에 참석하면 이 책에서 사용한 것과 같은 방법으로 학습할 수 있다.

파워 쿼리

파워 쿼리는 엑셀 사용자를 위한 데스크톱 ETL(추출, 변환 및 로드) 도구다. 파워 BI에서 작동하는 것과 같은 기술이다. 파워 쿼리를 사용하면 어디서나 데이터에 연결하고 해당 데이터의 모양을 변환한 후, 통합 문서에 로드할 수 있다. 파워 쿼리를 사용해 데이터를 로드하면 언제든지 쉽게 링크를 새로 고치거나 최신으로 업데이트된 데이터를 가져올 수 있다.

나는 파워 쿼리에 관련된 블로그(http://xbi.com.au/blog)를 제공하며, 다음과 같은 웹사이트 및 서적에서 유용한 정보를 얻을 수 있을 것이다.

- **켄 펄스의 블로그**: http://www.excelguru.ca/blog/
- **크리스 웹의 블로그**: http://blog.crossjoin.co.uk/
- **길 라비브의 블로그**: https://datachant.com
- **크리스 웹의 저서 『Power Query for Power BI and Excel』**: http://xbi.com.au/ChrisWebbBook
- **켄 펄스의 저서 『Master Your Data with Excel and Power BI』**: http://xbi.com.au/masteryourdata

여기까지!

여러분 모두가 이 책을 즐겼고, DAX 슈퍼스타가 되기 위한 여정을 성공적으로 시작했길 바란다. 이 책이 마음에 들었다면, 파워 BI 및 엑셀을 사용하는 친구나 동료에게 DAX 슈퍼스타가 될 수 있는 지름길을 소개해주길 바란다.

부록 A
연습 정답

정답과 비교할 때에는 다음 사항에 유의하자.

- 측정값은 올바른 테이블에 저장해야 한다.
- 측정값은 관련된 테이블에 저장해야 한다.
- 측정값의 형식을 적절하게 지정해야 한다.

4장: SUM()

1 Total Sales

```
= SUM(Sales[ExtendedAmount])
```

또는

```
Total Sales
= SUM(Sales[SalesAmount])
```

2 Total Cost

```
= SUM(Sales[TotalProductCost])
```

또는

Total Cost
= SUM(Sales[ProductStandardCost])

3 Total Margin $

= [Total Sales] - [Total Cost]

4

Total Margin % = [Total Margin $] / [Total Sales]

또는

Total Margin % = DIVIDE([Total Margin $], [Total Sales])

5 Total Sales Tax Paid

= SUM(Sales[TaxAmt])

6 Total Sales Including Tax

= [Total Sales] + [Total Sales Tax Paid]

7 Total Order Quantity

= SUM(Sales[OrderQuantity])

4장: COUNT()

8 Total Number of Products

```
= COUNT(Products[ProductKey])
```

9 Total Number of Customers

```
= COUNT(Customers[CustomerKey])
```

> **Note**
>
> COUNT( ) 함수를 사용할 때에는 '키' 값이 있는 열을 세는 것이 좋다. 왜냐하면 이곳에는 빈 값이 없기 때문이다. 숫자값이 있는 다른 열을 세도 이와 똑같은 답을 얻을 수 있다. 단, COUNT( )는 빈 값을 계산하지 않으므로 공백값이 있는 숫자 열을 계산하는 경우에는 주의해야 한다.

4장: COUNTROWS()

> **Note**
>
> COUNTROWS( )의 매개변수는 열이 아닌 테이블이다.

10 Total Number of Products COUNTROWS Version

```
= COUNTROWS(Products)
```

11 Total Number of Customers COUNTROWS Version

```
= COUNTROWS(Customers)
```

4장: DISTINCTCOUNT()

12 Total Customers in Database DISTINCTCOUNT Version

```
= DISTINCTCOUNT(Customers[CustomerKey])
```

13 Count of Occupation

```
= DISTINCTCOUNT(Customers[Occupation])
```

14 Count of Country

```
= DISTINCTCOUNT(Territories[Country])
```

15 Total Customers That Have Purchased

```
= DISTINCTCOUNT(Sales[CustomerKey])
```

4장: MAX(), MIN(), AVERAGE()

16 Maximum Tax Paid on a Product

```
= MAX(Sales[TaxAmt])
```

17 Minimum Price Paid for a Product

```
= MIN(Sales[ExtendedAmount])
```

18 Average Price Paid for a Product

```
= AVERAGE(Sales[ExtendedAmount])
```

4장: COUNTBLANK()

19 Customers Without Address Line 2

```
= COUNTBLANK(Customers[AddressLine2])
```

20 Products Without Weight Values

```
= COUNTBLANK(Products[Weight])
```

4장: DIVIDE()

21 Margin %

```
= DIVIDE([Total Margin $], [Total Sales])
```

22 Markup %

```
= DIVIDE([Total Margin $], [Total Cost])
```

23 Tax %

```
= DIVIDE([Total Sales Tax Paid], [Total Sales])
```

7장: SUMX()

24 Total Sales SUMX Version

```
= SUMX(Sales, Sales[OrderQuantity] * Sales[UnitPrice])
```

이 샘플 데이터베이스에서 주문 수량은 항상 1이다.

25. Total Sales Including Tax SUMX Version

```
= SUMX(Sales,Sales[ExtendedAmount] + Sales[TaxAmt])
```


26 Total Sales Including Freight

```
= SUMX(Sales,Sales[ExtendedAmount] + Sales[Freight])
```


27 Dealer Margin

```
= SUMX (Products,Products[ListPrice] - Products[DealerPrice])
```


7장: AVERAGEX()

28 Average Sell Price per Item

```
= AVERAGEX(Sales, Sales[UnitPrice])
```

단일 열이 표현식으로 사용될 수 있다. 여러 개의 열을 사용하는 방정식이 아니어도 된다.

또는

```
Average Sell Price per Item Weighted
= AVERAGEX(Sales, Sales[OrderQuantity] * Sales[UnitPrice])
```

이 샘플 데이터베이스는 항상 Sales[OrderQuantity] = 1이므로 결과가 이전 수식과 같다.

29 Average Tax Paid

```
= AVERAGEX(Sales, Sales[TaxAmt])
```

30 Average Safety Stock

```
= AVERAGEX(Products, Products[SafetyStockLevel])
```

8장: 계산된 열

31 = IF(

```
    OR('Calendar'[CalendarQuarter]=1,
      'Calendar'[CalendarQuarter]=2
    ),
  "H1","H2"
    )
```

> **Note**
>
> 이 계산된 열은 여러 방법으로 만들 수 있다. 만약 여러분의 답이 이와 다르더라도 결과가 같다면 상관없다.

9장: 단일 테이블에서 CALCULATE()

32 Total Male Customers

```
= CALCULATE([Total Number of Customers],
      Customers[Gender] = "M")
```

33 Total Customers Born Before 1950

```
= CALCULATE([Total Number of Customers],
    Customers[BirthDate] < DATE(1950,1,1))
```

34 Total Customers Born in January

```
= CALCULATE([Total Number of Customers],
    MONTH(Customers[BirthDate])=1)
```

35 Customers Earning at Least $100,000 per Year

```
= CALCULATE([Total Number of Customers],
    Customers[YearlyIncome]>=100000)
```

9장: 다중 테이블에서 CALCULATE()

36 Total Sales of Clothing

```
= CALCULATE([Total Sales],
    Products[Category]="Clothing")
```

37 Sales to Female Customers

```
= CALCULATE([Total Sales],
    Customers[Gender]="F")
```

38 Sales of Bikes to Married Men

```
= CALCULATE([Total Sales],
    Customers[MaritalStatus]="M",
    Customers[Gender]="M",
    Products[Category]="Bikes"
)
```

12장: VALUES()

39 Number of Color Variants

```
= COUNTROWS(VALUES(Products[Color]))
```

40 Number of Sub Categories

```
= COUNTROWS(VALUES(Products[SubCategory]))
```

41 Number of Size Ranges

```
= COUNTROWS(VALUES(Products[SizeRange]))
```

42 Product Category (Values)

```
= IF(HASONEVALUE(Products[Category]),
     VALUES(Products[Category])
  )
```

또는

```
= SELECTEDVALUE(Products[Category])
```

43 Product Subcategory (Values)

```
= IF(HASONEVALUE(Products[SubCategory]),
    VALUES(Products[SubCategory])
  )
Or: = SELECTEDVALUE(Products[SubCategory])
```

44 Product Color (Values)

```
= IF(HASONEVALUE(Products[color]),
    VALUES(Products[color])
  )
```

또는

```
= SELECTEDVALUE(Products[color])
```

45 Product Subcategory (Values) edited

```
= IF(HASONEVALUE(Products[SubCategory]),
    VALUES(Products[SubCategory]),
    "More than 1 Sub Cat"
  )
```

또는

```
= SELECTEDVALUE(Products[SubCategory]),"More than 1 Sub Cat")
```

46 Product Color (Values) edited

```
= IF(HASONEVALUE(Products[color]),
    VALUES(Products[color]),
    "More than 1 Color"
  )
```

또는

```
= SELECTEDVALUE(VALUES(Products[color]),"More than 1 Color")
```

13장: ALL(), ALLEXCEPT(), ALLSELECTED()

47 Total Sales to All Customers

```
= CALCULATE([Total Sales], All(Customers))
```

 Note

이 측정값은 Customers 테이블이 아닌 Sales 테이블에 저장한다.

48 % of All Customer Sales

```
= DIVIDE([Total Sales], [Total Sales to All Customers])
```

49 Total Sales to Selected Customers

```
= CALCULATE([Total Sales], ALLSELECTED(Customers))
```

50 % of Sales to Selected Customers

```
= DIVIDE([Total Sales], [Total Sales to Selected Customers])
```

51 Total Sales for All Days Selected Dates

```
= CALCULATE([Total Sales], ALLSELECTED('Calendar'))
```

Note

ALLEXCEPT()가 아니라 ALLSELECTED()를 사용해야 한다.

52 % Sales for All Days Selected Dates

```
= DIVIDE([Total Sales],[Total Sales for All Days Selected Dates])
```

53 Total Orders All Customers

```
= CALCULATE([Total Order Quantity], ALL(Customers))
```

54 Baseline Orders for All Customers with This Occupation

```
= CALCULATE([Total Order Quantity],
      ALLEXCEPT(Customers, Customers[Occupation])
  )
```

55 Baseline % This Occupation of All Customer Orders

```
= DIVIDE(
    [Baseline Orders for All customers with this Occupation],
    [Total Orders All Customers]
  )
```

56 Total Orders Selected Customers

```
= CALCULATE([Total Order Quantity], ALLSELECTED(Customers])
```

57 Occupation % of Selected Customers

```
= DIVIDE(
    [Total Order Quantity],
    [Total Orders Selected Customers]
  )
```

58 Percentage Point Variation to Baseline

```
= [Occupation % of Selected Customers] -
[Baseline % this Occupation is of All Customer Orders]
```

14장: FILTER()

59 Total Sales of Products That Have Some Sales but Less Than $10,000

```
= CALCULATE([Total Sales],
    FILTER(Products,
    [Total Sales] < 10000 &&
    [Total Sales] >0
    )
  )
```

또는

```
= CALCULATE([Total Sales],
    FILTER(Products, [Total Sales] <10000),
    FILTER(Products, [Total Sales] >0)
  )
```

60 Count of Products That Have Some Sales but Less Than $10,000

```
= CALCULATE(COUNTROWS(Products),
    FILTER(Products,
      [Total Sales]<10000 && [Total Sales] >0
    )
  )
```

또는

```
= CALCULATE(COUNTROWS(Products),
    FILTER(Products, [Total Sales] <10000),
    FILTER(Products, [Total Sales] >0)
  )
```

15장: 시간 인텔리전스

61 Total Sales Month to Date

```
= TOTALMTD([Total Sales], 'Calendar'[Date])
```

62 Total Sales Quarter to Date

```
= TOTALQTD([Total Sales], 'Calendar'[Date])
```

63 Total Sales FYTD 30 June

```
= TOTALYTD([Total Sales],'Calendar'[Date],"6/30")
```

64 Total Sales FYTD 31 March

```
= TOTALYTD([Total Sales],'Calendar'[Date],"3/31")
```

65 Total Sales Previous Month

```
= CALCULATE([Total Sales],
       PREVIOUSMONTH(Calendar[Date])
    )
```

66 Total Sales Previous Day

```
= CALCULATE([Total Sales],
        PREVIOUSDAY('Calendar'[Date])
    )
```

67 Total Sales Previous Quarter

```
= CALCULATE([Total Sales],
        PREVIOUSQUARTER('Calendar'[Date])
    )
```

68 Total Sales Moving Annual Total

```
= CALCULATE([Total Sales],
    FILTER(ALL('Calendar'),
        'Calendar'[ID] > MAX('Calendar'[ID]) - 365 &&
        'Calendar'[ID] <= MAX('Calendar'[ID])
    )
  )
```

69 Total Sales Rolling 90 Days

```
= IF(MAX('Calendar'[ID])>=90,
     CALCULATE([Total Sales],
          FILTER(ALL('Calendar'),
            'Calendar'[ID] > MAX('Calendar'[ID]) - 90 &&
            'Calendar'[ID] <= MAX('Calendar'[ID])
          )
     )
  )
```

17장: 매개변수에서 값을 가져오는 측정값

70 Total Customers Born Before Selected Year

```
= CALCULATE ( [Total number of Customers],
    FILTER (Customers,
      Customers[BirthDate] < DATE ( [Selected Year], 1, 1 )
    )
  )
```

18장: 다중 데이터 테이블

71 Total Budget

```
= SUM(Budget[Budget]) This measure should be placed in the Budget table.
```

72 Change in Sales vs. Budget

```
= [Total Sales] – [Total Budget]
```

이 측정값은 Sales 테이블이나 Budget 테이블 중 어느 곳에 저장해도 상관 없다.

73 % Change in Sales vs. Budget

```
= DIVIDE([Change in Sales vs. Budget], [Total Budget])
```

이 측정값은 Sales 테이블에 저장한다.

찾아보기

슈퍼차지 파워 BI
DAX로 Power BI에 날개 달기

발 행 | 2019년 10월 31일

지은이 | 맷 앨링턴
옮긴이 | 김 원 권

펴낸이 | 권 성 준
편집장 | 황 영 주
편 집 | 조 유 나
디자인 | 박 주 란

에이콘출판주식회사
서울특별시 양천구 국회대로 287 (목동)
전화 02-2653-7600, 팩스 02-2653-0433
www.acornpub.co.kr / editor@acornpub.co.kr

한국어판 ⓒ 에이콘출판주식회사, 2019, Printed in Korea.
ISBN 979-11-6175-355-4
http://www.acornpub.co.kr/book/supercharge-bi

이 도서의 국립중앙도서관 출판시도서목록(CIP)은 서지정보유통지원시스템 홈페이지(http://seoji.nl.go.kr)와
국가자료공동목록시스템(http://www.nl.go.kr/kolisnet)에서 이용하실 수 있습니다.(CIP제어번호: CIP2019041802)

책값은 뒤표지에 있습니다.